# गंगापुत्र
# भीष्म

# गंगापुत्र भीष्म

अंकुर मिश्रा

प्रभात पेपरबैक्स
www.prabhatbooks.com

*प्रकाशक*

**प्रभात पेपरबैक्स**

**प्रभात प्रकाशन प्रा. लि.** का उपक्रम

4/19 आसफ अली रोड, नई दिल्ली–110002

फोन : 23289777 • हेल्पलाइन नं. : 7827007777

इ–मेल : prabhatbooks@gmail.com ❖ वेब ठिकाना : www.prabhatbooks.com

*संस्करण*

प्रथम, 2021



*मूल्य*

दो सौ पचास रुपए

*मुद्रक*

आर–टेक ऑफसेट प्रिंटर्स, दिल्ली

---

**GANGAPUTRA BHISHMA**

*novel* by Shri Ankur Mishra

Published by **PRABHAT PAPERBACKS**

An imprint of Prabhat Prakashan Pvt. Ltd.

4/19 Asaf Ali Road, New Delhi-110002

ISBN 978-93-5521-071-5

₹ 250.00

महामुनि वेदव्यास
एवं
उन सभी लेखकों/वक्ताओं को जिन्होंने कहीं भी
महाभारत से संबंधित कुछ लिखा/पाठ किया।

# प्रस्तावना

सुबुद्ध पाठको,

मैं अपनी नई पुस्तक 'गंगापुत्र भीष्म' की कहानी के साथ आप सभी के समक्ष प्रस्तुत हूँ। पुस्तक की रचना प्रक्रिया कई सालों से टुकड़ों में गतिशील रही। मेरा प्रारंभिक पालन-पोषण कन्नौज के छोटे से गाँव में हुआ, मेरे बाबा-दादी का दिन गीता, रामायण के पाठ से ही आरंभ होता था, सो अवचेतन मन पर इन पुस्तकों का एक अबूझ कौतूहल तो तब से है, जब मैं कुछ बोलने-समझने के लायक नहीं था। रामायण और महाभारत भारत की आत्मा का अभिन्न अंग हैं, किसी भी वर्ण अथवा धर्म से परे वस्तुत: दोनों ही ग्रंथ आर्य जीवन-शैली/मूल्यों का विस्तृत वर्णन एवं उनके स्थायित्व का कार्य ही तो करते हैं। जिस ढंग और उत्साह से भारतीय जनमानस ने इनको अपनाया, वह निश्चय ही वर्णित मानव मूल्यों से आम जनमानस की निकटता ही दर्शित करता है। महाभारत प्रथमत: जिस नायक की कथा का व्याख्यान है, मेरी दृष्टि जब उस पात्र और वर्तमान में उपलब्ध आनुषंगिक पुस्तकों पर पड़ी तब स्पष्ट हुआ कि उस नायक की मन:स्थिति की मार्मिक दशा पर कोई स्पष्ट एवं दृढ़ बखान नहीं है। मैं देवव्रत से भीष्म बने शांतनु पुत्र की ही बात कर रहा हूँ। जीवन से देवव्रत को सिर्फ एक नाम 'भीष्म' मिला और बड़ी पीड़ा मिली। हाँ, एक वस्तु और मिली देवव्रत को, अपने पिता से इच्छामृत्यु का वर...परंतु क्या वह सच में ही वर था अथवा छिछली लिप्सा से लिपटा शाप! यह सुधी पाठकगण ही पुस्तक पढ़कर निर्धारित करें। धर्म एवं वचन के प्रति ऐसा अटल आग्रह दुर्लभ है, परंतु क्या सत्य ही यह धर्म था अथवा महाभारत का मूल? यह भी एक यक्षप्रश्न है, मेरा मानना है कि देवव्रत भी

स्वयं इन्हीं प्रश्नों से घिरे रहे होंगे, अन्यथा क्योंकर कोई अपनी मृत्यु का रहस्य शत्रुपक्ष को देगा!

महाभारत के संबंध में आज तक किंवदंती है कि पूरी महाभारत घर पर रखना अशुभ होता है एवं घर में झगड़े का वायस बनता है, इससे आसानी से समझा जा सकता है कि महाभारत युद्ध के परिणाम कितने व्यापक एवं विनाशकारी थे। मेरा मानना है कि महाभारत के युद्ध की विभीषिका से भारत आज तक मुक्त नहीं हो पाया, उस युद्ध से जो शस्त्रज्ञान, औषधिज्ञान एवं कई कलाओं का विलोप हुआ, सो तो अलग है ही।

प्रस्तुत पुस्तक मुख्यत: देवव्रत के जीवन मार्ग पर आधारित है, वैचारिक भी और लौकिक भी। इसके लेखन हेतु मनोबल बढ़ाने के लिए मैं अपने सभी मित्रों का आभारी हूँ। मेरी संस्था में ही कार्यरत रहे एवं वर्तमान में सेवानिवृत्त श्री अनिल कुमार पारिक, श्री भगवंत अनमोल का विशेष आभार। आप दोनों ने ही न सिर्फ पुस्तक के संबंध में अमूल्य मार्गदर्शन किया, अपितु मेरा निरंतर मनोबल बढ़ाया, अब यह पुस्तक पाठकों के सुपुर्द है—आप ही बताएँगे कि देवव्रत से भीष्म पितामह की यात्रा को मैं कितनी सफलता से आपके मानस-पटल पर उकेर पाया हूँ।

**—अंकुर मिश्रा**
एम-714 आवास विकास-1
केशवपुरम, कानपुर-208017
mynameankur@gmail.com
मो. : 9648655557

# गंगापुत्र भीष्म

जाह्नवी की धारा एवं उसका किनारा सदैव ही मेरे अग्निपथरूपी जीवन के लिए शांत छाँव प्रदान करता रहा है। मैं जब भी अपने तृषित मन को लेकर यहाँ आया, जाह्नवी ने मुझे शांत किया, यथा माँ अपने व्याकुल पुत्र को आँचल में समेट ले, अभी कुछ देर पहले ही अग्र आगमन दूत सूचना देकर गया कि महायुवराज दुर्योधन अपने पितामह से मिलने आ रहा है। महायुवराज, सम्राट् से ज्यादा अधिकार प्राप्त युवराज, अपने एक राजकर्मचारी से नहीं, बल्कि पितामह से मिलने आ रहा है, वर्षों के बाद, आश्चर्य! परंतु वस्तुतः मुझे विस्मित नहीं होना चाहिए, मनुष्य की महत्त्वाकांक्षा एवं वर्तमान दौर में मूल्यक्षरण मनुष्यता को किस गर्त में ले जाकर छोड़ेंगे, अनुमान असंभव है। जीवन अनेक रूपों एवं रंगों में मेरे सम्मुख उपस्थित हुआ था, हो रहा है, फिर भी मेरा पौत्र समझता था, वह मुझे अपने किंचित् हाव-भाव से प्रभावित कर सकता था!

मेरी विचार-शृंखला को प्रहरी के आगमन की ध्वनि ने बाधित किया, संभवतः महायुवराज का पदार्पण हो चुका था। आज न महायुवराज के पधारने से पूर्व आनेवाले सुरक्षाकर्मियों का विशेष दल आया, न ध्वनि विस्तारक यंत्र से महायुवराज के आने की घोषणा करते, महायुवराज की चरण-वंदना करते चारणों का समूह। मैंने ध्यान दिया कि यदि बालपन की क्रीड़ा को छोड़ दिया जाए तो दुर्योधन कभी भी अपने पितामह से मिलने आया ही नहीं, पहले राजकुमार और फिर महायुवराज अपने राजकर्मचारी से मिलने आया। मैंने प्रहरी को दुर्योधन को अतिथिगृह में विश्रमित व यथासंभव स्वागत हेतु आज्ञा दी। दुर्योधन से मिलन से पूर्व मेरी इच्छा है कि मैं और अधिक दृढ़ हो जाऊँ, मुझे अनुमान है कि दुर्योधन मुझसे क्या विनती करना चाहता है, मैं दुर्योधन की

विनती को स्वीकार भी करूँगा, परंतु...। मैंने गंगा को प्रणाम किया एवं गवाक्ष को पूरित किया।

मुझे आता देखकर दुर्योधन दूर से ही हाथ जोड़कर सावधान मुद्रा में प्रस्तुत हुआ, उसके प्रणाम का समुचित आशीर्वाद देने के बाद मैंने स्थान ग्रहण किया। दुर्योधन वहीं मेरे निकट स्थित सिंहासन पर विरमित हुआ।

"कैसे हो पुत्र ?"

"जिस व्यक्ति का पितामह आपके समान हो, वह सदैव अच्छा ही होगा पितामह, साक्षात् मृत्यु भी उसके समीप आने से घबराएगी, बस इस पुत्र पर पितामह का आशीर्वाद बना रहे।"

"पांडवों के दल की तरफ से कोई सूचना ? अभी भी समय है, मधुसूदन द्वारा सुझाए गए हल के बारे में विचार कर सकते हो।"

अचानक ही दुर्योधन की भाव-भंगिमा में आश्चर्यजनक क्रोधयुक्त परिवर्तन आया, परंतु विस्मय! अचानक ही अतिथि कक्ष दुर्योधन के रुदन से गूँज उठा। दुर्योधन ने अपनी छाती को दोनों हाथों से पीटना आरंभ कर दिया। दुर्योधन को यह गुण अपने पिता से प्राप्त हुआ था, परंतु धृतराष्ट्र का क्रोध उसकी शारीरिक अक्षमता से उपजी हुई खीज थी, उसकी अंधता के कारण दुर्बलता एवं सामान्य व्यक्ति की सबलता के बीच जो अंतर था, वही धृतराष्ट्र के व्यवहार में क्रोध रूप में उभरकर आता था, परंतु दुर्योधन का इस प्रकार का व्यवहार मेरी समझ से परे है। दुर्योधन उसी अवस्था में बोला, "जब मेरे देवतुल्य पितामह ही मेरे अधिकार को मान्यता नहीं देते, फिर इस जीवन का क्या अर्थ, इसको नष्ट कर देना ही श्रेयस्कर है!"

मैं कुछ देर तक अधिकार के मद में संज्ञाशून्य दुर्योधन को देखता रहा, कुछ समय उपरांत उसका रुदन स्वतः ही शांत हुआ। संभवतः उसको यकीन हो गया कि यथावश्यक प्रभाव पड़ चुका है।

"दुर्योधन, क्या अधिकार ही जीवन का मूल है ? अधिकार तभी व्यक्ति का आभूषण है, जब समाज एवं धर्म उसको स्वीकार करे, ऐसे अधिकार के लिए गुहार नहीं लगानी पड़ती, अपितु धर्म स्वयं ही उनकी प्राप्ति का मार्ग सहज करता है। जिस अधिकार हेतु बारंबार गुहार लगानी पड़े, ऐसे अधिकार

को मैं धर्मसंगत नहीं मानता, यह व्यक्ति के सहज सामर्थ्य पर भी कालिमा के समान है।"

"पितामह, मैं यहाँ पर न जीवन-मूल्य समझने आया हूँ और न ही अधिकार और जीवन-मूल्यों की व्याख्या सुनने, मैं तो यहाँ अपने पितामह के पास, उन पितामह के पास जिन्होंने अपनी माता को सदैव हस्तिनापुर के सिंहासन की रक्षा का वचन दिया था, हस्तिनापुर की रक्षा हेतु निवेदन करने आया हूँ।"

प्रत्येक बीतते हुए क्षण के साथ दुर्योधन प्रत्यक्ष होकर सामने आता जा रहा था।

"यदि वचन मुझे स्मरण न होता तो आज जैसी विषम स्थिति ही उत्पन्न नहीं होती! अस्तु, तुम जिस कार्य हेतु आए हो, उसको क्रियान्वित करो।" मैंने कुछ रूक्ष स्वर में कहा।

दुर्योधन भी मेरे स्वर की रूक्षता भाँपकर कुछ विचलित हुआ, कदाचित् दुर्योधन इस नाट्य हेतु अत्यधिक मात्रा में मदिरा सेवन करके आया था। मदिरा की गंध उसकी साँसों से प्रवाहित होते हुए मुझ तक पहुँच रही थी, मैंने उसको पुनः प्रश्नवाचक नेत्रों से देखा।

अब तक स्वयं पर नियंत्रण पा चुका दुर्योधन अत्यंत ही विनीत स्वर में बोला, "पितामह, मुझ दीन पर कृपा करें, मैं आपको प्रतिज्ञा याद दिलाऊँ, ऐसा मेरा साहस कहाँ? पितामह, बस एक ही आग्रह है कि हम कौरवों की 11 अक्षौहिणी सेना का नेतृत्व आप अपने समर्थ हाथों में लें।"

"क्यों, तुम्हारे पास तो कई योद्धा हैं और फिर तुम जानते ही हो, भले ही मैं तुम्हारी तरफ से युद्ध करूँ, परंतु पांडवों के प्रति तो मैं निरपेक्ष ही रहूँगा? पांडव मेरे लिए अवध्य हैं।"

"ज्ञात है पितामह, यह तो आप भी स्वीकार करेंगे कि पांडवों को अग्रप्रतिष्ठित कर वस्तुतः पांचाल हमलावर हैं हस्तिनापुर पर। पांचाल अति चतुराई से अर्जुन के गांडीव पर अपनी पीढ़ियों पुरानी महत्त्वाकांक्षा का तीर चलाना चाहते हैं।" यह कहकर दुर्योधन ने आशान्वित दृष्टि से मेरी ओर देखा। संभव है, उसको अनुमान हो कि पांचालों का नाम सुनते ही मैं क्रोधवश सेनापति का उत्तरदायित्व ग्रहण कर लूँगा।

"मेरी एक और शर्त सुन लो दुर्योधन, फिर सोच-समझकर कोई निर्णय लो। तुम्हारा अभिन्न मित्र सदैव मुझसे प्रतिस्पर्धारत रहता है। उसको न शस्त्र का ज्ञान है न शास्त्रों का। असत्य का आश्रय लेकर प्राप्त की गई विद्या पर मिथ्या अभिमान करता है, परंतु युद्ध में जरा सा दुर्गम शत्रु पाते ही पीठ दिखाकर भाग आता है। उसको न शास्त्रसम्मत चलन का ज्ञान है, न ही उसकी समझ में विनम्रता का कोई मूल्य है। विनम्रता किसी भी उत्तम योद्धा का मूल स्वभाव है, किसी भी शक्तिमान का आवश्यक गुण है, विनम्रता के अभाव में महारथी भी शक्तिशाली पशु से बढ़कर नहीं है। इसके साथ ही तुम्हारे मित्र में किसी भी युद्ध में विजय के लिए आवश्यक गुण अनुशासन का भी नितांत अभाव है, जैसा कि मैंने कहा कि मेरे सेनापति बनने के उपरांत भी कर्ण अपने स्वभावानुसार मुझसे प्रतिस्पर्धा को तिलांजलि नहीं दे पाएगा एवं अनुशासन भंग कर अनजाने ही शत्रु पक्ष की सहायता करेगा, अतः मेरा निश्चय है कि मेरे सेनापतित्व में वह युद्ध नहीं करेगा, यदि वह युद्ध करेगा तो मैं शस्त्र ग्रहण नहीं करूँगा।"

"स्वीकार है पितामह!" दुर्योधन ने अतिशीघ्रता से कहा।

"एक बार पुनः विचार कर लो दुर्योधन, युद्धकाल में सेनापति का आदेश सर्वोपरि होता है, न कि राजा या युवराज का, संभव है कि तुमको बाद में अपने निर्णय पर पश्चात्ताप हो!"

"पश्चात्ताप का प्रश्न ही नहीं उपस्थित होता पितामह, जिस पक्ष से गंगापुत्र भीष्म शस्त्र धारण करेंगे, उस पक्ष के लिए पश्चात्ताप या पराजय जैसे शब्द हैं ही नहीं।"

मैं शांत ही रहा, मैंने अपनी शर्तें दुर्योधन के सामने स्पष्ट कर दी थीं। दुर्योधन ने भी मेरी चुप्पी को मेरी स्वीकृति समझा, उसने तुरंत ही भृत्य को पूजन सामग्री लाने का आदेश दिया।

दुर्योधन ने कक्ष में ही मेरा महासेनापति के रूप में अभिषेक किया।

"अब मैं आज्ञा चाहूँगा पितामह! प्रणाम स्वीकार करें।" दुर्योधन बोला।

"आयुष्मान भव!"

इतना कहकर दुर्योधन कक्ष से निकल गया। मुझे उसकी स्वार्थपरता पर आश्चर्यमिश्रित हास्य हुआ, अब निश्चय ही दुर्योधन अपनी मित्रमंडली में अपनी

सफलता की प्रशंसा बटोर रहा होगा। कोई भी सम्राट्, फिर चाहे उसके पक्ष में कितनी भी बड़ी सेना हो, कितना भी बड़ा योद्धा हो, अर्जुन जैसे धनुर्धर के रहते अपनी जीत के प्रति सुनिश्चित नहीं हो सकता। ऐसे में युवराज का अपने महासेनापति से युद्ध संबंधी एक भी बात न करना, न व्यूह की चर्चा, न सैन्य संयोजन की! यह विस्मयकारक तो था ही, साथ ही दुर्योधन के प्रमाद को भी दरशाता था। दुर्योधन की जीवन पूँजी, यश इस युद्ध की बलिवेदी पर था और फिर उसने कर्ण को समरांगण से बाहर रखने की मेरी शर्त जिस तत्परता से स्वीकार की थी, निश्चित था कि वह इस शर्त के लिए तैयार होकर आया था, इसमें कुछ भिन्न भी नहीं था, शकुनि जैसा कुटिल जिसका सलाहकार हो, उसके लिए मेरी शर्तों का अनुमान लगा लेना कोई मुश्किल नहीं था, इसपर भी दुर्योधन मेरे पास क्यों आया?

"रथवान से कहो, शीघ्र रथ निकाले।" मैंने भृत्य को बुलाकर आदेश दिया।

"जो आज्ञा स्वामी!" कहकर भृत्य चला गया। कुछ ही क्षणों में रथ के सज्ज होने की सूचना प्राप्त हुई। मैंने रथवान को यूँ ही समस्त नगर में रथ घुमाने को कहा। रथवान समस्त नगर में रथ से मुझे भ्रमण करवाता रहा। राजभवन, राजपथ, गगनचुंबी अट्टालिकाएँ, अनेक प्रकार से सजे भवन, मेरे परिचित मार्ग, मेरे पूर्वजों के स्नेह से सिंचित हस्तिनापुर। आज समस्त प्रकृति मानो काल की सीमाएँ लाँघकर मुझे मेरे बचपन के सज्ज मार्ग पर वापस लिये जाने को प्रस्तुत है। मेरा रथ मुख्य भवन के समीप पहुँचा, यहीं पास ही तो रनिवास का खाली पड़ा पुराना गंगभवन था, मेरी माँ का निवास, माता और पिता के प्रेम का निवास, मेरे सप्त भ्राताओं का मृत्यु घर, माँ का विदा घर...रथ अनायास ही उस भवन के सामने पहुँचकर रुका, मेरे कदम स्वत: ही जीर्ण-शीर्ण गंगभवन के पार स्थित गंगा तट की ओर बढ़े जा रहे थे, जब शीतल गंगाजल मेरे पैरों से टकराया, तब मैं अचानक से वर्तमान में आया। कुछ ही दिनों में इस धरा का सबसे भीषण युद्ध आरंभ होना निश्चित है। मैं जाह्नवी की शरण में बैठा रहा। अभी मैया की शरण में बैठे कुछ ही समय हुआ कि फिर पूर्व के समान अनुभूति हुई। भावनाएँ आज उछास पर थीं, दीप अंतिम बार पूर्ण शक्ति से दीप्तमान हुआ। माँ की

उठती लहरें मानो मुझे अपने साथ उठाए लिये जा रही हों, बहुत दूर...समय-रथ पर बिठाए...स्वयं ही साक्षी थीं, मेरी यात्रा की। मैं पहुँच गया, तब जब मैया का प्रचुर स्नेह मुझे प्राप्त था। न कोई प्रतिज्ञा का बंधन, न ही किसी की अतिशय आशाओं का पर्वत, मैं खुद भी तो सबसे मुक्त था, बस था तो आनंद, दिन भर की उछल-कूद एवं माँ का सान्निध्य। मेरे जीवन का सर्वोत्तम काल..., फिर गुरुदेव बृहस्पति के पास धर्मशिक्षा और फिर एक दिन मेरी माता ने पिता से मिलवाया मुझको। मैं गंगातट पर ही साधारण रूप से धनुर्विद्या का अभ्यास कर रहा था, उसी समय पिता महाराज मृगया हेतु वन में आए एवं मेरी धनुर्विद्या पर मंत्रमुग्ध होकर बस देखते रह गए। उसी समय माता का आगमन हुआ, उन्होंने आते ही पिता से कहा, "महाराज, आज मैं आपसे उऋण हो रही हूँ, आपका पुत्र आपको सौंप रही हूँ।"

"ओह गंगे, यह अप्रतिम धनुर्धर मेरा पुत्र! अहोभाग्य, परंतु तुम कहाँ हो, कैसी हो?"

"मैं एकदम उत्तम हूँ महाराज, अपना वचन निभा रही हूँ। जानती हूँ कि आप कष्ट में होंगे, सो आपके कष्ट के कुछ सीमा तक निदान हेतु आपके पुत्र को आपको सौंप रही हूँ, बाकी नियति बलवान है, प्रतिज्ञा-पालन प्रत्येक जीव का कर्तव्य है।"

"परंतु प्रिय, ऐसी प्रतिज्ञा का क्या प्रयोजन, जो एक बालक को एक ही समय में माता और पिता दोनों के प्रेम में बाधक हो?"

"महाराज, जग में कुछ भी बिना प्रयोजन नहीं है। यह बालक समस्त जगत् में आपकी, कुरुकुल की जय पताका संवर्धित करेगा।" पिता से इतना कहकर माता मुझसे संबोधित हुईं, "पुत्र, अब विदा का समय है, यही नियति है, आप, तुम्हारे पिताश्री हैं, इनको सादर प्रणाम करो, अब यही तुमको माँ एवं पिता दोनों का प्रेम देंगे।" इतना कहते हुए माता की आँखें अश्रुओं से भीग गईं।

मैंने पिता को दंडवत् प्रणाम किया एवं माता का आँचल पकड़कर पूछा, "और मैया, आप मुझे छोड़कर कहाँ जा रही हैं?"

"पुत्र, तुम ज्ञानवान हो, जगत्-प्रसिद्ध वीर बनोगे। तुम्हारा जितना विकास मेरी शरण में होना था, हो गया, अब पिता के साथ रहकर राजनीति का ज्ञान

अर्जित करो। मानसिक रूप से मैं सदैव तुम्हारे साथ हूँ, तुमको बस मेरा स्मरण करना होगा।" मुझसे इतना कहकर माँ चली गईं सदा के लिए, मुझे इस प्रलयाग्निरूपी जगत् में निरंतर जलने के लिए छोड़कर।

मैं पिता के साथ हस्तिनापुर के राजभवन में आ गया, सबकुछ मेरे लिए एकदम नवीन एवं आश्चर्यजनक था। क्या जग में इतना भी ऐश्वर्य है, परंतु इस ऐश्वर्य में भी एक रीतापन था, सूनापन था। माता के अभाव से बड़ा अभाव जग में कोई और है क्या? यह एक ऐसा प्रश्न था, जो मुझे प्रत्येक पल कचोटता रहता, हालाँकि पिता का पूर्ण प्रयास रहता कि मुझे माता का प्रेम एवं पिता का अनुशासन से लिप्त स्नेह दोनों उपलब्ध करवाएँ, परंतु माता के स्नेह का कोई विकल्प परमेश्वर के पास भी कहाँ! पिताश्री को मानो मेरे रूप में नवजीवन, नवाग्रह प्राप्त हुआ था। एक दिन पिता मुझसे बोले, "पुत्र, ज्ञात होता है कि तुम मेरे साथ पूर्ण प्रसन्न नहीं हो। मुझे तुम्हारे मुख पर जो तेज प्रथम दिन गोचर हुआ था, वह शनैः-शनैः लुप्त हो रहा है। पुत्र, तुमको कोई कष्ट है तो बिना किसी अवरोध के मुझसे कह सकते हो।"

"पिताश्री, आपकी शरण में तो समस्त आर्यावर्त की प्रजा आनंद में है, फिर मैं कैसे कष्ट में हो सकता हूँ! आपको मेरे मुख पर जो वेदना प्रतीत हुई, वह संभवतः माता से विलगन की पीड़ा है। पिताश्री, मैं समझ नहीं पा रहा हूँ, किस कारण से मुझे माता या पिता दोनों में से एक का ही स्नेह सुलभ है?"

"पुत्र, तुम्हारी बालसुलभ जिज्ञासा अत्यंत ही उचित है और मैं तुम्हारा शील एवं धैर्य देखकर आश्चर्यचकित हूँ, मैं देख रहा हूँ कि तुम्हारे प्रश्न में जिज्ञासा है, माता से बिछुड़न का संताप है, परंतु हठ नहीं है। पुत्र, तुम्हारा धैर्य, संयम एवं नियम धन्य है। तुम अपनी आयु से श्रेष्ठ प्रश्न करनेवाले एवं व्यवहार करनेवाले हो। मुझे प्रतीत होता है, तुम्हारा हृदय अपनी माता के प्रति कठोर हुआ जाता है, वैसे तो मैंने निश्चय किया था कि तुम्हारी जन्मकथा मैं तुम्हारे द्वारा अस्त्र-शस्त्र की शिक्षा गुरु परशुराम से ग्रहण करने के उपरांत ही बताऊँगा, परंतु अब प्रतीत होता है कि यदि मैंने तुमको संतुष्ट नहीं किया तो तुम्हारा हृदय तप्त रहेगा एवं तुम पूर्ण मनोयोग से शिक्षा ग्रहण नहीं कर सकोगे, अतः मैं तुमको वह कथा सुनाता हूँ, जो मेरे पिता महाराज प्रतीप ने अपना

अंत समय जानकर एवं तुम्हारी माता ने मुझे तुम्हारे जन्म पर विदा लेते समय सुनाई थी।"

"अवश्य पिताश्री, मैं प्रस्तुत हूँ।"

"मेरे पिताश्री महाराज प्रतीप चक्रवर्ती सम्राट् थे, उनकी न्यायप्रिय, धर्मशील, दानप्रिय, रणंजयी प्रवृत्ति चहुँदिस प्रसिद्ध थी। उनके समय राज्य की समृद्धि अपने चरम पर थी। उनके व्यक्तिगत जीवन में सिर्फ एक कमी थी, संतान की...इस हेतु वे अकसर धर्म-कर्म में रत रहते। ऐसे ही एक बार महाराज गंगा किनारे एकांत वन में तपस्यारत थे, तभी एक स्त्री उनके यौवन एवं सौष्ठव पर रीझकर उनकी दाईं जंघा पर आकर बैठ गई एवं उनसे प्रणय निवेदन करने लगी। पिता उनके रूप, आभूषण एवं मुद्रा को देखकर समझ गए कि इस एकांत में इस प्रकार विचरण करनेवाली स्त्री स्वयं गंगा के अतिरिक्त कोई और नहीं हो सकती, अत: वे समय एवं अपनी अभिलाषानुसार बोले, 'देवी, आपका रूप एवं गुण अप्रतिम है! आप देवताओं को भी अप्राप्य हैं, मैं आपको प्राप्त कर स्वयं को धन्य समझता, परंतु आप मेरी दाईं जंघा पर बैठी हैं, यह स्थान पुत्री या पुत्रवधू का है, पत्नी तो वामांगी है, अत: आप कृपा कर मुझे क्षमा करें, मैं आपको पुत्री अथवा पुत्रवधू के रूप में ग्रहण कर सकता हूँ, पत्नी या प्रेमिका के रूप में नहीं।' प्रणय निवेदन ठुकराए जाने पर कैसी भी प्रतिक्रिया गंगा की हो सकती थी, परंतु वो शांत रहीं, फिर कुछ देर बाद बोलीं—ऐसा ही होगा। मैं पुत्रवधू बनकर ही तुम्हारे राजभवन में प्रवेश करूँगी। इस बारे में अपने पुत्र को पूर्व सूचित कर देना। पिताश्री को अब संतोष था कि यदि स्वयं गंगा ने उनकी पुत्रवधू बनने का वर दिया है या इच्छा व्यक्त की है तो अवश्य ही निकट भविष्य में उनको पुत्र की प्राप्ति होगी। पिताश्री की आशा सत्य सिद्ध हुई, कालांतर में पिताश्री को तीन सुदर्शन पुत्र प्राप्त हुए। पिताश्री ने यह घटना अपनी मृत्यु से कुछ समय पहले मुझे बताई थी एवं गंगा से विवाह हेतु निर्देशित किया था। एक दिन वन में मृगया के दौरान गंगा मुझे मिलीं, उसने पिता द्वारा बताई गई घटना अक्षरश: दोहरा दी। मैं स्वयं भी गंगा के रूप-गुण पर पूर्ण रूप से रीझ गया था, मैं स्वयं को अत्यंत भाग्यशाली समझता हुआ, गंगा को ससम्मान राजभवन ले आया एवं विधिवत् उससे विवाह किया। विवाह से पहले गंगा की एक शर्त

थी, जो मुझे गंगा के रूप के प्रभाव में अथवा कालवश उस समय साधारण जान पड़ी, परंतु बाद में उस शर्त के बड़े परिणाम सामने आए। शर्त थी कि गंगा के किसी भी कार्य में मैं कभी भी कुछ रोकथाम नहीं करूँगा एवं न ही कारण पूछूँगा। यदि मैं ऐसा करता हूँ तो गंगा मुझे छोड़कर चली जाएगी। विवाह के बाद कुछ वर्षों तक सभी कुछ आनंददायक रहा, मैं गंगा के प्रेम में ऐसा आकंठ डूबा कि न मुझे दिन का ज्ञान होता, न रात्रि का, परंतु समय अपनी गति से चल रहा था, गंगा गर्भवती हुई। संपूर्ण गर्भकाल मेरे लिए उत्सव की भाँति था। मैं अपने चिरंजीव, वंशवृक्ष, नामलेवा की प्रतीक्षा कर रहा था। मेरे जीवन का उत्सर्ग उसी समय चरम पर था। मैं प्रतिदिन ईश्वर का आभारी होता, सब तो दिया था मुझे उसने, जो नहीं था, वह अब मिलने जा रहा था। दासी पुत्र-जन्म की सूचना लाई, मैंने उसका मुँह मोतियों से भर दिया। मैं भागा-भागा रनिवास और फिर गंगभवन में स्थित गंगा के कक्ष तक पहुँचा, मैं उसका अनेक प्रकार से आभार प्रकट करते हुए अपने पुत्र का मुँह दिखाने की विनय करता रहा, वह कुछ नहीं बोली, बस मुसकराती हुई पुत्र को उठाकर कक्ष से बाहर निकलकर उद्यान की ओर चल दी। उद्यान के बाहर ही रनिवास का घाट था, मैं पागलों की तरह उसके पीछे था, इससे पहले कि मैं कुछ कहता, गंगा ही मुझसे बोली—महाराज, कुछ कहने से पहले विवाह पूर्व की शर्त स्मरण रखिएगा। मैं मूक-सा घाट पर खड़ा देखता रहा, स्वयं को धिक्कारता रहा, परंतु गंगा ने पुत्र को गंगा की लहरों में छोड़ दिया, मेरा हृदय फट गया, मैं निराश हो गया, समस्त हस्तिनापुर में निराशा एवं आक्रोश छा गया। उस समय के मेरे हृदय की हालत कोई नहीं समझ सकता, जैसे प्रत्येक उत्सर्ग के बाद पतन निश्चित है, उसी प्रकार मुझे पूर्ण विश्वास हो गया कि मेरे पतन का समय आ गया है। मैंने अब अधिक समय राजकाज को देना प्रारंभ कर दिया, परंतु गंगा के आकर्षण से कभी मुक्त नहीं हो सका, ऐसे कर्म के बाद भी तुम इसे मेरी कमजोरी या कायरता कह सकते हो पुत्र, परंतु मैं स्वयं के दोष के कारण अथवा कहें नियति के सम्मुख विवश था, यही क्रम सात बार दोहराया गया, आठवीं बार तुम्हारा जन्म हुआ पुत्र, इस बार गंगा की लाख सावधानी के बाद भी तुम्हारा मुख मुझसे छुप नहीं पाया, जैसे ही गंगा अपने कक्ष से निकली, तुम्हारे मुख को ढाँपे वस्त्र कुछ ही पलों के लिए हटा, तुम मेरी ओर

ही देख रहे थे और मानो मुसकराते हुए कह रहे थे, संपूर्ण हस्तिनापुर का रक्षक इतना विवश कि अपने पुत्र की ही रक्षा न कर सके, मैं मानो उन्माद के हवाले हो गया, मैं गंगा का हाथ पकड़कर वापस कक्ष में ले आया और बोला—'तू पतितपावनी, कलुषनाशिनी गंगा नहीं हो सकती, तू तो कोई डायन प्रतीत होती है, जो मेरे वंश को निगलने आई है।' मैं उस स्वाभिमानी नारी से कड़ी प्रतिक्रिया की आशा कर रहा था, पर इसके उलट वह मुसकराकर बोली, 'महाराज, आप अपनी शर्त हार चुके हैं!'

'मुझे ज्ञात है कुलनाशिनी, मुझे ज्ञात है, साथ ही धिक्कार है मुझ पर, जो तेरे वश में आकर अपने सात पुत्रों के असमय वध का कारण बना।'

"अब जब गंगा बोली तो उसकी आँखों में अश्रु थे—'महाराज, न आप स्वयं को धिक्कारें और न ही मुझे गलत समझें, जो भी घटित हुआ है, वह नियति का खेल है। आपके आठों पुत्र असल में आठ वसु हैं। यह पुत्र जो जीवित बचा है, इसका नाम द्यौ है, पूर्वजन्म में ये आठ वसु मृत्युलोक में अपनी स्त्रियों संग विहार कर रहे थे। महर्षि वसिष्ठ के आश्रम की प्राकृतिक आभा देखकर सभी वसु हतप्रभ रह गए व वहीं विहार करने लगे। द्यौ की स्त्री महर्षि की गौ 'कामधेनु' पर मुग्ध हो गई एवं उसको साथ ले जाने की जिद करने लगी। समस्त वसुओं के मना करने के बाद भी द्यौ ने महर्षि की गाय को आश्रम से बलपूर्वक ले जाने का साहस किया, इससे क्रोधित होकर महर्षि ने सभी वसुओं को मृत्युलोक में मानव स्वरूप में जन्म लेने का शाप दे दिया, साथ ही जोड़ दिया, चूँकि बाकी सात वसु धर्म का पक्ष लेते हुए द्यौ को रोक रहे थे, अत: उनको बस गर्भपीड़ा सहन करनी होगी एवं वे जन्म होते ही मुक्त होकर वापस अपने लोक चले जाएँगे, परंतु द्यौ की मुक्ति निर्धारित समय आने पर ही होगी। वसुओं के प्रार्थना करने पर मैंने उन सभी को अपनी कुक्षि से जन्म देना एवं मुक्त करना स्वीकार किया, सो आप कदापि चिंतित न हों, समस्त कार्य ईशप्रेरणा एवं इच्छा से ही संपन्न होते हैं। मैं अभी आपके पुत्र को ले जा रही हूँ, जल्द ही परिष्कृत रूप में इसे आपको सौंपूँगी। मेरा कार्य समाप्त है।' इतना कहकर गंगा उस समय चली गई, इसके बाद तुम्हारे साथ ही वह मुझसे पुनः मिली।"

"पिताश्री, मैं अत्यंत आदर के साथ अनुरोध करना चाहता हूँ कि मैं वसु का अवतार हूँ, यह बात मेरे मनोबल को बढ़ानेवाली है, साथ ही भविष्य की मेरी यात्रा को अवरुद्ध करनेवाली है। मैं जब भी कोई पराक्रम करूँगा, क्या उस पराक्रम पर यह रेखा नहीं खींची जाएगी कि यह तो वसु अवतार का कार्य है, अगर यह साधारण मनुष्य होता, तब कहाँ इससे यह संभव हो पाता! मैं सत्य मानता हूँ, पितामह की बात स्वीकार करता हूँ कि मेरी माँ स्वयं जीवनदायिनी गंगा हैं, फिर भी क्यों उस ममतामयी माँ ने वसुओं की पीड़ा तो समझी, परंतु मेरी, अपने पुत्र के हृदय के विछोह की पीड़ा नहीं समझी। मेरी मैया यदि मुझे नहीं समझ पाईं तो मुझे कौन समझेगा! मैया का वसुओं की प्रार्थना पर वरस्थ होना समझ आता है, परंतु आठवें वसु एवं मैया के एकमात्र जीवित पुत्र पर यह अत्याचार क्यों? माँ सदैव ही पूजनीय हैं, परंतु महर्षि वसिष्ठ के शाप में यह तो कहीं नहीं था कि मुझे माता से बिछुड़न की पीड़ा भी सहनी पड़ेगी। यह मेरे लिए मानव रूप में जन्म लेने से भी बड़ी पीड़ा है। ब्रह्मर्षि के शाप से बड़ा शाप है।"

मेरी करुण पुकार सुनकर पिताश्री की आँखों में अश्रु आ गए, वे बोले, "पुत्र, मेरे जीवन की अनेक विवशताओं एवं कमजोरियों के बाद भी तुम्हारी माता ने मुझे वर दिया था कि जीवन में किसी भी एक व्यक्ति को इच्छामृत्यु का वचन दे सकता हूँ, तुम्हारी माता भविष्यद्रष्टा हैं, देवी हैं...संभव है, उन्होंने आज की स्थिति को विचारकर ही यह वर दिया हो, आज मैं उस वर का उपयोग करते हुए तुमको इच्छामृत्यु का वचन देता हूँ। यदि मैंने जीवन में कुछ भी पुण्यकर्म किया हो, यदि गंगा का मुझ पर सत्य प्रेम हो तो मेरा वचन सिद्ध होगा। तुम जब भी चाहो अपने धाम को जा सकते हो, ऋषिराज वसिष्ठ का शाप पूर्ण होगा। तुम्हारे सात भाइयों को तुम्हारी माता ने मुक्त किया था, तुमको मैं मुक्त करता हूँ।" यह कहकर पिता तीव्रता से चले गए, परंतु उनके स्वर की पीड़ा लगातार गूँजती रही, यह सुनिश्चित करती हुई कि अभी मेरी मुक्ति का क्षण नहीं आया है, अभी इस मोहजाल में मुझे दीर्घ अवधि तक संघर्ष करना है। समय व्यतीत होता रहा, मैंने भार्गव से समस्त अस्त्र-शस्त्रों की शिक्षा प्राप्त की। भार्गव किसी भी क्षत्रिय पुत्र को अपना शिष्य बनाना स्वीकार नहीं करते थे, शांतनुपुत्र देवव्रत को तो उन्होंने अपने शिष्य के रूप में स्वीकारने से इनकार कर दिया, परंतु

गंगापुत्र देवव्रत को मना नहीं कर पाए, बाद में मेरे शील एवं एकाग्रता से प्रसन्न होकर उन्होंने मुझे देवदुर्लभ शस्त्र प्रदान किए, मुझे इस लायक बनाया कि फिर जीवन भर मुझे आर्यावर्त का कोई भी योद्धा परास्त नहीं कर पाया। वस्तुतः समस्त आर्यावर्त की सेनाओं पर यह भार्गव शिष्य ही भारी पड़ा, यह सामर्थ्य मुझे गुरुदेव ने ही प्रदान किया। मैं जब गुरुस्थान से वापस हस्तिनापुर आया, तब तक मेरे सामर्थ्य की गुणचर्चा चारों दिशाओं में व्याप्त हो चुकी थी। पिताश्री मुझे युवराज के पद पर आसीन करके स्वयं मानो समस्त अनुग्रहों से मुक्त हुए। मैंने भी राज्य का अधिकांश कार्यभार अपने स्कंधों पर लेकर पिताश्री को सर्वथा मुक्त कर दिया, परंतु समय को कुछ और ही स्वीकार था। विगत कुछ दिनों से पिताजी का व्यवहार विचित्र सा हो गया। वे आवश्यक राजकार्य में भी रुचि नहीं दिखा रहे थे, न ही मनोरंजनगृह जा रहे थे, वे कुछ अस्वस्थ से प्रतीत होते, परंतु वैद्य द्वारा जाँच करने पर कोई भी व्याधि सामने न आती। मेरी याद में पिता कभी इतने उद्विग्न नहीं दिखे। मैंने राजकर्मचारियों से सुना था कि माँ के जाने के बाद पिता के व्यवहार में परिवर्तन आया था, परंतु फिर शायद पिता ने इसी को अपनी नियति मान लिया था एवं यथा समय व्यतीत होता गया, पिता राजकार्यों में व्यस्त होते गए। कुछ तो अवश्य ही अघटित घटित हुआ था, जिससे पिता के व्यवहार में यह परिवर्तन आया था। मैं एक दिन राजवैद्य को साथ लेकर पिताजी के पास पहुँचा। सभी के समुचित आसन ग्रहण करने के पश्चात् पिता ने कहा, "कैसे हो पुत्र? प्रवास से लौटने के बाद तुमसे मुलाकात ही नहीं हो पाई। राजवैद्य के साथ आने का प्रयोजन? सब कुशल-मंगल!"

"आपकी कृपा है पिताजी! राजवैद्यजी को मैंने प्रयोजन हेतु ही आमंत्रित किया है। आप कुछ अस्वस्थ हैं।"

पिताजी कुछ समय तक मुझे शून्य दृष्टि से देखते रहे, फिर बोले, "पुत्र, मैं अस्वस्थ नहीं हूँ, अपितु एक विचार-शृंखला में अवश्य फँसा हुआ हूँ।"

"क्या मैं आपकी चिंता का कारण जान सकता हूँ पिताजी? आपकी उद्विग्नता समाप्त करने का हरसंभव प्रयास मैं करूँगा।" मैंने कहा।

पिताजी का मंतव्य भाँपकर राजवैद्य आज्ञा लेकर प्रस्थान कर गए। पिताजी ने मुझे अपने सम्मुख बैठने का आदेश दिया।

"पुत्र, मेरी चिंता का कारण किसी शारीरिक अक्षमता से संबंधित नहीं है। पुत्र, मैं तुम्हारी क्षमताओं पर कोई संदेह नहीं कर रहा। मुझे ज्ञात है कि सम्मुख युद्ध में तुम्हें परास्त करना समस्त देवताओं के लिए भी सर्वथा असंभव है, परंतु समय किसने देखा है। पुत्र, एक पुत्र का पिता होना स्वयं में चिंता का कारण होता है, हालाँकि तुम्हारी माँ द्वारा प्राप्त सामर्थ्य से मैंने तुम्हें इच्छामृत्यु का वर दिया है, परंतु फिर भी जाने क्यों मेरा मन पूर्ण संतुष्ट नहीं हो पाता!"

पिताश्री कुछ कहना चाह रहे थे, परंतु किसी संकोचवश सही अर्थों में उनका मंतव्य आधार रूप नहीं ले पा रहा था। कुछ था, जो वे स्वयं व्यक्त नहीं करना चाहते थे, परंतु चाहते थे कि मैं समझूँ। मैंने भी निश्चय किया कि मैं पिता की अस्वस्थता का कारण जानकर रहूँगा।

एक दिन पिताजी ने अचानक ही मृगया हेतु पुनः वनगमन का कार्यक्रम निर्धारित किया और आश्चर्यजनक रूप से सुबह प्रस्थान भी कर गए। पिताश्री की अनुपस्थिति में मेरे ऊपर ही राजधानी की सुरक्षा का दायित्व था, परंतु मैं पिता को उनकी वर्तमान मनःस्थिति में अकेले जाने देने का भी इच्छुक नहीं था, ऐसे में मैंने महामात्य से परामर्श उचित समझा।

"महामात्य प्रणाम, आप राज्य के प्रधानमंत्री हैं। यदि राजा राज्य का शीश है तो सेनापति मारक दाईं बाँह है, मंत्री राज्य का मस्तिष्क है। मंत्री का सदैव ही कर्तव्य है कि राजा को प्रत्येक ऐसी बात से अवगत करवाए, जो राज्य एवं राजा के हित में हो।"

"उचित कहा युवराज ने...युवराज निश्चय ही कूटनीति, राजनीति के पुरोधा हैं।"

"आपके विचार से महाराज का अत्यंत ही अल्प समय में मृगया हेतु जाने का कार्यक्रम वह भी सिर्फ देहरक्षियों के साथ और ऐसी मनोदशा में उचित है क्या?"

"युवराज, जिसका आप समान पुत्र हो, उसको इस धरा पर मनुष्य, गंधर्व, देव, दानव से कैसा भय? महाराज शांतनु भी दिग्विजयी हैं, पूरे लघु सैन्य के लिए वे स्वयं पर्याप्त हैं, परंतु फिर भी राजमर्यादा कहती है कि गुप्तगमन के अलावा राजा को कहीं भी प्रस्थान करते समय अपनी गरिमा के अनुसार साधन अवश्य ही साथ रखने चाहिए।"

"ज्ञात होता है, आपने यह परामर्श पिताजी को नहीं दिया!" मैंने कुछ आश्चर्य से पूछा।

"जी नहीं दिया, आखिर युवराज कुछ समय पूर्व शंका प्रकट कर रहे थे कि महाराज की उद्विग्नता का कारण क्या है?" महामात्य ने कुछ हँसकर कहा।

चौथे दिन ही महामात्य ने पिता के हृदय की विकलता के कारण को मुझे बताया।

"युवराज, महाराज ने अपना शिविर यमुना के तट पर निर्मित करवाया एवं महाराज अभी तक एक भी दिन मृगया हेतु नहीं गए, अपितु यात्रियों को यमुना पार करवाने हेतु नियुक्त पुण्यनौका पर ही यमुना विहार करते रहे। नौका को निषादपति दाशराज की पुत्री सत्यवती खेती है। मैंने राज्य के सर्वोत्तम गुप्तचर को निषादराज एवं उसकी पुत्री की थाह लेने भेजा था, उसका द्रुत संदेश अभी ही प्राप्त हुआ है, उस संदेश के अनुसार महाराज जब पूर्व में उस क्षेत्र में मृगया हेतु गए थे, तभी उनका मन निषादराज की पुत्री पर रीझ गया था। महाराज ने निषादराज के सम्मुख उसकी पुत्री से विवाह का प्रस्ताव भी रखा, परंतु निषादराज ने विवाह की अतिविकट शर्त रख दी, ऐसी शर्त जिसको चक्रवर्ती, सागरोपरांत धरती के स्वामी कुरुवंश के मुकुट महाराज शांतनु भी पूरी नहीं कर सके।"

"ऐसी कौन सी शर्त थी महामात्य, जिसको कुरुवंश पूरा नहीं कर सकता?" मैंने अति उत्सुक होकर पूछा, तब मुझे नहीं मालूम था कि यह शर्त मेरी जीवनरूपी सरिता के लिए ऐसी शिला साबित होनेवाली थी, जिससे मेरी जीवन दिशा ही बदल जानेवाली थी, मुझे युवराज का पद तो मिला, पर महाराज होना मेरे भाग्य में नहीं था।

"युवराज, क्षमा करें, मैंने यह नहीं कहा कि शर्त ऐसी है, जिसे कुरुवंश पूरा नहीं कर सकता, मैंने कहा—शर्त ऐसी है, जिसे महाराज शांतनु पूरा नहीं कर सकते। निषादराज ने शर्त रखी है कि वह सिर्फ एक ही दशा में अपनी पुत्री का विवाह महाराज से करेगा, यदि महाराज वचन दें कि उसकी पुत्री का पुत्र ही कुरुवंश का अगला राजा होगा।"

"ओह! महामात्य, आप तैयारी पूरी रखें, पिता की वापसी पर हम निषादराज से मिलने जाएँगे।" मैंने महामात्य को आदेश दिया।

"जो आज्ञा युवराज!"

पिताश्री के मृगया से वापस आते ही मैं महामात्य, कुछ कराधीन कुलीन राजाओं एवं कुछ सुघड़ दासियों को लेकर निषादराज के घर पर पहुँचा। मुझे देखते ही निषादराज ने चरणों में प्रणाम निवेदित करना चाहा, परंतु मैंने निषादराज को रोक दिया।

"निषादकुलतिलक, मैं समझता हूँ, तुमको मेरे आने का मंतव्य ज्ञात ही होगा। आज मैं तुम्हारी प्रत्येक शर्त को सुनने आया हूँ।" मैंने कहा।

"युवराज, आप शक्तिशाली हैं, पालक हैं, मेरी ऐसी क्षमता कहाँ कि आपके सामने मैं कोई शर्त प्रस्तुत करूँ!" निषादराज ने हाथ जोड़कर कहा।

"निषादराज, जो भी कहना है, बिना किसी भय के कहो। आपसी संबंधियों में भय का कोई स्थान नहीं।"

"महाराज, यह आपकी प्रजावत्सलता है, जिस प्रकार महाराज पूरे आर्यावर्त के पालक हैं, उसी प्रकार मैं भी सत्यवती का पालक हूँ। सत्यवती को जन्म मैंने नहीं दिया, उसके पिता उपरिचर के नाम से विख्यात महाराजा वसु हैं। आपने प्राणों की रक्षा का वचन दिया है अथैव कहता हूँ, मेरी पुत्री और महाराज की वय में अत्यधिक अंतर है एवं महाराज के बाद राज्य आपको मिलना है, ऐसे में जब मेरी पुत्री को वंचित होकर ही जीवन व्यतीत करना है तो हस्तिनापुर ही क्यों? कम-से-कम यहाँ हृदय को विचलित करनेवाला पराएश्वर्य तो नहीं।"

मेरी आँखों के आगे लगातार पिता का बेहाल, करुण, निस्तेज चेहरा विचर रहा था, मैंने कहा, "मैं प्रतिज्ञा करता हूँ, पिता शांतनु एवं माता सत्यवती के संयोग से उत्पन्न संतान ही हस्तिनापुर के राज्य की अधिकारी होगी, मैं राज्य ग्रहण नहीं करूँगा।"

निषादराज अतिचतुर व्यक्ति था, जीवन भर मत्स्य को जाल में फाँसने के उसके अभ्यास ने उसको जाल फैलाने का सुघड़ क्रीड़क बना दिया था, "युवराज की जय हो, आप महान् हैं, आपने ऐसी घोर प्रतिज्ञा की है, जैसी न कभी सुनी गई एवं न सुनी जाएगी। आपकी पितृभक्ति नमनीय है, परंतु महाराज, जो त्याग आप कर रहे हैं, उसपर आपकी संतानें स्थिर रहेंगी, इसपर मुझे संदेह है। वंशविवाद ही वंशविनाश का कारण होता है।"

"मैं प्रतिज्ञा करता हूँ, मैं जीवन भर स्त्री संयोग से दूर रहूँगा, मेरे जीवन में सिर्फ एक ही अवस्था होगी ब्रह्मचर्य। मैं माँ गंगा को प्रतिष्ठ करते हुए प्रतिज्ञा करता हूँ।" अतिचतुर धीवर मेरा सर्वस्व हरकर ही माना। मैंने देखा कि उपस्थित सभी जन कुछ समय तो मेरी प्रतिज्ञा सुनकर कंपित हो गए, अवाक् रह गए, तदुपरांत नभ भीष्म प्रतिज्ञ देवव्रत की जय-जयकार से गुंजायमान हो गया। उस दिन पहली बार मैंने स्वार्थ, ईर्ष्या, लालच, स्व के लिए दूसरे को पूर्णतः नष्ट कर देने जैसे अवगुणों का नग्न रूप देखा, खैर, बाद में तो मैंने जीवन में इन्हीं अवगुणों का मानव स्वभाव में वर्चस्व देखा। निषाद अभी तक काँप रहा था, जननी सत्यवती की आँखों में मैंने अश्रु देखे, न जाने वे अपने भावी जीवन के लिए हर्ष के थे अथवा मैंने अपने लिए जो जीवनपथ चुना था, उसके लिए विषाद के...

पिता के विवाह के उपलक्ष्य में माह भर तक उत्सव चलता रहा, इसी बीच मेरी पिताजी से भेंट हुई। "देवव्रत, तुम्हारा पितृप्रेम परशुराम के समान है। तुम्हारे इस बलिदान को सदियों तक याद रखा जाएगा, समय तुम्हारी कीर्ति के आगे गौण होगा। पुत्र, आज मैं अपने द्वारा किए गए समस्त धार्मिक कार्यों को साक्षी रखते हुए तुमको एक वर और देता हूँ, यदि मेरे तप में, सत्यनिष्ठा में जरा भी बल होगा तो अधर्म तुम्हारी इच्छा के विरुद्ध तुम्हारे करीब फटकने से भी घबराएगा। धर्म पर सदैव ही तुम्हारी प्रीत रहेगी।"

"पिताश्री, आपकी सेवा का ऐसा स्वर्णिम अवसर मिलना मेरा सौभाग्य था। आपका आशीर्वाद शिरोधार्य, अवसर अच्छा है, मैं पिता से एक और आज्ञा चाहूँगा।"

"कहो पुत्र!"

"आपको ज्ञात है कि बड़ी-बड़ी अट्टालिकाओं में मेरा मन कभी भी चैन नहीं पाता, मेरे मन को तो माँ जाह्नवी का किनारा और ऋषियों का संयोग ही भाता है। यदि आप आज्ञा दें तो मैं अब से अपना निवास हस्तिनापुर के राजद्वार के समीप ही, परंतु बाह्य क्षेत्र में स्थापित करना चाहूँगा।"

पिता ने कुछ कहा नहीं, बस अश्रुपूर्ण आँखों से मौन सहमति प्रदान कर दी।

पिताजी ने आज मुझे एक वर और प्रदान किया था, धर्म पर अविभाजित निष्ठा का वर सत्य ही मेरे लिए अवर्णीय अलंकार के समान था, परंतु पिता द्वारा प्रदत्त इच्छामृत्यु मेरे लिए वरदान थी अथवा अभिशाप, मैं आज तक नहीं समझ पाया। गुरुकुल में गुरुदेव परशुराम से कई बार इस बारे में संवाद हुआ, परंतु जीवन इतने रंगों में मेरे सम्मुख प्रस्तुत हो रहा था कि हर बार मेरा पूर्वविश्वास डगमगा जाता था।

"जीवन किसी अभियान का नाम नहीं वत्स, जीवन आत्मा की शुद्धीकरण का हेतु है। मनुष्य जीवन का सबसे बड़ा उपहार कर्म हैं। कर्मों से मनुष्य देवत्व को प्राप्त कर सकता है, कर्मों से मनुष्य देवताओं से उच्च स्थान प्राप्त कर सकता है, कर्मों से मनुष्य उस परम सत्ता से एकीकृत हो सकता है, वहीं दूसरी तरफ कर्मों से ही मनुष्य अधोगति भी प्राप्त कर सकता है। मृत्युलोक में व्यतीत समय परीक्षा का समय है, कसौटी पर कसे जाने का समय है।"

"गुरुदेव, कर्मों का वर्गीकरण किस प्रकार है ?"

"कर्मों का कोई स्वतंत्र वर्गीकरण साक्षात् नहीं है, कर्मों का स्वरूप समय एवं कर्ता की परिस्थितियों पर निर्भर करता है। युद्ध में शामिल सैनिक कई हत्याएँ करता है, परंतु व महान् कर्म कहलाता है, वहीं उसी सैनिक द्वारा यदि शांतिकाल के दौरान राज्य में कोई हत्या कर दी जाती है तो उसे नीच कर्म मानते हुए सैनिक को दंडित किया जाता है। इसी प्रकार अन्य कर्म भी समय एवं परिस्थितियों के सापेक्ष हैं।"

"गुरुदेव, जीवन में सुख एवं दुःख क्यों आते हैं ?"

"सुख और दुःख केवल भिन्न मानसिक अवस्थाएँ हैं। यदि ईश्वर मनुष्य को दुःख अधिक दे रहा है तो समझो, वह मनुष्य ईश्वर को प्रिय है, ईश्वर नहीं चाहता, वह संसार के मायाजाल में अधिक उलझे। उसकी परीक्षा सरल है, यथा सुख की अधिकता व्यसन लाती है, दुर्व्यसन ईश्वर से दूरी का मार्ग है, भ्रष्टता का मार्ग है, अर्थात् ईश्वर जिसको सुख दे रहा है, उसकी परीक्षा कठिन है। उसे संपूर्ण ऐश्वर्य के बीच रहकर खुद को निर्लिप्त रखना है।"

"फिर निर्लिप्तता का मार्ग क्या है गुरुदेव ?"

"निर्लिप्तता के मार्ग को मनुष्य की दृढ़ता एवं चेतना ही गम्य बनाती है।

चेतना मनुष्य को धर्म-अधर्म, न्याय-अन्याय, पापकर्म-पुण्यकर्म में भेद करने की बुद्धि प्रदान करती है। चेतना ही मनुष्य को अपने निश्चय पर अटूट रहने का साहस एवं अंत:शक्ति प्रदान करती है। चेतना ही मनुष्य एवं अन्य प्राणियों में विभेद करती है। जड़ पदार्थ चेतनारहित होते हैं, जीवों में चेतना का स्तर ही उनके विकास का परिमाण निश्चित करता है। मनुष्य सर्वाधिक चेतन प्राणी है, तब मनुष्य का कर्तव्य भी है कि अपनी चेतना शक्ति का उपयोग करते हुए करणीय करे। इसी में गति है।"

विवाह के कुछ वर्षों बाद ही माता ने दो पुत्रों को जन्म दिया—चित्रांगद एवं विचित्रवीर्य। पिताश्री को उन दोनों से अत्यधिक प्रेम था, परंतु उनको राजा का धर्म एवं उसके सापेक्ष उसकी शिक्षा का ध्यान था। चित्रांगद की आयु पर्याप्त होते ही पिता ने उसको हमारे ही राजपरिवार में पले ऋषि शरद्वान के पुत्र कृपाचार्य के पास भेज दिया, उनके सक्षम गुरुत्व में चित्रांगद की शिक्षा-दीक्षा होने लगी। बालक चाहे किसी भी वर्ण का हो, उसे जो पहला पाठ पढ़ाया जाता है, वह संयम का है, तपश्चर्या का है, त्याग का है, परंतु फिर माता ने एक दिन मुझे बुलाया।

"पुत्र, कैसे हो?"

"ठीक हूँ माते, आप कैसी हैं?"

"पुत्र, मैंने तुम्हें आज एक आवश्यक कार्य हेतु बुलाया है।"

"जी, आज्ञा करें माता!"

"तुम्हारे भाई की शिक्षा कैसी चल रही है?"

"माता, मैं चित्रांगद की शिक्षा पर स्वयं ध्यान दे रहा हूँ, उसकी शिक्षा कृप के नेतृत्व में सुभीत रूप से चल रही है। शिक्षा के प्रथम चरण में युवराज अभी जीवन-मूल्य सीख रहे हैं, तत्पश्चात् अस्त्रों-शस्त्रों की शिक्षा युवराज को दी जाएगी।"

"जीवन-मूल्य! कौन से जीवन-मूल्य पुत्र?"

"वही जीवन-मूल्य माते, जो प्रत्येक सम्राट् का भूषण होते हैं। त्याग, धैर्य, संयम, सेवा। इन्हीं जीवन-मूल्यों से साम्राज्य चला करते हैं माते!"

"और इन्हीं जीवन-मूल्यों से कभी-कभी साम्राज्य हाथ से फिसल भी जाते

हैं।" उनका स्पष्ट संकेत मेरी तरफ था। वही मूल्य तो थे, जिन्होंने पिताश्री को माता को जबरन ले आने से रोका था, वही मूल्य तो थे, जिन्होंने मुझसे इतनी कठिन प्रतिज्ञा करवाई, वरना क्या निषादराज में बल था कि हस्तिनापुर का तेज सँभाल पाता!

"माता, साम्राज्य रहना या फिसलना आवश्यक नहीं होता है। आवश्यक होता है मनुष्यता पर टिके रहना, आवश्यक होता है उच्च कर्म करना, साम्राज्य देना या छीन लेना विधाता के हाथ में है।"

"मुझे लगता है, मेरे पुत्र का युवराज की गरिमा के अनुसार शिक्षण नहीं हो रहा है, अब उनकी शिक्षा-दीक्षा मैं अपने संरक्षण में यहीं राजमहल में करवाऊँगी। इसका आवश्यक प्रबंध तुमको ही करना होगा।"

"जो आज्ञा माते, परंतु इस विषय में एक बार पिताश्री से वार्त्ता करनी पड़ेगी।"

"ठीक है, इस विषय पर कल सुबह तुम महाराज से आज्ञा ले लेना।" माता ने कुछ सोचकर कहा।

"जैसा आदेश माते!"

माता क्रूर हृदय पुत्र चाहती थीं। उनका भय और तर्क मेरे लिए सर्वथा अज्ञात था, अपितु हास्यास्पद भी। माता का तर्क ऐसा था कि राक्षस के भय से स्वयं राक्षस बन जाया जाए। पिताजी माता सत्यवती के आग्रह को स्वीकार कर लेंगे व कल सुबह मुझे क्या आज्ञा देंगे, यह भी मुझे ज्ञात था। पिता के अंदर काम का आवेग अत्यधिक था। पिता न माँ गंगा को मना कर पाए, न माँ सत्यवती को कर पाएँगे, ऐसा मुझे पूर्ण विश्वास था।

अगले दिन पिताजी ने बेमन से ही सही, माता की इच्छानुसार आज्ञा दे दी, अब चित्रांगद की शिक्षा महल में ही होने लगी। चित्रांगद ने तो कुछ दिन गुरुकुल में शिक्षा प्राप्त की थी, तदैव उसके व्यवहार में यथोचित गुण थे, परंतु विचित्रवीर्य ने एक दिन भी गुरुकुल में शिक्षा नहीं प्राप्त की थी। इसलिए उसका व्यक्तित्व पूर्णतः आलस्य एवं ऐश्वर्य पर ही आधारित हो गया था। मात्र 8 वर्ष की उम्र में ही उसकी स्त्री लंपटता बड़े-बड़े सम्राटों से ज्यादा थी। इसी बीच हस्तिनापुर को एक और आघात लगा महाराज की मृत्यु के रूप में। राज्य की

पूर्ण कमान तो पहले ही माता सत्यवती के हाथ में थी, उनका हस्तक्षेप प्रत्येक नीतिगत फैसले में रहता था, अब पूर्ण रूप से माता का शासन पर अधिकार हो गया। राजगद्दी पर चित्रांगद को बैठाया गया।

चित्रांगद युद्ध-कुशल था, पराक्रमी था, यह उसके शिक्षण का, जो काल कृपाचार्य के सान्निध्य में बीता था, उसका परिणाम था, परंतु उसके स्वभाव में अधीरता थी एवं माता के अति स्नेह ने उसको उद्दंड भी बना दिया था। पड़ोसी राजाओं से युद्ध करना एवं उनको प्रताड़ित करना उसका प्रिय कार्य था। ऐसे में मैंने उसको एक दिन अपने कुटीर पर आमंत्रित किया एवं समझाया कि अनावश्यक युद्ध-कर्म में रत रहना क्षत्रियत्व नहीं है, अपितु धर्म स्थापना हेतु युद्ध करना क्षत्रियत्व है, परंतु उसने अपने हाव-भाव से इंगित किया कि राज्य की सुरक्षा का भार सम्राट् का है एवं मुझे अनावश्यक हस्तक्षेप से बचना चाहिए। मैंने यह अपमान का घूँट पी लिया।

इस घटना के बाद मैंने राजकाज में हिस्सा लेना एकदम ही समाप्त कर दिया था। मेरा कुटीर हस्तिनापुर नगरद्वार के बाहर माँ गंगा की गोद में स्थित था। एक दिन माता सत्यवती का भेजा हुआ भृत्य मुझे बुलाने आया। माता की आज्ञा थी कि अतिशीघ्र उनके सम्मुख उपस्थित हुआ जाए। मैं अपने कुटीर से चल पड़ा। आज हस्तिनापुर में अजीब सा सन्नाटा व्याप्त था, ऐसी शांति, जो मन को शांत करने की जगह व्याकुल कर दे, धरा से लेकर गगन तक व्याप्त थी। कारण महल पहुँचकर पता चल गया। पूरा हस्तिनापुर अपने सम्राट् के निधन के शोक में डूबा हुआ था। राजकक्ष में माता एवं महामात्य उपस्थित थे, विचित्रवीर्य भी वहाँ था, परंतु वह एक किनारे अर्धमूर्च्छित-सा बैठा हुआ था। मैंने महामात्य की ओर प्रश्नवाचक नजरों से देखा। उन्होंने बताया कि चित्रांगद की हत्या गंधर्वराज द्वारा कर दी गई है। मुझे धक्का लगा। हस्तिनापुर के सम्राट् की युद्ध में वीरगति! हालाँकि मैं राजकार्य में हिस्सा नहीं लेता था और सारा आर्यावर्त इस सत्य से परिचित था, फिर भी यह समाचार मेरे हृदय पर वज्र की तरह गिरा। मेरे अंदर का पराक्रम उछाहें भरने लगा। माता का मुख क्लांत था, परंतु मुझे उनकी भाव-भंगिमा से ऐसा प्रतीत हुआ कि वे दुःखी तो थीं, परंतु भयभीत अधिक थीं। भय का कारण मुझे महामात्य के अगले संबोधन से मालूम हुआ।

"राजमाता, स्थिति विकट है, आस-पड़ोस के राजागण, जो सम्राट् के बाहुबल के प्रताप से अपने प्रासादों से बाहर नहीं निकलते थे, आज महाराज के वीरगति को प्राप्त होने की सूचना पाते ही हस्तिनापुर को अनाथ समझ चढ़ाई का प्रबंध कर रहे हैं। हस्तिनापुर पर भविष्य में आस-पड़ोस से सामूहिक आक्रमण होने की आशंका है।" महामात्य ने कहा।

"इस संकट से बचाव का कोई उपाय महामात्य?"

"राजमाता, उपाय तो सीधा सा है और हम सबके सामने विराजमान है।"

"स्पष्ट कहें महामात्य।"

"राजमाता, संपूर्ण आर्यावर्त में यह संदेश है कि भीष्म प्रतिज्ञ देवव्रत ने हस्तिनापुर के राजकाज में हस्तक्षेप करना एकदम छोड़ दिया है एवं अस्त्र-शस्त्र छोड़कर नगर द्वार से बाहर ऋषि निवास बनाया हुआ है। यदि सभी राजाओं में यह संदेश चला जाए कि महाराज देवव्रत अभी भी हस्तिनापुर की रक्षा हेतु...।"

"इससे क्या होगा महामात्य, इससे क्या हम पर आसन्न संभावित आक्रमण का भय खत्म हो जाएगा।" माता ने महामात्य का कथन पूरा नहीं होने दिया एवं बीच में ही रोककर पूछा।

स्वर्णमय प्रकाश से आभान्वित महामात्य के चेहरे की आभा, माता के प्रश्न पर गर्व से दोगुनी होती महसूस की। महामात्य बोले, "राजमाते, यदि आर्यावर्त को भनक भी लग जाए कि राजकुमार हस्तिनापुर की रक्षा हेतु शस्त्र उठाएँगे तो पड़ोसी राजा, जो हस्तिनापुर पर आक्रमण के मंसूबे बाँध रहे हैं, वे वर्ष भर का कर एक साथ लेकर हस्तिनापुर के दुःख में सम्मिलित होंगे आकर। राजकुमार देवव्रत का प्रताप इस धरा पर अतुलनीय है, इंद्र स्वयं आ जाएँ, तब भी राजकुमार के रहते हस्तिनापुर पर वक्रदृष्टि से कोई नहीं देख सकता और...।" इतना कहकर महामात्य शांत हो गए, उनका मुख स्वाभिमान से दीप्त हो रहा था।

"और, और क्या महामात्य?" माता ने प्रश्न किया।

"और राजमाते, यदि गंदर्भराज को जरा भी आभास होता कि राजकुमार अभी भी हस्तिनापुर की रक्षा हेतु शस्त्र उठा सकते हैं तो उनकी हिम्मत न होती कि...।" आगे के शब्द महामात्य ने अधूरे छोड़ दिए।

"महामात्य, आप प्रस्थान करें। मुझे भीष्म से कुछ बात करनी है।" माता मुझे बहुधा भीष्म के नाम से ही पुकारती थीं, मानो मुझे मेरी प्रतिज्ञा के बारे में सचेत कर रही हों।

"पुत्र, तुम वर्तमान की हस्तिनापुर की परिस्थिति देख रहे हो, अब कुरुवंश का अखंड प्रताप, हस्तिनापुर की प्रजा के प्राण, पूरे राजपरिवार के प्राण एवं सम्मान तुम्हारे हाथ में है। मैं मानती हूँ कि तुम्हारे पिता के असमय उपजे काम के कारण तुम्हारे साथ कुछ गलत हुआ है, परंतु इस वजह से तुम्हारा इस वंश से संबंध तो नहीं टूट जाता। यदि आज शांतनु पुत्र भीष्म का अखंड प्रताप हस्तिनापुर के काम नहीं आता तो व्यर्थ है।"

"माता, मैंने चित्रांगद को वर्तमान स्थिति हेतु सचेत किया था, तब मुझे ऐसा प्रतीत हुआ कि मेरी राजकार्य हेतु सलाह उसको मंजूर नहीं, सो मैंने स्वयं को राजकार्य से पृथक् करने का निश्चय किया था।"

"परंतु पुत्र, वर्तमान परिस्थितियाँ सामान्य नहीं हैं एवं राजकार्य में भाग न लेने का निश्चय चित्रांगद की इच्छा/अनिच्छा पर आधारित था तो अब तो चित्रांगद भी दिवंगत हुआ, आज तुम्हारी माता हस्तिनापुर राज्य के लिए तुमसे कुछ माँगना चाहती है।"

"कहें माते!" मुझे देखना था कि अब ऐसा क्या है मेरे पास, जो माता को चाहिए।

"पुत्र, मैं चाहती हूँ कि हस्तिनापुर के सिंहासन की रक्षा हेतु तुम दृढ़ प्रतिज्ञ हो एवं सिंहासन पर जो भी विराजमान हो, मैं चाहती हूँ कि उसकी रक्षा का भार तुम अपने कंधों पर लो, तुम्हारे पराक्रम की हस्तिनापुर को आवश्यकता है पुत्र!"

ओह! तो अब माता ने मेरा पराक्रम माँगा है, साथ ही मेरी तपश्चर्या भी। भोग-विलास मुझे कभी भी जीवन का ध्येय नहीं लगे। ये सब मुझे आरंभ से ही जंजाल लगे, जिनसे पार पाने को मैं छटपटाता रहा एवं निषादराज के कथन ने मुझे वह मौका उपलब्ध करवाया, जिससे मैं एक झटके में ही इन सभी मोह से छूट सकता था। मुझे लगता, जैसे मेरे जन्म का उद्देश्य भोग-विलास जैसी निम्न बातों से बहुत अलग, बहुत ऊपर था, परंतु यह सिर्फ एक विचार था, जो

बहुधा मनोमस्तिष्क पर छाकर लुप्त हो जाता था एवं शेष मन तुरंत ही कहता कि देवव्रत इतने भोले मत बनो, तुम महादेव से ऊपर नहीं हो, यह तुम्हारी विवशता है, जो विभिन्न रूपों में तुम्हारे मन पर प्रहार करती है। यह निश्चय ही तुम्हारे मन में समाया काम है, यह तुम्हारे मन की अंतर्निहित वासनाएँ हैं, जो उछाह मारती हैं। इस भीषण ऊहापोह से मुझे मुक्ति मिलती तो तप से। तप ही वह कर्म था, जिससे मैं स्वऊर्जा के प्रवाह को नियंत्रित एवं ऊर्ध्व कर पाता, जिससे मैं स्वयं को स्थिर रख पाता, परंतु माता आज मुझसे मेरा तप माँग रही थीं।

"पुत्र, उत्तर नहीं दिया।" मुझे विचारमग्न देखकर माता ने प्रश्न किया।

"माता, मैं आपकी आज्ञा से बाहर नहीं, मुझे स्वीकार है।" मैंने कहा।

"प्रतिज्ञाबद्ध हो ?"

"हाँ, माते, प्रतिज्ञाबद्ध हूँ, मैं प्रतिज्ञा करता हूँ कि जब तक मेरे हाथ में शस्त्र को ग्रहण करने की शक्ति रहेगी, वे हस्तिनापुर सम्राट् की रक्षा को प्रतिबद्ध रहेंगे।"

"पुत्र, पुत्र!" माता के विलाप से राजभवन की दीवारें गूँज उठीं। माता ने जो पुत्र-पुत्र कहकर पुकारा, वह निश्चय ही मेरे लिए न होकर चित्रांगद के लिए था... पुत्रशोक हेतु भय ने समय नहीं दिया था।

चित्रांगद का दाह संस्कार एवं अन्य क्रियाएँ होने तक महामात्य द्वारा अपने प्रबंधन द्वारा समूचे आर्यावर्त में भीष्म प्रतिज्ञ देवव्रत द्वारा हस्तिनापुर की रक्षा हेतु प्रतिज्ञ होने की बात फैला दी गई थी एवं उनकी आशानुसार फल भी प्राप्त हुआ था, जो राजा हस्तिनापुर को अनाथ समझकर आक्रमण करने की सोच रहे थे, उनके हौसले पस्त हो चुके थे एवं सभी राज्यों से पूर्व की भाँति कर आ रहा था।

माता की इच्छानुसार विचित्रवीर्य को सिंहासन पर सम्राट् के रूप में विराजित किया गया। विचित्रवीर्य के लिए जीवन का तात्पर्य सिर्फ और सिर्फ भोग-विलास था। विचित्रवीर्य कम उम्र में ही अत्यधिक भोग-विलास के कारण रोगी बनकर रह गया था, उसका अधिकांश समय राजसिंहासन के स्थान पर चिकित्सा शय्या पर बीतता था। एक दिन माता सत्यवती ने मुझसे विचित्रवीर्य के विवाह के बारे में चिंता व्यक्त की, हालाँकि विचित्रवीर्य की आयु अभी कम थी और उसका स्वास्थ्य भी जीर्ण-शीर्ण अवस्था में था, ऐसे में मुझे आशा नहीं

थी कि आर्यावर्त का कोई भी क्षत्रिय राजवंश उसे अपनी कन्या देगा, तभी मुझे काशिराज की तीन पुत्रियों के स्वयंवर का समाचार मिला।

मुझे पहले ही आशंका थी कि स्वेच्छा से काशिराज अपनी पुत्रियों का विवाह विचित्रवीर्य से करने हेतु राजी नहीं होंगे, सो मैंने कुछ आवश्यक तैयारी की हुई थी, मैं हस्तिनापुर से दो रथ लेकर चला था, एक सामरिक एवं एक मांगलिक। सामरिक रथ में इतने अस्त्र-शस्त्र थे कि एक छोटी सेना का दो दिन तक सामना किया जा सके। मांगलिक रथ विभिन्न प्रकार की भेंटों से भरा हुआ था, मैंने आवश्यक निर्देश के साथ सामरिक रथ को काशी नगरी की सीमा के बाहर ही रोक दिया एवं मांगलिक रथ पर सवार होकर स्वयंवर में गया।

काशिराज के स्वयंवर में मेरा आगमन पूर्ण रूप से अनपेक्षित था। इसी बीच वहाँ पर राजाओं के बीच हो रही बातें जाने-अनजाने मेरे कानों में पड़ीं।

"काम बड़ा बलवान है, देखो जगत् विजयी योद्धा स्त्री शरीर के लिए वृद्धावस्था में उपस्थित हुआ है।"

"रूप की विजय है, यह तो पराक्रम पर···।"

अब इससे अधिक अपमान सहना मेरे लिए संभव नहीं था, मैंने अपने सारथी को संकेत किया एवं तीनों कन्याओं को हाथ पकड़कर विद्युत गति से मांगलिक रथ में सवार किया और सारथी को रथ हाँकने की आज्ञा दी। स्वयंवर में उपस्थित सभी राजा चमत्कृत रह गए, परंतु मैंने देखा कि सौभ नरेश शाल्व तेजी से मेरे पीछे आ रहा था, उसकी देखा-देखी अन्य राजा भी मेरे पीछे थे। घड़ी भर में कुशल सारथी ने रथ सामरिक रथ के पास ले जाकर रोका, मैंने तीनों कन्याओं को मांगलिक रथ में ही रहने दिया एवं उसको मेरे पीछे आने का संकेत किया, फिर मैंने धनुष-बाण सँभाला, क्षण भर में मेरा पीछा कर रहे सभी राजाओं का उत्साह चूर्ण हो चुका था, मेरे बाणों का वेग सँभालने का बल उनमें से किसी के पास नहीं था, हालाँकि उनमें से ही कई अभी कुछ देर पहले मेरा वृद्ध कहकर उपहास कर रहे थे। कुछ ही पलों में विरोधी राजाओं में से अधिकतर के रथ टूट चुके थे, सारथी मारे जा चुके थे, वे स्वयं रथारोही वैद्य की शरण में थे, परंतु इस सबके बाद भी सौभ नरेश शाल्व अनूठे पराक्रम से मुझसे युद्ध कर

रहा था। मैंने उसके सारथी को मार डाला, चार तीर मारकर उसके घोड़ों को असहाय कर दिया, ध्वजा काट डाली, कवच काट दिया, परंतु इसके बाद भी वह अनूठे साहस का परिचय देते हुए गदा लेकर मुझसे युद्ध करने दौड़ा। मैंने भी गदा उठाई और रथ से नीचे उतर आया, हालाँकि गदायुद्ध में शाल्व की ख्याति आर्यावर्त में थी, परंतु मेरे सम्मुख कुछ ही क्षणों में वह रक्त से सना हुआ भूमि पर गिर गया। "जा तेरे प्राण तुझको दान दिए, भविष्य में मेरे सम्मुख पड़ने से पहले आज का दिन ध्यान रखना," कहकर मैं उसको वहीं पड़ा छोड़कर तीनों कन्याओं के साथ हस्तिनापुर आ गया।

संध्या के समय महामात्य मेरे निवास पर आए। मैं अतिथि कक्ष में उनसे मिला।

"राजकुमार की जय हो, आज आपके पराक्रम की चर्चा सारे आर्यावर्त में है। आपने जिस तेज से आर्यावर्त के सारे योद्धाओं के सम्मुख पराक्रम किया है, वह अद्‍भुत है।"

"आभार महामात्य!"

"महाराज, मैं सीधा राजमाता भवन से आ रहा हूँ। राजमाता के कथनानुसार बड़ी राजकुमारी अंबा आपसे कुछ कहना चाहती हैं।"

"ठीक है महामात्य, मैं कल प्रातः स्नान-ध्यान के उपरांत राजमाता भवन जाऊँगा।"

"जैसी आपकी इच्छा।" कहकर महामात्य चले गए।

अगले दिन प्रातः निद्रा से जागते ही मुझे अजीब सी बेचैनी ने घेर लिया, आज तक जब भी मन असंतुलित हुआ था, माँ गंगा की गोद में आकर मुझे चैन प्राप्त हुआ था, परंतु आज मेरे अंदर से कोई चेतावनी दे रहा था कि आज कुछ विशेष होनेवाला है। मैं स्नान-ध्यान के बाद राजमाता भवन पहुँचा। कुछ देर माता से काशी स्वयंवर के बारे में चर्चा होती रही, फिर माता ने दासी को संकेत किया, कुछ ही समय में काशी की बड़ी राजकुमारी अंबा प्रणाम करके सम्मुख खड़ी हो गई।

"कहो, तुमको क्या कहना है, बड़े राजकुमार तुम्हारे सम्मुख उपस्थित हैं।" माता ने अंबा को संबोधित करके कहा।

अंबा ने मेरी तरफ देखा। अनुराग, प्रशंसा एवं उपालंभ का मिश्रित भाव उसकी आँखों में मौजूद था।

"कुरुश्रेष्ठ, आपकी जय हो, आपकी कीर्ति-पताका समय पर राज करे। मैं आपसे सिर्फ एक प्रश्न के उत्तर की अपेक्षा रखती हूँ।"

"अवश्य पूछो राजकुमारी।"

"आपने स्वयंवर से हम तीनों बहनों का हरण किया है। आप हमसे विवाह को प्रस्तुत हैं?"

"नहीं राजकुमारी, समस्त आर्यावर्त मेरी प्रतिज्ञा से परिचित है, मैंने जीवनपर्यंत नारी स्पर्श से विलग रहने का प्रण किया है, परंतु तुम निश्चिंत रहो, तुम हस्तिनापुर जैसे विशाल एवं महान् साम्राज्य की महारानी बनोगी। मैं शांतनुनंदन, हस्तिनापुर के सम्राट् एवं अपने कनिष्ठ भ्राता विचित्रबाहु से विवाह हेतु तुम तीनों भगिनियों को हस्तिनापुर लाया हूँ।"

"परंतु क्या यह धर्मसंगत है?" मुझे उस कन्या के साहस पर आश्चर्य हुआ।

"क्षत्रियों में स्वयंवर से कन्याहरण को धर्मसंगत माना गया है।"

मुझे लगा, अभी वह तेजस्वी राजकुमारी आगे भी धर्म विमर्श करना चाहती थी, परंतु वह कुछ देर शांत रही, फिर बोली, "हे पुरुषश्रेष्ठ, मैं आपके धर्म ज्ञान पर कुछ कहने लायक नहीं, परंतु आपको यह बताना उचित समझती हूँ कि मैं सौभ नरेश शाल्व को स्वयंवर से पहले ही मन-ही-मन अपना पति मान चुकी थी एवं स्वयंवर में उनका ही वरण करनेवाली थी। यदि किसी अन्य की वाग्दत्ता का विवाह किसी और से बलपूर्वक करवाना भी आपकी निगाह में धर्मसंगत हो तो अवश्य मेरा विवाह अपने भ्राता से करवा दें।"

"नहीं, यह तो धर्मसंगत नहीं।" मैंने कहा, मुझे स्वयं पर ग्लानि भी महसूस हुई, अनजाने में ही सही, परंतु पाप तो मुझसे हुआ था। मैंने अंबा को ससम्मान शाल्व के पास भिजवा दिया। विचित्रवीर्य का विवाह अंबिका एवं अंबालिका से भव्य समारोह में संपन्न हुआ, परंतु प्रकृति को अभी इस दृश्य में कई रंग पिरोने थे। विचित्रवीर्य के विवाह के तीन दिन बाद ही अंबा वापस आ गई और भरी सभा में याचक की भाँति उपस्थित हुई।

"यदि यह सभा सत्य में धर्म और न्याय पर टिकी है, यदि मेरे सम्मुख वही राजसिंहासन है, जिसपर राजा ययाति, राजा प्रतीक, राजा शांतनु बैठकर न्याय किया करते थे तो मैं अबला भी आज इस सिंहासन से न्याय की भीख माँगती हूँ।"

मैंने राजकुमारी अंबा से आसन ग्रहण करने का आग्रह किया, परंतु अंबा ने मना कर दिया।

"राजकुमारी, इस राजसभा से, इस महासिंहासन से सभी को सदियों से न्याय ही प्राप्त हुआ है, तुम अपनी बात निवेदित करो।" मैंने कहा।

"कुरुश्रेष्ठ, शाल्व ने मुझे अपनाने से मना कर दिया है, उनका कहना है कि वे युद्ध में मुझे हार चुके हैं, ऐसे में यदि वे मुझे अपनाते हैं तो जीवन में जब भी वे मुझे देखेंगे, आपके हाथों हुई हार उनको स्मरण हो आएगी। ऐसे में संपूर्ण जीवन हताशा में व्यतीत करने से बेहतर है मेरा परित्याग करना।" इतना कहते-कहते ही अंबा हताशा से हाँफने लगी थी। कुछ देर बाद वह पुनः बोली, "कुरुश्रेष्ठ, मेरा मानना है, शाल्व अपने स्थान पर सही हैं, उनकी जगह कोई साधारण मानव भी ऐसी स्थिति में किसी कन्या को नहीं अपनाएगा, अब मैं धर्मधारक, हस्तिनापुर के राजकुमार, भीष्म प्रतिज्ञ देवव्रत से प्रार्थना करती हूँ कि जिस प्रकार आपने स्वयंवर से हाथ पकड़कर हमें अपने रथ में बैठाया था, उसी प्रकार जीवन-पथ में मुझ अबला का हाथ पकड़ने की कृपा करें।"

"यह संभव नहीं है। मेरी प्रतिज्ञा असत्य नहीं हो सकती।"

"परंतु फिर न्याय का क्या कुरुश्रेष्ठ? आपकी प्रतिज्ञा तो तभी मिथ्या हो गई जब आपने मुझे बहनों के साथ हाथ पकड़कर रथ पर बैठाया था। महाराज, मैं धर्म की मीमांसा नहीं कर सकती, परंतु धर्म और न्याय में न्याय श्रेष्ठ है।" विदुषी राजकुमारी ने कहा।

"राजकुमारी, इस समय यह तुम्हारे मन का आवेग बोल रहा है। धर्म और न्याय पर न्याय की श्रेष्ठता की बात तो तुमने कर दी, परंतु भूल गई कि जो धर्म की अवहेलना होती है, वह उद्धरण बन जाता है और फिर उसी की आड़ में नीच कर्मों को बढ़ावा मिलता है। एक बार धर्म की अवहेलना होती है, फिर यह क्रम बन जाता है, फिर उस स्थान से धर्म का पूर्ण लोप हो जाता है। कालांतर

में बढ़ते पाप से उस धरा का, उस राज्य का, उसके निवासियों का संपूर्ण नाश हो जाता है। यदि आज मैं धर्म से डिग जाऊँ तो कल कोई अपराधी भी किसी तर्क के साथ उपस्थित होकर धर्म से डिगने का आग्रह करेगा, तब किस प्रकार न्याय व्यवस्था चलेगी। नहीं राजकुमारी, यह किसी भी प्रकार संभव नहीं कि मैं तुमसे विवाह करूँ। हाँ, यदि तुम हस्तिनापुर में रहना चाहो तो सम्मान के साथ यहाँ रह सकती हो, यदि काशी जाना चाहो तो उसकी भी व्यवस्था करवाई जा सकती है।"

"देवव्रत, मैं इस सभा में न्याय माँगने आई हूँ, आश्रय नहीं। अपमानित होकर हस्तिनापुर में रहने या वापस पिता के यहाँ जाने का प्रश्न ही उत्पन्न नहीं होता। मैं भी आज इसी राजसभा में प्रतिज्ञा करती हूँ कि मैं तुमको विवश कर दूँगी, स्वयं से विवाह करने के लिए या अग्निरोहण करूँगी। यदि एक न्यायसंगत निर्णय लेने से तुमको भय है कि तुम्हारे धर्म का लोप हो जाएगा, व्यर्थ है तुम्हारा धर्म।" अंबा ने कहा। अपमान से मेरा रोम-रोम कंपित हो उठा, परंतु अंबा के कथन को पूर्ण रूप से नकारा भी नहीं जा सकता था। कहीं-न-कहीं मैं स्वयं आत्मग्लानि से भरा हुआ था।

"धर्म का लोप कभी नहीं होता राजकुमारी, लोप इच्छाशक्ति का होता है," मैंने कहा, परंतु अंबा बिना कुछ सुने राजसभा से प्रस्थान कर गई। राजसभा से वापसी पर मैं दो प्रकार के भाव उदरस्थ किए हुए था। एक तो ग्लानि का भाव था, कहीं-न-कहीं मेरे अंदर यह बात थी कि आज जीवन में पहली बार मेरे हाथों अन्याय हुआ है। दूसरा भाव बार-बार मुझे पुलकित किए दे रहा था, मेरे पास आज भरपूर मौका था, मैं न्याय की आड़ में आज स्वयं की प्रतिज्ञा से विलग हो सकता था। मुझे स्वयं पर किंचित् आत्माभिमान हुआ, परंतु तभी विचार-शृंखला ने दूसरा मोड़ लिया। मैं सामाजिक प्रतिष्ठा का इतना अधिक भूखा हो चुका था कि एक अबला की न्याय की पुकार भी मुझ पर निष्प्रभावी रही थी। अजीब से द्वंद्व में फँसा हुआ था मैं, मेरा जीवन। अंबा प्रतिज्ञा करके चली गई। मैंने अंतिम बार अंबा की आँखों में देखा, स्वयं के लिए अद्भुत प्रेम, संसार भर की विवशता और संसार भर के सागरों को उष्मित कर देने में सक्षम ज्वाला।

कुछ दिनों के पश्चात् प्रातः मैं गंगा स्नान से लौटा ही था कि परिचारक ने आकर सूचना दी कि गुरुदेव परशुराम का संदेश आया है, उन्होंने कुरुक्षेत्र के पास सरस्वती तट पर प्रवास किया हुआ है। उन्होंने मुझे अतिशीघ्र अपने पास बुलाया था। मैं गया तो वहाँ अंबा के नाना होत्रवाहन एवं अंबा भी उपस्थित थे, गुरुदेव ने मुझे अंबा से विवाह की आज्ञा दी अथवा युद्ध हेतु प्रस्तुत होने को कहा। मैं प्रतिज्ञाबद्ध था एवं क्षत्रिय होकर युद्ध का निमंत्रण स्वीकार न करने का तो प्रश्न ही नहीं उठता था। सरस्वती तट पर तेईस दिन मेरा जमदग्नि पुत्र परशुराम से भीषण युद्ध हुआ, परंतु जब युद्ध का कोई नतीजा नहीं निकला, तब गुरुदेव मुझे वहीं छोड़कर प्रस्थान कर गए। जाते-जाते मुझे अपनी कृपा से तिरोहित भी कर गए।

"देवव्रत, हालाँकि शस्त्र युद्ध कोई भी निर्णय नहीं कर पाया है, परंतु स्मरण रखो, गुरु आज्ञा को अस्वीकार करने का उचित फल कभी नहीं हो सकता। तुम इस अवज्ञा के फलस्वरूप जीवन में एक समय ऐसा अवश्य देखोगे, जब तुम्हें अपने किए पर घोर पश्चात्ताप होगा।"

मैं हाथ जोड़कर गुरुदेव के वचन सुनता रहा। कितना उचित कहा था गुरुदेव ने, मैंने अनेक बार सोचा कि शायद ये भार्गव का शाप ही था, जो पल-पल मेरा पीछा करता था। भार्गव ने तो जीवन में एक बार का शाप का दिया था, परंतु मैं तो प्रतिदिन कौरव कुल के मूल्यक्षरण को देखकर सोचता हूँ कि मैं उस दिन युद्ध में हार गया होता और गुरुदेव ने बलपूर्वक मेरा विवाह अंबा से करवा दिया होता तो सर्वथा उचित ही रहता, फिर कौरव कुल की दशा-दिशा ही बदल गई होती, तब मेरा ही पुत्र निर्विवाद रूप से हस्तिनापुर का सम्राट् होता और वर्तमान संकट का कोई स्थान न होता। अंबा ने भी तो कहा था, "देवव्रत, मैंने इस धरती पर सबसे सहायता माँगकर देख ली, अब मैं उसके पास जा रही हूँ, जो अस्त्र-शस्त्र लेकर युद्ध नहीं करता, जिसका न्याय किन्हीं बंधनों पर निर्भर नहीं। मेरे जीवन का अब बस एक ही उद्देश्य होगा, तेरी इस देह का नाश करना।" मैं बस किंकर्तव्यविमूढ़ सा सुनता रह गया।

मेरी व्यस्तता राजकार्य में बढ़ गई थी, परंतु अनेक प्रकार की व्यस्तताओं के बीच भी मेरे मन से गुरुदेव एवं अंबा के कथन विस्मृत नहीं होते। मुझे क्रोध

अधिक आने लगा था, मैं तमाम प्रयासों के बावजूद अभी तक आत्मा के उस उत्थान तक नहीं पहुँच पाया था, जिसके लिए मैं प्रयत्न करता रहा हूँ। कहीं-न-कहीं यह मेरी असफलता थी, मेरे प्रयत्नों की असफलता थी। मैंने जैसे-तैसे काम पर काबू पाया था तो उसी अनुपात में क्रोध बढ़ आया था। मैं एक दुर्बलता पर काबू पाता हूँ तो दूसरी उसी अनुपात में बढ़ जाती है और इन सबसे अधिक मेरे अंदर जग प्रतिष्ठित होने की महत्त्वाकांक्षा थी, जो नित्य बढ़ती जा रही थी। मैं तर्क दे सकता हूँ कि हस्तिनापुर से मैं माता के सम्मुख की गई प्रतिज्ञा के कारण जुड़ा हूँ, परंतु सच तो यह है कि मेरे भीतर कहीं-न-कहीं हस्तिनापुर अथवा कुरुकुल के प्रति अगाध मोह था। पिताजी के कहे अनुसार यदि मैं सत्य ही द्यौ नामक वसु था तो निश्चय ही मैं दंड का भागी था...न मैं विषयों से मुक्त हो पा रहा था, न मुक्त रूप से उनका सेवन कर पा रहा था। ऐसा नहीं था कि मेरी प्रतिज्ञा ही एकमात्र बाधक थी मेरे विषय-सेवन में...पूर्व में भी मैं कभी भी विषय-सेवन के प्रति अन्य राजकुमारों की भाँति उत्सुक नहीं हुआ। मुझे गंगातट की शांति किसी भी रमणी की खिलखिलाहट से अधिक पसंद थी, माँ गंगा की स्वतंत्र लहरों का उजवास मुझे रमणी के केश-विन्यास से अधिक रोमांचित करता था, माँ गंगा की शरण में ध्यान मुझे मधु प्यालों से अधिक आकर्षित करता था, परंतु मुझे युद्ध भी इतना ही आकर्षित करता था, मुझे जग प्रतिष्ठित होना भी इतना ही आकर्षित करता था। कभी-कभी तो मुझे लगता कि मेरे द्वारा की गई प्रतिज्ञा भी मेरी इन्हीं चारित्रिक दुर्बलताओं का ही विराट् रूप थी। सम्राट् और युवराज का जीवन सार्वजनिक होता है, न कि व्यक्तिगत, क्योंकि उनके जीवन में आनेवाले परिवर्तन पूरे राज्य को प्रभावित करते हैं, न कि व्यक्ति या परिवार विशेष को। मैंने धीवरपल्ली में कठिन प्रतिज्ञा तो कर ली, परंतु मैं भूल गया कि मेरे जीवन पर जितना अधिकार मेरा स्वयं का है, मेरे पिता का है, उतना ही राज्य की जनता का भी है। मुझे कोई अधिकार नहीं था कि मैं स्वयं के बारे में बिना सम्राट् की आज्ञा के इतना बड़ा निर्णय कर लेता, जो अंततोगत्वा बृहद् रूप से हस्तिनापुर के भविष्य को प्रभावित करता। यदि इस युद्ध का कारण इतिहास मुझे ठहराएगा तो गलत नहीं करेगा।

इस बीच सम्राट् का स्वास्थ्य लगातार बिगड़ता जा रहा था, अतिशय

भोग-विलास का भार आखिर कब तक नष्टप्राय शरीर सहता। महामात्य ही विचित्रवीर्य के भी प्रयाण की सूचना लाए। विचित्रवीर्य अपने पीछे हस्तिनापुर का उत्तराधिकारी भी नहीं छोड़ गए थे। माता का विषाद से बुरा हाल था, वे और दोनों रानियाँ रह-रहकर मूर्च्छित हुई जा रही थीं। मैंने तीनों को चिकित्सा कक्ष में भिजवाया। नियमानुसार विचित्रवीर्य के सभी अंतिम कर्म राजपुरोहित वसुभूति ने मुझसे संपन्न करवाए। मैं कितना अभागा हूँ, क्या-क्या नहीं देखा मैंने अपने जीवन में और फिर अभी तो यह शुरुआत थी।

विचित्रवीर्य की मृत्यु के बाद माता एवं अंबिका, अंबालिका की दुःसह स्थिति को देखते हुए मैंने कुछ समय के लिए गंगभवन के स्थान पर राजप्रासाद में ही निवास करना प्रारंभ कर दिया था। ऐसे ही एक दिन शाम को जब मैं भोजन करके शयन की तैयारी कर रहा था, तभी माता का आगमन हुआ।

"पुत्र, असमय आगमन हुआ, परंतु कुछ आवश्यक चर्चा करनी है।"

"अवश्य माते, माता, पिता एवं गुरु का आगमन कभी भी असमय नहीं होता, आज्ञा करें।"

"पुत्र, आज मैं तुम्हारे सम्मुख नियति के हाथों अपनी हार स्वीकार करती हूँ।" कहकर माता रुदन करने लगीं। मैंने माता को बैठकी पर बैठाया और जलकुंभ से जल लाकर माता को दिया। माता में कुछ मानवीय स्वभाव के अनुसार दुर्बलताएँ हो सकती हैं, परंतु माता को मैंने सदैव दृढ़ निश्चयी एवं साहसी पाया था। माता चित्रांगद की मृत्यु पर चारों ओर से शत्रुओं के घिर जाने पर भी आज के समान भयभीत नहीं थीं। माता में निर्णय लेने की अद्भुत क्षमता थी, आखिर पिताजी के अंतिम दिनों में एवं चित्रांगद के समय परोक्ष रूप से राज्य की कमान माता के ही हाथ में थी, परंतु आज माता का दूसरा रूप मेरे सम्मुख था। इसका कारण कहीं-न-कहीं उम्मीद की मृत्यु था, अब तक माता को उम्मीद थी कि हस्तिनापुर का सिंहासन उनकी संततियों के पास ही रहेगा, यदि विचित्रवीर्य की असामयिक मृत्यु होती भी है तो उसकी संततियों के रूप में हस्तिनापुर की गद्दी पर माता सत्यवती का वंश ही राज करेगा, परंतु निश्चय ही विचित्रवीर्य अपने पीछे माता के वंशाकुर भी साथ ले गया था, तभी माता इतनी बैचेन, इतनी हतभाग थीं।

"माता, इस प्रकार न कहें, अभी आपका बड़ा पुत्र जीवित है।"

"सत्य कहा पुत्र, अब तुम ही एकमात्र अवलंब हो...मेरे, हस्तिनापुर एवं कुरु वंश के भी। आज तक मैंने तुमसे लगातार कुछ-न-कुछ माँगती ही रही हूँ पुत्र!आज तक मैं तुमको वंचित ही किया है, परंतु आज मैं तुमको कुछ देना चाहती हूँ। स्वीकार करोगे पुत्र?"

"माता तो जो देती है पुत्र को, उसे आशीर्वादस्वरूप ग्रहण करना चाहिए।" मैं माता के कथन पर आश्चर्यचकित था, आखिर क्या देना चाहती थीं माता मुझे।

"पुत्र, आज मैं तुमको स्वतंत्रता देती हूँ।"

"स्वतंत्रता! कैसी स्वतंत्रता माता, मैं समझा नहीं?"

"पुत्र, आज मैं तुमको प्रतिज्ञा बंधन से स्वतंत्र करती हूँ। तुमने मेरे सुख हेतु प्रतिज्ञा ग्रहण की थी, परंतु अब उसका निमित्त ही समाप्त हो गया। इस समय कुरुकुल को अंधकार से बचाने का सिर्फ एक ही उपाय है कि तुम प्रतिज्ञा से मुक्त होकर हस्तिनापुर के राजसिंहासन पर सुशोभित हो। अंबिका एवं अंबालिका अभी कमउम्र हैं एवं तुम्हारे भाई की पत्नियाँ हैं, जिसकी असमय मृत्यु से अनाथ हैं, तुम उनको सनाथ करो। सुखपूर्वक स्त्री और राज्य सुख का भोग करो एवं कुरुकुल को आगे बढ़ाओ।"

मैं माता की तरफ देखता रह गया, अब शायद सच में माता ने प्रकृति से हार मान ली थी या फिर अभी माता के पास कोई अमोघ अस्त्र शेष था। व्यापारकुशल माता प्रतिज्ञा को भी किसी प्रकार के लाभ-हानि के साथ परिवर्तनीय व्यापार समझा रही थीं।

"माता, प्रतिज्ञा किन्हीं बंधनों या आवश्यकता पर निर्भर नहीं होती, यदि ऐसा हो तो प्रतिज्ञा शब्द का मान ही विश्व से लोप हो जाए और यदि ऐसा है भी तो आप कृपापूर्वक मेरी प्रतिज्ञा सुन लें। पृथ्वी अपनी गंध छोड़ दे, जल अपने रस का परित्याग कर दे, तेज रूप का, वायु स्पर्श का, सूर्य प्रभा और अग्नि अपनी उष्णता को छोड़ दे, इंद्र पराक्रम छोड़ दें, धर्मराज धर्म छोड़ दें तब भी मैं अपनी प्रतिज्ञा को, अपने वचनों को नहीं छोड़ सकता। तीनों लोकों का साम्राज्य, देवताओं का राज्य भी मुझे मेरे निश्चय से डिगा नहीं सकता।"

माता कुछ समयोपरांत बोलीं, "पुत्र, तुम धन्य हो, तुम्हारे कृत्य धन्य हैं,

परंतु पुत्र इससे कुरुकुल की समस्या तो खत्म नहीं हो जाती, कुरुकुल के वरिष्ठ पितृगण क्या हमें इस वंशनाश के लिए क्षमा करेंगे। नहीं पुत्र, नहीं। अगला सम्राट् कौन होगा? तुम सिंहासन ग्रहण करोगे नहीं। कुरुकुल में अन्य कोई उत्तराधिकारी बचा नहीं, ऐसे में कब तक सिंहासन खाली रहेगा। खाली सिंहासन कई शत्रुओं को आकर्षित करेगा। पुत्र, मुझे नगर, कुल को बचाने का एक ही मार्ग सूझ पड़ता है।"

"क्या माते?" मैंने कहा।

"विचित्रवीर्य के क्षेत्र से किसी नियुक्त पुरुष द्वारा संतान की उत्पत्ति, अब सिर्फ एक यही उपाय बचा है। यह उपाय शास्त्रसम्मत है, धर्म के अनुरूप है, अंतिम है।"

माता ने यह अंतिम उपाय प्रस्तुत किया था। इस उपाय से माता के वंशबीज का हस्तिनापुर की गद्दी पर अधिकार सुरक्षित था। "उचित है माते, परंतु इस क्रिया में नियुक्त पुरुष कौन होगा?"

"तुम्हारे इनकार के बाद सिर्फ एक ही उपाय बचता है पुत्र, परंतु उसको बताने से पहले मैं तुमसे यह जानना चाहूँगी कि यदि पुत्र को पता चले कि माता के विवाह से पहले समय एवं स्थिति की दुर्बलता में कुछ अकरणीय किया है तो ऐसे में पुत्र की क्या प्रतिक्रिया होगी?"

"माता-पिता के कर्मों पर प्रतिक्रिया व्यक्त करने का अधिकार पुत्र के पास नहीं है, माते!"

"साधु पुत्र! आज मैं तुमको अपने विवाह से पहले की एक घटना बताने जा रही हूँ, समय ने मुझे आज ऐसी स्थिति में लाकर खड़ा कर दिया है कि इस घटना का उद्घाटन अवश्यंभावी है। ध्यान धरकर सुनो, मैं धीवरपल्ली में रहती अवश्य थी, परंतु सत्य समझो पुत्र, मेरा हृदय कभी भी मत्स्यकार्य में नहीं लगा। आकाशवाणी के समान मानो मेरे हृदय में अंकित था कि मेरा स्थान यह मत्स्य से गँधाता, छोटी-छोटी वस्तुओं के लिए प्राण लेने को आतुर धीवरपल्ली नहीं, बल्कि बड़े-बड़े प्रासाद हैं। पिता ने मुझको पुण्यनौका पर लगाया हुआ था, जिसमें मेरा कार्य ऐसे यात्रियों को, जो मुद्रा खर्च करने में समर्थ नहीं थे, यमुना पार करवाना था। मेरी नौका पर अधिकतर साधु-संत ही सवार होते थे अथवा

अतिदरिद्र जन। मैं अकसर खाली नौका लिये ही यमुना में अपना सौंदर्य देखकर मुग्ध होती रहती अथवा यमुना किनारे पुष्प लताओं से शृंगार में व्यस्त रहती, इतना सब होने के बाद भी चाँद में कालिमा के समान मेरे बदन से मत्स्य की गंध आरोहित होती रहती थी, फिर एक दिन मेरी नौका में महर्षि पराशर सवार हुए। नौका अभी मध्य मार्ग में ही थी कि ऋषि ने मेरे रूप-यौवन पर मुग्ध होकर प्रणय निवेदन किया। मैं भयभीत हो गई, मेरे सपने चूर-से होते नजर आए। कहाँ महारानी और कहाँ वन-वन भटकती ऋषि पत्नी, मैंने साहस करके ऋषि से कहा, "ऋषिवर, आपके प्रस्ताव को इनकार करने की न मेरी इच्छाशक्ति है और न ही मेरा आत्म मुझे इससे इनकार करने को प्रेरित कर रहा है, परंतु मैं पितृ पालित कन्या हूँ, ऐसे में विवाह पूर्व स्वयं को आपको समर्पित करना पिता से छल होगा एवं मुझे पाप का भागी बनना पड़ेगा।"

"हे रूपवती, मैं वर्तमान में कामपीड़ित हूँ, तुम्हारी रूपराशि से निरखित मधु प्रतिफल मुझे बेचैन कर रहा है, तुम्हारा रूप सच में नवपल्लव पुष्पों को लजानेवाला है, तुम्हारा उछाह यमुना की लहरों का मान घटानेवाला है। यूँ तो कन्या के ऋतुमती होने के दो वर्ष के अंदर यदि पिता कन्यादान नहीं करता है तो कन्या को पुरुष चुनने का अधिकार है, फिर भी यदि तुम्हें पाप की चिंता है तो मैं अपना सारा तपोबल चुकाकर भी तुम्हारी सत्यता की रक्षा करूँगा।"

"ऋषिवर, आभार, परंतु बात सिर्फ इतनी ही नहीं है। मैं मत्स्यगंधा हूँ, जिस हेतु मैं जन्म से ही एकांतवास करती आई हूँ, आमजन मुझसे दूर रहने में ही भलाई समझता है, इसी हेतु मुझे पुण्यनौका में तैनात किया गया, दाम चुकाकर कौन ऐसी दुर्गंधा युवती की नाव में बैठेगा, मैं नहीं चाहती, यही समस्या मेरी संतान के साथ आए, इस हेतु मैं संगम हेतु थोड़ी संकुचित हूँ और फिर यमुना के तट पर दोनों ओर यात्रियों का जमघट है।"

"हे रूपसम्राज्ञी, तुम्हें जिस मत्स्य गंध के कारण एकांतवास सहना पड़ा, वही मत्स्य गंध इस समय मुझे काम से उद्दीप्त किए दे रही है, भानु से आकर प्रकाश जब तुम्हारी रूपराशि से मिलता है, तब वह जग को प्रकाशित करनेवाला बन जाता है। तुम आज से मत्स्यगंधा न होकर योजनगंधा के नाम से जानी जाओगी, तुम्हारी रूपराशि से होकर गुजरनेवाली वायु तुम्हारी रूपराशि

के समान ही सुगंधित होकर योजन भर को तुम्हारे वर्तमान होने का आभास करवाएगी। यात्रियों के जमघट हेतु आज मैं एक नए अवयव की सृष्टि करने जा रहा हूँ।"

ऋषिवर के इतना कहते ही समस्त वातावरण धुंध से भर गया। ऋषिवर का अस्तित्व मुझसे एकाकार हो गया। ऋषिवर ने इसके बाद यमुना में एक द्वीप की सृष्टि की। मैंने उसी द्वीप पर बालक को जन्म दिया, जो कि आज जगत् में वेदव्यास के नाम से जाना जाता है। इसके साथ ही ऋषि ने मेरी योनि को अक्षत कर दिया एवं उस द्वीप पर समय काल को इस प्रकार व्यवस्थित किया कि उस यमुना द्वीप के नौ माह सामान्य जग के एक दिन के बराबर हो गए। ऋषि ने न मुझे रुकने को कहा, न जाने को। उन्होंने मेरी एवं मेरे सम्मान की भरपूर रक्षा की, परंतु एक बार संगमोपरांत वे मुझसे इस प्रकार विमुख हुए कि मेरा उनके प्रति यदि कुछ मोह था भी तो जाता रहा। पूरे नौ माह एक बार भी वे मेरे संसर्ग में नहीं आए और न ही उन्होंने मेरी कोई सेवा स्वीकार की। प्रतीत होता था, जैसे मुझसे पुत्र प्राप्त करना ऋषिवर के लिए ईश-आज्ञा थी, जिसको उन्होंने पूरा किया। ऐसे में मैंने पिता के पास वापस लौट जाना ही श्रेयस्कर समझा। मैं ऋषि के अद्भुत समय संयोजन की वजह से शाम ढलने तक वापस पितृकुटीर पर आ गई। मत्स्य गंध के स्थान पर उद्घाटित सुगंध का रहस्य सभी ने जानना चाहा, जिसको कि मैंने ऋषि पराशर को पार उतारने पर ऋषि द्वारा दिया गया आशीर्वाद ही बताया, फिर एक दिन उसी तट पर नौकायन के समय ही महाराज से भेंट हुई। आगे की कथा तुमको ज्ञात ही है पुत्र!"

क्यों न ज्ञात होती, आखिर आगे की कथा मेरे जीवनरथ की राह मोड़नेवाली थी, वह भीष्म युद्ध में जिसका रथ देवता भी किंचित् भर नहीं मोड़ पाए, उसका पूरा जीवनरथ एक स्त्री द्वारा मोड़ा गया। महर्षि वेदव्यास मेरे सहोदर भ्राता हैं, यह जानकर मुझे प्रसन्नता ही हुई, माता के आचरण पर कुछ कहने का अधिकार धर्म पुत्र को नहीं देता, वैसे भी महर्षि वेदव्यास के आगमन ने मुझे बहुत बड़े धर्मसंकट से निकाला था।

"यह तो अत्यंत प्रसन्नता की बात है माते, विचित्रवीर्य के क्षेत्र एवं महर्षि वेदव्यास के वीर्य से उत्पन्न संतान निश्चय ही धर्मपरायण, नीतिकुशल, संयमी,

रणधीर होगी। आपका विचार अत्युत्तम है, परंतु क्या महर्षि इस कार्य हेतु तैयार होंगे?"

"यदि जैसा सारा संसार कहता है, यदि मेरा पुत्र धर्म की ध्वजा धारण करनेवाला है तो माता की आज्ञा का अनुकरण अवश्य करेगा। तुम आज ही उसको बुलाने हेतु रथ भेज दो।"

"जो आज्ञा माते!" यह कहकर मैं माता के भवन से निकल आया। बाहर आते ही मैंने महर्षि को लाने हेतु अतिसुघड़ कर्मचारियों के साथ 14 अश्व जुता राजरथ भेज दिया।

माता ने महर्षि से आग्रह करने के स्थान पर उनको आज्ञा देने का विचार किया था, अब मुझे पूर्ण विश्वास था कि माता का मंतव्य अवश्य पूर्ण होगा। मैं माता सत्यवती के जीवन पर विचार करता हूँ तो समझ नहीं आता कि उनको प्रकृति ने दिया ज्यादा है या उनसे छीना ज्यादा है, जनश्रुति के अनुसार माता राजा वसु के वीर्य से उत्पन्न हुई थीं, जो कि एक मत्स्य उदरस्थ कर गई थी, हालाँकि मेरा मानना था कि यह जनश्रुति मिथ्या थी, माता अवश्य ही राजा वसु को उनकी पत्नी गिरिका से प्राप्त हुई थीं, जिनके कि जन्म को किन्हीं कारणवश वसु ने गुप्त रखा था...राजपुत्री होने के बाद भी माता का पालन-पोषण एक सामान्य मल्लाह परिवार में हुआ, उनके शरीर से जन्मजात मत्स्य की गंध व्याप्त थी, यदि अवलोकन किया जाए तो स्पष्ट है कि माता द्वारा ऋषि पराशर से एक समझौता किया गया। माता मत्स्यगंधा से योजनगंधा हुई एवं समाज में स्थापित हुईं, वरना उनकी देवतुल्य मोहकता एवं सुंदरता किस काम की थी, यदि वे पिता से भेंट के समय भी मत्स्यगंधा ही होतीं, तब भी क्या पिताजी उन पर इसी प्रकार मोहित होते, जिस प्रकार योजनगंधा सत्यवती पर हुए जब मैंने पिता से हस्तिनापुर से बाहर रहने हेतु आज्ञा माँगी थी, तब भी माता ने इसको उचित ही माना तत्पश्चात् चित्रांगद एवं विचित्रवीर्य की शिक्षा के दौरान भी माता को मेरे व्यवहार से हमेशा यह भय सताता रहा कि कहीं उनके पुत्र भी ऐसे ही उच्च मानव-मूल्य धारण न कर लें, कहीं ऐसा न हो, वे भरत की तरह बड़े भाई के रहते हुए सिंहासन पर बैठने से इनकार न कर दें, शायद इसलिए माता ने उनकी शिक्षा-दीक्षा का प्रबंध अपने नेतृत्व में अपने मार्गदर्शन में करवाया। माता ने

चित्रांगद एवं विचित्रवीर्य के मस्तिष्क में यह बात अच्छे से बैठा दी थी कि वे मनुष्य होने से पहले राजकुमार थे, जिनमें से एक को विशाल साम्राज्य का सम्राट् बनना था। माता ने उनके मस्तिष्क में यह बात इतने अच्छे से बिठाई थी कि उनके लिए राजकुमार के विलास, राजकुमार के अस्तित्व से अलग कोई स्वतंत्र अस्तित्व नहीं बचा था। चित्रांगद के देहांत के बाद राज्य-व्यवस्था परोक्ष रूप से मेरे ही हाथों में थी। इस दौरान मैंने अपने पूर्व स्थापित गूढ़ पुरुषों के जाल को और अधिक सुदृढ़ किया था। मैंने इस हेतु एक व्यापक व्यवस्था सृजित की थी। समाज के चारों वर्णों में मैंने अपने चुने हुए गूढ़ पुरुष स्थापित किए थे एवं उनका क्रम निश्चित किया था। सबसे नीचे के वर्ग में गूढ़ी के नाम से सूचना लानेवाले गूढ़ पुरुष थे तदुपरांत प्रत्येक नगर की सुरक्षा चौकी से संबद्ध एक अति गूढ़ के नाम से जानेवाले गूढ़ पुरुष थे, उसके बाद राजधानी में महागूढ़ थे, जो अति गूढ़ द्वारा लाई गई सूचना एकत्र करते थे एवं गूढ़राज शत्रुजित तक पहुँचाते थे, तदैव शत्रुजित सूचना के गुण-दोष विचार कर सूचना मुझ तक पहुँचाते थे। चारों वर्णों में यही व्यवस्था संचालित थी एवं पूर्णतः गोपन थी, सिर्फ महागूढ़ को ही अपने वर्ण के सभी गूढ़ पुरुषों की जानकारी थी। इसके अलावा रनिवास में भी इसी व्यवस्था के तहत दासियों की गूढ़ स्त्रियों के रूप में नियुक्ति थी, अंतर बस इतना था कि अति गूढ़ नारियों की नियुक्ति प्रत्येक प्रासाद में थी। अन्य राज्यों की गोपन जानकारी हेतु भी प्रत्येक दिशावार महागूढ़, राज्यवार अतिगूढ़ एवं कई गूढ़ी नियुक्त थे और इन सबसे ऊपर थे गूढ़राज शत्रुजित, जिनकी पहुँच किसी भी समय मेरे पास तक थी। गूढ़राज अपने कार्य में उत्तम थे, मुझे उनसे अभी तक कभी भी निराशा नहीं हुई थी। गूढ़राज को राज्य के हित को ध्यान में रखते हुए निर्णय लेने की स्वतंत्रता थी।

अगले दिन संध्याकाल तक महर्षि वेदव्यास राज्य में पधार चुके थे। उनका समुचित स्वागत करके मैंने उनको राज-अतिथि प्रासाद में ठहराया। महर्षि की रहन-सहन की सारी जिम्मेदारी माता ने स्वयं सँभाल रखी थी, महर्षि की सेवा में हस्तिनापुर के सबसे उत्तम रसोइए, सर्वोत्तम दास-दासियों की व्यवस्था माता के आदेश पर की गई थी। अगले दिन प्रातः मैं जैसे ही गंगा स्नान एवं ध्यान करके अपने कक्ष में आया, माता का महर्षि से भेंट हेतु संदेश आ गया। हम दोनों

राज-अतिथिगृह पहुँचे। यथोचित् अभिवादन के बाद महर्षि बोले, "माता, इससे पहले कि आप कुछ कहें, मैं कुछ निवेदन करना चाहता हूँ।"

"अवश्य पुत्र!"

"माता! यह सत्य है कि मैंने आपकी कुक्षि से जन्म लिया, परंतु मैंने इसके पश्चात् मातृप्रेम को अंशमात्र भी नहीं जाना। मेरा लालन-पालन अत्यंत कठिन परिस्थितियों में हुआ, हालाँकि यह मेरे व्यक्तित्व विकास के लिए अच्छा ही हुआ, यदि यह न होता तो मेरा आज जो मेरा आत्मिक एवं आध्यात्मिक उत्सर्ग हुआ है, वह संभव नहीं था। माता, जिस व्यक्ति का संपूर्ण जीवन वन में, पर्वतों में, प्रकृति के साथ व्यतीत हुआ हो, उसको राजमहलों के भोग में आनंद की प्राप्ति नहीं हो सकती, फिर चाहे वह इंद्र का राजभवन हो, इस हेतु माते, मेरी विवशता को समझें एवं मुझे जिस कारण से आपने याद किया है, उसकी आज्ञा दें।"

"पुत्र, मैं तुम्हारी विवशता समझ सकती हूँ, परंतु तुम भी माता का हृदय और इस समाज के वज्र से भी कठोर नियमों को समझो। पुत्र, तुमने धर्मज्ञान तो बहुत अर्जित किया, परंतु तुम शायद नहीं जानते कि समाज में बिन ब्याही माँ की क्या स्थिति है। पुत्र, तुम्हारी याद, सदैव ही मेरे हृदय को जलाती रही, ऐसा कोई पल नहीं होगा पुत्र, जब तुम्हारे उत्थान हेतु मैंने प्रभु से प्रार्थना न की हो।"

"माता, मैं समझता हूँ, यदि मेरे किसी कथन ने आपके हृदय को आघात पहुँचाया है तो मैं क्षमाप्रार्थी हूँ।"

"ऐसा नहीं है पुत्र, तुम स्वप्न में भी अपनी माता को ठेस पहुँचानेवाले वचन नहीं कह सकते हो। पुत्र, मैंने तुमको एक अति महत्त्वपूर्ण कार्य हेतु याद किया है।"

"आज्ञा करें माते!"

"पुत्र, तुम सर्वदर्शी हो, हस्तिनापुर कुल की वर्तमान दशा तुमको ज्ञात ही है। देवव्रत किसी भी स्थिति में अपनी प्रतिज्ञा से रंचमात्र हटने को प्रस्तुत नहीं हैं। हस्तिनापुर का सिंहासन उत्तराधिकारी की प्रतीक्षा में है, परंतु यह प्रतीक्षा समाप्त होने का कोई माध्यम निकट भविष्य में प्रतीत नहीं होता। हस्तिनापुर एवं धर्म सदैव एक-दूसरे के पूरक रहे हैं। इतिहास में हस्तिनापुर धर्म स्थान एवं कुरुकुल

धर्मपालक के रूप में शोभा बढ़ाते रहे हैं, कोई भी धर्मनिष्ठ व्यक्ति हस्तिनापुर एवं कुरुकुल के पराभव की कल्पना भी नहीं कर सकता।"

"उचित है माते, परंतु मैं इसमें किस प्रकार सहायक हो सकता हूँ?"

"पुत्र, तुम्हारे सबसे छोटे भाइयों की दो पत्नियाँ हैं—अंबिका एवं अंबालिका। दोनों यौवन से युक्त एवं पुत्र की इच्छा रखती हैं। मैं तुमको विचित्रवीर्य के क्षेत्र से क्षेत्रज पुत्र की उत्पत्ति हेतु नियुक्त पुरुष के रूप में दोनों रानियों की इच्छापूर्ति का आग्रह करती हूँ।"

महर्षि को शायद इस प्रकार के प्रस्ताव की आशा नहीं थी, वे आश्चर्यचकित होकर बोले, "माता, यह कैसा आग्रह है, जिसकी पूर्ति मुझ जैसे ब्रह्मचारी द्वारा होना असंभव है। माता, मैंने जीवनपर्यंत ब्रह्मचर्य का व्रत लिया हुआ है।"

"पुत्र, कोई भी व्रत या तप माता की आज्ञा से बड़ा नहीं होता। तुमको मेरी आज्ञा है कि यह कार्य संपन्न कर मुझे प्रसन्न करो।"

महामुनि कुछ देर तक एकनिष्ठ हो, मानो समय में देखते रहे, फिर किंचित् विलंब से बोले, "ऐसा ही होगा माते, मैं प्रयास करूँगा कि मातृऋण से जितना संभव हो, उऋण हो सकूँ। माते, आप नियोग की व्यवस्था आज ही करवा दें, जिससे कि मैं आपकी आज्ञा पालन कर जल्द-से-जल्द अपने स्थान को प्रस्थान कर सकूँ, परंतु अंबिका को मेरे रूप एवं तेज के बारे में सावधान कर दें।"

"ऐसा ही होगा पुत्र, ऐसा ही होगा।" माता उत्साह से भरकर बोलीं। वेदव्यास जैसे ऋषि को अपनी इच्छापूर्ति हेतु अपने तप से डिगाना देवताओं के लिए भी असंभव था, परंतु माता सत्यवती ने इसे संभव कर दिखाया था।

अगले दिन उसी समय एक बार फिर माता मुझे लेकर महर्षि के सम्मुख उपस्थित हुईं।

"पुत्र, रात सब ठीक तो रहा!" माता ने बिना किसी झिझक के पूछा।

महर्षि भी शायद स्वयं को इस प्रश्न हेतु तैयार कर चुके थे, बोले, "मेरी तरफ से सभी कुछ सही रहा माते, परंतु नियुक्त पुरुष की मान्यताओं एवं धर्म बाध्यताओं के अनुसार जब मैं तेलस्नान करके अंबिका के कक्ष में पहुँचा तो अंबिका ने मेरी आकृति देखकर भय से आँखें मूँद लीं, मैंने आपकी आज्ञा की

पूर्ति की है। यह संतान अत्यंत बलिष्ठ होगी, पराक्रमी होगी, परंतु दृष्टिहीन होगी, जन्मांध होगी। लगता है माता ने अंबिका को नियुक्त पुरुष की आकृति के बारे में स्पष्ट जानकारी नहीं दी थी।"

माता के मुख पर एक बार फिर निराशा के बादल घिर आए, "पुत्र, मैं तुम्हारी सराहना करती हूँ, परंतु उद्देश्य अभी भी पूर्ण नहीं हुआ है। तुमको आज रात फिर कष्ट करना होगा।"

"उचित है माते, दैवयोग से माता का ऋण चुकाने का अवसर प्राप्त हुआ है तो जितना उऋण हो सकूँ, उत्तम है। आप अंबालिका से आज रात नियोग हेतु प्रस्तुत होने को कहें।"

"उचित है, पुत्र, तुम धन्य हो।"

यह कहकर माता कक्ष से चली गईं। मुझे महर्षि से धर्मचर्चा करने का अच्छा अवसर प्राप्त हुआ था, सो मैं रुका रहा।

"महात्मन, हस्तिनापुर की वर्तमान पीढ़ी में धर्मध्वजा आपने ही सँभाल रखी है।"

"महर्षि, मैंने सिर्फ कर्तव्य की ध्वजा सँभाल रखी है, धर्मध्वजा तो आप जैसे मनीषियों के हाथ में है।"

महर्षि कुछ हँसकर बोले, "राजकुमार, लगता है, कोई प्रश्न आपके मस्तिष्क में खलबली मचाए है।"

"आप अंतर्यामी हैं और अब तो माता के अधिकार से आप मेरे कनिष्ठ भ्राता हुए, इस हेतु मैं आपसे सामान्य जिज्ञासा समाधान का अधिकारी तो हुआ।"

"अवश्य महात्मन, जग में ज्ञान की दीप्ति बाँटना ही ऋषि समाज का मुख्य उद्देश्य है।"

"महर्षि, फिर मुझे बताएँ, जग में सर्वश्रेष्ठ क्या है ?"

"कुछ भी नहीं, श्रेष्ठता या निम्नता सापेक्ष है, संपूर्ण नहीं। धर्म श्रेष्ठ है, परंतु धर्म भी कर्म पर आधारित है, कर्म मनोवृत्ति पर आधारित है, मनोवृत्ति शिक्षा, संस्कार एवं संचित कर्मों का परिणाम है, शिक्षा धर्म की दी जाती है, संस्कार धर्म-पालन से आते हैं।"

"कर्तव्य या प्रतिज्ञा में क्या श्रेष्ठ है ?"

"इसका जवाब मैं आपके संदर्भ में देता हूँ, यदि कहीं टकराव की स्थिति बनती है, तब आप जैसे पुरुष के लिए प्रतिज्ञा-पालन ही श्रेष्ठ है, क्योंकि आपका व्यवहार राज्य के साधारण निवासियों हेतु आदर्श का कार्य करता है। यदि आप किसी कारणवश अपनी प्रतिज्ञा से विमुख होते हैं तो संभव है, प्रतिज्ञा राज्य के लोगों में हास्य का विषय बनकर रह जाए, ऐसे में व्यक्ति असत्य का पालन आरंभ कर देता है एवं जहाँ असत्य होता है, वहाँ अधर्म स्वतः ही उत्पन्न हो जाता है एवं धर्म का लोप हो जाता है।"

मुझे अकसर इस विषय में संदेह रहता था, हालाँकि मेरा स्वयं का भी विचार महर्षि के समान ही था, परंतु उस पर महर्षि वेदव्यास की संस्तुति ने निश्चय ही मेरे मन को अधिक दृढ़ किया था, अंबा के जाने के बाद यह सवाल अधिकांश समय मुझे परेशान करता रहा था, परंतु आज महर्षि के कथन के बाद मुझे शांति प्राप्त हुई थी।

"महर्षि, कर्तव्य-पालन श्रेष्ठ है या आत्मसम्मान की रक्षा ?"

"महात्मन, कर्तव्य-पालन श्रेष्ठ है, यदि वह बृहद् जनहित में है, परंतु आत्मसम्मान की रक्षा भी उतनी ही महत्त्वपूर्ण है। उद्धरण के लिए कुलगुरु, मंत्रियों का कर्तव्य है कि राजा को उचित-अनुचित का भान करवाएँ, जहाँ राजा धर्मविरुद्ध कार्य करे, वहाँ उसे समुचित चेतावनी दें, परंतु यदि राजा ऐसे में गुरुओं एवं मंत्रियों का अपमान करता है तो आत्मसम्मान की रक्षा हेतु पद का परित्याग करना शास्त्रसम्मत है, उसी प्रकार जैसे प्रभुनिंदा करनेवाले की जीभ काट लेनी चाहिए, यदि संभव न हो तो उस स्थान से कानों पर हाथ रखकर भाग जाना चाहिए, अन्यथा प्रभुनिंदा में आपकी भी सहमति है। इसी प्रकार राजा का कोई भी कृत्य स्वतंत्र नहीं होता, प्रजा की दृष्टि में संपूर्ण राजसभा एवं ईश्वर की दृष्टि में गुरुजन, मंत्रिवर उस कार्य हेतु उत्तरदायी होते हैं। ऐसे में धर्मविरुद्ध कार्य में सहायक बनने से उत्तम है पलायन। आत्मसम्मान के खोने से मनुष्य की चेतना एवं तेज का क्षरण होता है, ऐसा सिर्फ तभी उत्तम है, जब व्यक्ति गूढ़ पुरुष का कार्य कर रहा हो अथवा कर्तव्यपालन व्यापक जनहित में हो, अन्यथा व्यक्ति को आत्मसम्मान का सदैव ध्यान रखना चाहिए।"

"आपका धन्यवाद महर्षि!" मैंने बस इतना ही कहा। इसके बाद महर्षि

गंगा किनारे एकांत भ्रमण हेतु चले गए एवं मैं भी अपने प्रासाद में वापस आ गया। विचित्रवीर्य के देहांत के बाद से मैं राजनगर में ही स्थित अपने प्रासाद में निवास कर रहा था, इच्छा के बाद भी गंगभवन नहीं जा पाया था।

अगले दिन प्रातः मैं माता के साथ पुनः महर्षि के समीप उपस्थित हुआ। माता के प्रश्न पर महर्षि बोले, "माते, अंबालिका मेरे वर्ण एवं आकृति को देखकर प्रभाहीन, भयभीत एवं विषादग्रस्त हो गई, अतः यह पुत्र पीतवर्णी एवं कमजोर होगा।"

"ओह," माता के मुँह से अनायास निकल गया। माता को संतुष्टि नहीं हुई थी, वे जिस प्रकार का अपना वंशज चाहती थीं, स्पष्ट था, वह उनको प्राप्त नहीं हुआ था।

परंतु सभी संभव उपाय माता कर चुकी थीं। महर्षि उसी दिन हस्तिनापुर से प्रस्थान कर गए।

समय आने पर पहले अंबिका और फिर अंबालिका ने एक-एक पुत्र को जन्म दिया। महर्षि के कथनानुसार अंबिका ने एक स्वस्थ एवं हृष्ट-पुष्ट, परंतु नेत्रहीन पुत्र को जन्म दिया एवं अंबालिका ने एक कमजोर, पीतवर्णी बच्चे को जन्म दिया। हस्तिनापुर की एवं माता की स्थिति का वर्णन शब्दों में पिरोना मेरे लिए कठिन था, आज भी है। हस्तिनापुर को अपना उत्तराधिकारी एवं माता को अपनी वंशपरंपराधारी मिल गए थे, परंतु दोनों पुत्रों में से कोई भी माता की इच्छानुसार, उनकी अपेक्षानुसार नहीं था। हस्तिनापुर हर्ष में डूबा हुआ था, चारों तरफ समारोह चल रहे थे, माता द्वारा ब्राह्मणों के लिए, निर्धनों के लिए हस्तिनापुर के खजाने खोल दिए गए थे। मैंने पुनः गंगभवन में निवास करना प्रारंभ कर दिया था। दोनों राजकुमारों के जन्म के दूसरे दिन प्रातः माता ने मुझे बुलाया।

"पुत्र, हस्तिनापुर के भाग्य का चंद्र उदय हुआ है।"

"अवश्य माते!"

"परंतु पुत्र, हस्तिनापुर का भाग्य चंद्र भी सोम की तरह दाग लिये हुए है।"

"माता, ऐसा न कहें, अंबालिका पुत्र कुछ समय में ही वैद्यों की देखरेख

में एवं हस्तिनापुर की धर्म मिश्रित हवा में रहकर कुछ ही समय में स्वस्थ एवं हृष्ट-पुष्ट हो जाएगा।"

"संभव है पुत्र, परंतु क्या तुम्हें नहीं लगता कि महाराज प्रतीप, महाराज शांतनु, देवव्रत भीष्म जैसी गौरवशाली वंश-परंपरा का वाहक ऐसा नरपुंगव होना चाहिए, जो इस कुल परंपरा की लड़ी में नव मोती पिरोए। क्या कोई शारीरिक रूप से अक्षम बालक इस लायक होगा कि आर्यावर्त के सिरमौर हस्तिनापुर और हस्तिनापुर के सिरमौर कुरुकुल का वंशगौरव अक्षुण्ण रख पाए, कुरुकुल की गौरवकथा में नए अध्याय जोड़ सके?"

"यह तो निश्चित रूप से समय ही बताएगा माते, हम जो भी मानवीय प्रयास इस दिशा में संभव हैं, वह तो कर ही चुके हैं।"

"मैं इस दिशा में पुनः एक अंतिम प्रयास करना चाहती हूँ।"

"परंतु यह कैसे संभव है माते, क्या महर्षि इसके लिए तैयार होंगे?"

"वह मेरा कार्य है, तुम दोनों पुत्रों के जन्म की सूचना पुत्र वेदव्यास तक पहुँचाओ और उनसे कहो कि दोनों का नामकरण संस्कार उनकी देखरेख में ही होगा। तुम इस हेतु आज ही महामात्य को भेज दो। उनसे कहना कि शुभ मुहूर्त की सूचना महर्षि से लेकर ही आएँ और वह शुभ मुहूर्त तीन माह के बाद का ही हो, यह महामात्य को सुनिश्चित करना है।"

"उचित है माते, आपकी आज्ञा का पालन होगा।"

महामात्य ने किस प्रकार किया, मुझे नहीं ज्ञात, परंतु नामकरण का मुहूर्त तीन माह बाद का ही लेकर आए वो।

भव्य नामकरण संस्कार समारोह आयोजित किया गया। पूरा हस्तिनापुर नवविवाहिता की भाँति सजा हुआ था। राजमार्ग पर फूलों का ढेर लगा हुआ था। प्रत्येक घर को बंदनवार से सजाया गया था। राजसेना के मतवाले हाथी निश्चित अंतराल पर गज द्वार बनाए हुए थे। उनपर बैठे महावत उत्साह मुद्रा में सुथरे वस्त्र पहने, आभूषणों से सजे हुए हस्तिनापुर के सौभाग्य का जीवंत वर्णन-से प्रतीत हो रहे थे। पूरे हस्तिनापुर राज्य को 20 भागों में बाँटा गया था एवं प्रत्येक भाग की जिम्मेदारी बुद्धिमान मात्यों के हवाले थी। मैं स्वयं महामात्य के साथ राजरथ पर महर्षि वेदव्यास की अगवानी हेतु नगर द्वार पर प्रस्तुत था। महर्षि

को विशेष सम्मान एवं प्रतिष्ठा से राजभवन तक लाया गया। उनके कर-कमलों से एक राजकुमार और एक हस्तिनापुर के भावी सम्राट् का नामकरण संस्कार संपूर्ण हुआ। अंबिका पुत्र का नाम धृतराष्ट्र एवं अंबालिका पुत्र का नाम पांडु रखा गया। संध्या समय मेरी और माता की भेंट महर्षि से हुई।

"पुत्र, हस्तिनापुर एवं कुरुकुल तुम्हारे सदैव आभारी रहेंगे।"

"माता, मैंने ऐसा कुछ नहीं किया, जो हस्तिनापुर या कुरुकुल आभारित हो। मैंने एक शास्त्रसम्मत कार्य किया है। मातृ-इच्छा पूर्ण की है।"

"तुम धन्य हो पुत्र, परंतु तुम्हारी माता की इच्छा पूर्ण हुई है, इसमें मुझे संदेह है।"

महर्षि अवाक्-से माता को देखते रह गए, "माता, मैंने आपकी प्रसन्नता हेतु एवं आपकी आज्ञा के अनुसार सभी प्रयत्न किए।"

"अवश्य पुत्र, परंतु हस्तिनापुर के जिस तेजस्वी, पराक्रमी, ज्ञानवान उत्तराधिकारी की हमें प्रतीक्षा थी, वह प्रतीक्षा अभी भी अपूर्ण है।"

"परंतु माते, इसमें मेरा क्या दोष?"

"तुम्हारा नहीं पुत्र, दोष तो नियति का है, परंतु तुम अगर विचार करो तो इसमें अंबिका या अंबालिका का भी कोई दोष नहीं है। उन्होंने तुम्हारी विकट आकृति को प्रथम बार देखा तो वे तुम्हारा तेज सँभाल नहीं पाईं, अब इस हेतु मेरी इच्छा है कि एक अंतिम प्रयास और किया जाए।"

महर्षि माता के मुख को विस्मय से देखते रह गए। काफी देर बाद वे बोले, "यह संभव नहीं माते, जिस स्त्री के पहले से पुत्र हो, उसके संग नियोग शास्त्र विरुद्ध है।"

"पुत्र, तुम अंबिका के संग नियोग कर सकते हो, उसका पुत्र अंगहीन है, जीवन भर परतंत्र रहेगा, ऐसे में तुमको शास्त्र दोष नहीं लगेगा और फिर इस कार्य हेतु मेरी आज्ञा है तुमको।"

"जो आज्ञा माते, परंतु यह अंतिम बार होगा, इसके उपरांत मैं आपकी आज्ञा के अधीन होकर भी इस कार्य हेतु प्रस्तुत नहीं रहूँगा।" कुछ देर विचार करके महर्षि ने कहा।

"स्वीकार है पुत्र!" माता ने हर्ष से कहा। माता ने किसी भी लौकिक

व्यक्ति अथवा वस्तु से कभी हार नहीं मानी थी, माता को धक्का सदैव अलौकिक घटनाओं से मिला था।

अगले दिन महर्षि ने बताया कि अबकी बार होनेवाला पुत्र अत्यंत धार्मिक, तत्त्वभेदी, महाज्ञानी, प्रभुप्रिय, वेदज्ञानी, कुशल कूटनीतिज्ञ, पराक्रमी एवं स्वयं धर्म का अवतार होगा, परंतु हस्तिनापुर का राजा फिर भी नहीं बन पाएगा, क्योंकि यह अंबिका पुत्र न होकर उसकी दासी परिश्रमी का पुत्र होगा। अंबिका ने स्वयं नियोग हेतु प्रस्तुत न होकर अपनी दासी परिश्रमी को नियोग हेतु तैयार करके शयनकक्ष में भेज दिया। दासी ने नियमपूर्वक महर्षि की पूजा करके स्वयं को नियोग हेतु प्रस्तुत किया। महर्षि ने यथोचित् प्रसाद के रूप में सर्वगुण-संपन्न पुत्र दासी को प्रदान किया। इतना कहकर महर्षि ने मुझसे दासी परिश्रमी एवं उसके पुत्र के समुचित सम्मान का आग्रह किया एवं स्वयं हस्तिनापुर से प्रस्थान कर गए। माता ने भी उनको रोकने की कोई कोशिश नहीं की।

धृतराष्ट्र, पांडु एवं परिश्रमी पुत्र विदुर के साथ मेरा बचपन लौट आया था। तीनों पुत्र मुझसे ही सर्वाधिक हिले हुए थे। उनका अधिकतर समय गंगभवन में मेरे साथ ही बीतता। धृतराष्ट्र तीनों भाइयों में सर्वाधिक शक्तिशाली था, छोटे-मोटे आधारखंभ उसके मुष्ठिक प्रहार से चूर हो जाते थे, विदुर एवं पांडु पर धृतराष्ट्र अकेले ही भारी पड़ता। विदुर एवं उसकी माता का स्थान अब राजभवन में ही था। मेरा सदैव यही प्रयास रहता कि तीनों राजपुत्रों की शिक्षा में किसी भी प्रकार का विभेद न हो। तीनों यथासंभव रूप से अपने गुणों का विकास करें व समाज में उच्च स्थान पर आसीन हों।

तीनों कुमारों की शिक्षा हेतु मैंने कुरुकुल के राजगुरु शरद्वान पुत्र कृपाचार्य को चुना। मैंने अपनी देखरेख में तीनों कुमारों को कृपाचार्य के गुरुकुल में भेज दिया। मैं उन तीनों की शिक्षा के विषय में अत्यंत गंभीर एवं एकमना था, अत: उनकी शिक्षा के विषय में मेरी अकसर कृपाचार्य से वार्त्ता होती रहती थी।

समय के साथ तीनों राजकुमार अवस्था ग्रहण के साथ-साथ समस्त शास्त्रों, वेद-पुराणों के ज्ञाता बने, फिर शस्त्रों, अस्त्रों के ज्ञाता बने। उनकी कीर्ति संपूर्ण आर्यावर्त में सुगंध की तरह फैल रही थी। राजकुमारों की शिक्षा संपूर्ण होने से कुछ समय पूर्व मेरी भेंट कृपाचार्य से हुई।

"कृप, क्या हाल हैं? गुरुकुल के सब प्रबंध कैसे हैं?"

"अग्रज, आपकी कृपा से सब उचित है। आश्रम हेतु धन की समुचित व्यवस्था ने आश्रम की कई प्रक्रियाओं में आश्चर्यजनक कार्य किए हैं। हम आश्रम में शस्त्रों की उचित व्यवस्था कर पाए हैं, आश्रम में पर्याप्त मात्रा में गायों की उपलब्धता से पौष्टिक भोजन सभी आश्रमवासियों को उपलब्ध है। मेरे अलावा गुरुकुल में लगभग सौ अन्य आचार्य अपने परिवार के साथ निवास करते हैं, उनके रहने एवं प्रसाद का उचित प्रबंध यदि हस्तिनापुर राज्य की तरफ से न होता तो आज गुरुकुल जिस शीर्ष पर है, उस तक पहुँचना संभव नहीं था।"

"कृप, यह कोई कृपा नहीं है। यह प्रत्येक राजा का धर्म है कि वह अपनी प्रजा के लिए उचित शिक्षा-दीक्षा की व्यवस्था करे। आचार्य, आप जिनको शिक्षा दे रहे हैं, वे सिर्फ बालक नहीं हैं, बल्कि हस्तिनापुर का भविष्य हैं। उन्हीं में से हस्तिनापुर का सम्राट् निकलेगा, उन्हीं बालकों में से हस्तिनापुर के मंत्री, सेनापति निकलेंगे, जो हस्तिनापुर राज्य को दिशा देंगे, हस्तिनापुर की रक्षा करेंगे। उन्हीं बालकों में से वणिक निकलेंगे, जो हस्तिनापुर की कीर्ति-पताका को दूर-दूर तक फैलाएँगे, कुशल व्यापार करके हस्तिनापुर को समृद्ध करेंगे। उन्हीं बालकों में से महान् ज्ञानी, दार्शनिक निकलेंगे, जो समाज एवं संपूर्ण मानवता को दिशा दिखाएँगे। वस्तुतः गुरुकुल पर किया गया व्यय हस्तिनापुर को कई गुना होकर वापस मिलनेवाला है, अतः आप व्यय की चिंता न करते हुए समुचित प्रबंध करते रहें, जिससे कृप गुरुकुल आर्यावर्त के सर्वश्रेष्ठ गुरुकुल के रूप में स्थापित हो।"

"आभार अग्रज, आपकी इच्छा अवश्य पूर्ण होगी।"

"आने का कोई विशेष प्रयोजन?"

"महात्मन, आप जानते हैं कि राजकुमारों की शिक्षा शीघ्र ही पूर्ण होनेवाली है।"

"हाँ, ज्ञात है मुझे, उनकी शिक्षा के बारे में तो समय-समय पर तुम मुझे अवगत करवाते रहे हो।"

"जी हाँ, परंतु आज मैं उनकी पूरी शिक्षा एवं उनके व्यवहार का सार आपके सम्मुख प्रस्तुत करना चाहता हूँ। धृतराष्ट्र या पांडु में से किसी एक को

आगे हस्तिनापुर के महान् सिंहासन पर विराजित होना है, अतः आवश्यक है कि उनके स्वभाव के बारे में आप पूर्ण रूप से जानकार हों।"

"अवश्य कृपाचार्य, कहो।" कृप निश्चय ही कोई अति महत्त्वपूर्ण बात कहना चाह रहा था।

"अग्रज, धृतराष्ट्र, पांडु एवं विदुर तीनों ही प्रखर बुद्धि एवं विलक्षण मेधा शक्ति के धनी हैं। धृतराष्ट्र को सम्मुख युद्ध में परास्त करना असंभव है। एक बार उसकी पकड़ में आने के पश्चात् शत्रु का जीवित मुक्त हो जाना संभव नहीं। बड़े कुमार की आँखें हरकर ईश्वर ने जो अभाव दिया है, उसकी प्रतिपूर्ति उनकी बाँहों के बल से की हुई लगती है, परंतु इसके अलावा बड़े कुमार में कुछ अवगुण भी हैं, उनको भी सुनें, उनका क्रोध अति तीव्र एवं विकराल है एवं क्रोध आने पर वे अपने आसपास की किसी भी वस्तु को साबुत नहीं छोड़ते, न ही किसी की सुनते हैं। इसके अलावा बड़े कुमार में एक अनियोजित प्राप्ति की इच्छा विद्यमान है, फिर चाहे उसकी कीमत कुछ भी हो। बड़े कुमार में चतुरता प्रचुर मात्रा में है। पांडु का स्वभाव निर्मल, व्यवहार शांत एवं दयालु है। उनके समान धनुर्धर वर्तमान में आर्यावर्त में कोई नहीं है, परंतु वह शारीरिक रूप से उतने बलिष्ठ नहीं हैं। इस हेतु आप समझ लें कि यदि धनुष के साथ पांडु अतिरथी हैं तो धनुष के कट जाने पर उनकी शक्ति, सिर्फ अश्वारोही के समान है। उनके अंदर समाज एवं देश के प्रति एक अद्भुत लगाव का भाव मौजूद है। पांडु को अपने बड़े भ्राता से अतिशय प्रेम है। पांडु अपनी पसंदीदा वस्तु भी अकसर बड़े भाई को अर्पण करने से पीछे नहीं रहता। यहाँ तक सब ठीक है और भाई की मर्यादा भी यही कहती है, परंतु गलत यह है कि धृतराष्ट्र पांडु के इस स्वभाव का गलत-सही भरपूर फायदा उठाता है। विदुर महात्मा पुरुष है। संकोच के साथ कहता हूँ उसके जैसा धर्मधुरंधर, शास्त्रज्ञाता, नीतिज्ञाता, वेदवेत्ता, राजनीति का मर्म जाननेवाला मुझ सहित हमारे गुरुकुल में अन्य कोई नहीं है। किसी भी विषय पर उनकी पारदर्शी नजर एवं अविचल रहकर निष्पक्ष विचारधारा अप्रतिम है। वे न्याय का साक्षात् मूर्त रूप हैं, सत्य का संधान हैं।"

"उचित है, कृप, तुमने तीनों कुमारों के गुण-दोषों का वर्णन किया, परंतु

क्या कारण है कि तुम्हारे, अन्य गुरुओं एवं विदुर, जिसको कि तुम अभी धर्म का अवतार बताकर हटे हो, का सान्निध्य होते हुए भी धृतराष्ट्र एवं पांडु अपनी-अपनी दुर्बलताओं से मुक्ति नहीं पा सके ?"

"इस विषय में मैं यही कह सकता हूँ कि जन्म-प्रदत्त गुण, व्यवहार में किंचित् परिवर्तन तो संभव होता है, परंतु हे आर्यश्रेष्ठ! उनको पूर्णतः व्यक्ति के व्यक्तित्व से पृथक् नहीं किया जा सकता। मैंने ऊपर जो दोष वर्णित किए हैं, वे धृतराष्ट्र एवं पांडु के जन्म-प्रदत्त दोष हैं। समय के साथ दृढ़ इच्छाशक्ति होने पर इनको निम्न परिमाण में तो लाया जा सकता है, परंतु इनका पूर्ण रूप से परिमार्जन संभव नहीं है।"

"अच्छा, पांडु किस परिमाण तक अपनी मनभावन वस्तु धृतराष्ट्र को दे सकता है और धृतराष्ट्र किस परिमाण तक पांडु से ग्रहण कर सकता है ?"

"आपके दोनों प्रश्नों का एक ही उत्तर है, किसी भी परिमाण तक।"

"राजसिंहासन के परिमाण तक ?"

"जी हाँ आर्य! हस्तिनापुर के राजसिंहासन के परिमाण तक।"

कृपाचार्य मुझे एक नए विचारमंथन में छोड़ गए थे, यह तय था कि राज्य पांडु को ही मिलना है। धृतराष्ट्र को जन्मांध होने की वजह से एवं विदुर को दासी पुत्र होने की वजह से राज्य मिलना संभव नहीं था। ऐसे में संभव था कि आगे जाकर धृत एवं पांडु के स्वभाव की वजह से आगे वंश युद्ध हो। मुझे तब पहली बार होने जा रहे युद्ध की पगध्वनि सुनाई दी थी। इसका भी मैंने एक उपाय निश्चित किया। इस हेतु मैंने शत्रुजित की सहायता लेने का निश्चय किया।

धृतराष्ट्र, पांडु एवं विदुर शिक्षा संपूर्ण करने के अगले दिन मुझसे आशीर्वाद ग्रहण करने के लिए गंगभवन आए।

"आओ पुत्रो, तुम्हारा स्वागत है। मनुष्य जब जन्म लेता है तो पशुवत् होता है। शिक्षा ही है, जो उसके कलुष को हरकर, ज्ञानचक्षु खोलकर उसको मानव बनाती है। कृपाचार्य जैसे समर्थ गुरु के सान्निध्य में तुम लोग अवश्य ही सच्चे इनसान एवं निष्णात योद्धा बन चुके हो, ऐसा मेरा विश्वास है।"

"पितृव्य, हम तीनों का प्रणाम स्वीकार करें। कहा गया है कि कुल के वरिष्ठों के आशीर्वाद से ही व्यक्ति उन्नति करता है, शिक्षा उसको फल देनेवाली

होती है, देवताओं की कृपा प्राप्त होती है, रण में धीरता आती है। हम आज जो भी हैं, आपके आशीर्वाद एवं प्रयासों के फलस्वरूप ही हैं।"

"अब मैं तुम सभी को एक आवश्यक कार्य हेतु निर्देशित करनेवाला हूँ। क्या तुम सब तैयार हो?" मैंने कहा।

"अवश्य पितृव्य, आप द्वारा कोई कार्य बताया जाना हमारे लिए सौभाग्य का विषय होगा।"

"पुत्रो, कार्य मैं बता अवश्य रहा हूँ, परंतु यह कार्य मुख्यत: हस्तिनापुर की जनता के हेतु है। तुम लोग जानते हो, हस्तिनापुर के उत्तर-पश्चिम में दुर्गम क्षेत्र है, वहाँ पर डाकुओं का आतंक अत्यंत बढ़ गया है। डाकू अचानक से आकर हमला करते हैं और वनों में गुम हो जाते हैं। वनों के आंतरिक रास्ते एवं उनके गुप्तगृह इतने गूढ़ हैं कि हमारी सेना की टुकड़ियाँ भी उन पर काबू पाने में असफल रही हैं। वहाँ के रक्षाराज ने हस्तिनापुर की राजसेना की सहायता माँगी है। मैं वहाँ किसी योद्धा को भेजने ही वाला था, परंतु अब तुम सबकी शिक्षा पूर्ण हो गई है तो मैंने तुम तीनों को वहाँ भेजने का निश्चय किया है। तुम तीनों कल सुबह ही कीलक नगर हेतु प्रस्थान कर जाओ। डाकुओं पर काबू पाने की योजना विदुर बनाएगा एवं रक्षाराजगृह में बैठकर समस्त स्थिति एवं वास्तु को समझकर योजना को अंतिम रूप देगा। इस हेतु मैंने 100 सैनिकों की तीन टुकड़ियों को आवश्यक निर्देश दे दिए हैं। एक टुकड़ी रक्षाराजगृह पर रहेगी एवं विदुर के नेतृत्व में कार्य करेगी, अन्य दो टुकड़ियाँ धृत एवं पांडु, तुम दोनों के नेतृत्व में कार्य करेंगी। यह तुम्हारे अर्जित ज्ञान की परीक्षा भी है पुत्रो! अन्य किसी सहायता हेतु तुम लोग महामात्य की सहायता ले सकते हो।"

"हम तीनों प्रसन्न हैं पितृव्य, जो आपने हमें यह अवसर दिया, अब हम लोग अनुमति चाहेंगे।"

"ईश्वर तुम्हारा सहाय हो पुत्रो, तुम्हारा पराक्रम तुम्हारा रक्षक हो।"

तीनों कुमारों के जाते ही मैं भी गंगभवन से शत्रुजित के साथ कीलक नगर की ओर प्रस्थान कर गया। मैं और शत्रुजित रात्रि में ही कीलक नगर पहुँच गए, मैंने अपना गोपन निवास वहाँ के एक ब्राह्मण श्रीगत के घर में किया। श्रीगत

शत्रुजित के गूढ़ पुरुषों में शामिल थे। तीनों कुमारों को, जो सौ सैनिकों की सेना दी गई थी, उसमें भी अधिकांशतः गूढ़ पुरुष शामिल थे। यह एक बड़ा अभियान था, इसकी तैयारी मैंने शत्रुजित के साथ उसी दिन से शुरू कर दी थी, जब कृपाचार्य ने कुमारों के गुण-दोषों का वर्णन मुझसे किया था। इस कार्य हेतु शत्रुजित ने हस्तिनापुर में कार्यरत अपने सभी गूढ़ पुरुष निश्चित कार्यक्षेत्रों से बुला लिये थे, सिर्फ वही गूढ़ पुरुष अभी भी अपने कार्यस्थान पर थे, जिनका रहना अत्यावश्यक था। डाकुओंवाला नाटक भी शत्रुजित का अपने गूढ़ पुरुषों द्वारा रचाया हुआ था। शत्रुजित ने मुझसे कई बार मना किया था, परंतु मुझे पता था कि मेरी आवश्यकता इस कार्य में अवश्य पड़ेगी।

अगले दिन शाम को शत्रुजित के माध्यम से मुझे ज्ञात हुआ कि तीनों कुमार रक्षाराजगृह पहुँच चुके थे और विदुर ने डाकुओं के आक्रमण के क्रम का अध्ययन करके निष्कर्ष निकाला था कि वैसे तो उनका आक्रमण पूर्ण रूप से अनिश्चित था, परंतु प्रत्येक अमावस्या के तीसरे दिन उनका आक्रमण कीलक नगर के पश्चिम वन से अवश्य हुआ था। यह निरंतरता हमारे द्वारा कुमारों की बुद्धि की परीक्षा हेतु जान-बूझकर प्रस्तुत की गई थी। विदुर ने योजना बनाई थी कि दो दिन बाद आक्रमण की रात्रि को धृतराष्ट्र एवं पांडु अपनी-अपनी सैन्य टुकड़ी लेकर राज्य के पश्चिम भाग में इस प्रकार पहरा देंगे कि आततायी प्रथम दृष्टि में इनको न देख सकें, तत्पश्चात् जब आततायी नगर में प्रवेश कर जाएँ, तब उनको इस प्रकार व्यूह में बद्ध किया जाए कि उनका वापस वन में प्रवेश असंभव हो जाए, इसके उपरांत विदुर की योजना थी कि कुछ डाकुओं को अवश्य जीवित छोड़ दिया जाए, जिससे कि उनका पीछा करके उनके गुप्तगृह की जानकारी पाई जा सके, यदि उचित हो तो वहीं उनपर आक्रमण करके उनको नष्ट कर दिया जाए अथवा और अधिक सेना बुलाकर उनका नाश कर दिया जाए। विदुर ने स्वयं रक्षाराज के साथ नगर के पूर्वी भाग की रक्षा का निर्णय लिया, हालाँकि विदुर को आशा कम थी कि पूर्व की तरफ से आततायी आएँगे। मुझे विदुर की योजना अत्यंत रुचिकर लगी, स्पष्ट था कि विदुर अप्रतिम तर्कशक्ति एवं विलक्षण बुद्धि का स्वामी था। मेरी हस्तिनापुर के अगले महामंत्री हेतु चिंता समाप्त हो चुकी थी।

निर्धारित दिन पश्चिम की तरफ से हमला हुआ, जैसा कि निश्चित था, हमलावर व्यूह में फँस गए, फिर जैसा कि शत्रुजित ने निश्चित किया था, डाकू बने गूढ़ पुरुष स्वयं ही पीछे हट गए, कुछ मृत्यु का नाट्य करके जमीन पर लेट गए, उनको सैनिक बने गूढ़ पुरुष पीछे खींच ले गए, कुछ डाकू भाग निकले एवं वन में प्रवेश कर गए। धृत एवं पांडु अपने-अपने रथ पर उनका पीछा कर रहे थे, अभी तक सभी कुछ हमारी योजना के अनुरूप ही हुआ था। स्थान विशेष पर आकर वनों की सघनता के कारण रथों का आगे बढ़ना असंभव हो गया, ऐसे में दोनों कुमारों ने निश्चित अस्त्र-शस्त्रों के साथ अश्व का सहारा लिया। मैं समस्त घटनाक्रम को कुछ दूरी बनाकर शत्रुजित के साथ देख रहा था। मैंने देखा कि पांडु ने धृतराष्ट्र से कई बार वापस लौट जाने का आग्रह किया, परंतु धृतराष्ट्र किसी भी कीमत पर वापस लौटने को प्रस्तुत नहीं हुआ, फिर दोनों कुमार अश्व पर ही डाकुओं का पीछा करने लगे। धृतराष्ट्र दृष्टि सहायक के साथ था। आगे एक स्थान पर आकर सारे डाकूरूपी गूढ़ पुरुष रुक गए एवं पूरी शक्ति से दोनों कुमारों से युद्ध करने लगे। कुमारों के साथ आए सैनिक योजनानुसार पीछे छूट गए थे। पांडु अतिशय वीरता से सभी शत्रुओं का सामना कर रहा था। उसकी चेष्टा अभी भी किसी डाकू सरदार को पकड़कर उससे गुप्त गृह का रास्ता जानने की थी। युद्ध में पांडु का धनुष अपनी प्रतिष्ठा के अनुरूप संहारक सिद्ध हो रहा था, धृतराष्ट्र का पसंदीदा अस्त्र गदा था, वह अपनी गदा से यथासंभव प्रयास कर रहा था, अब जिस कार्य हेतु मैं आया था, उसका समय आ चुका था, मैंने शत्रुजित की सहायता से एक डाकू सरदार का भेस बनाया हुआ था एवं अपने मुख को काले कपड़े से लपेटा हुआ था। मैं पांडु से युद्ध करने आगे आया। पांडु का युद्ध-कौशल बाण-संधान का कौशल अद्‌भुत था, परंतु मेरे सामने अभी उसका अनुभव अपर्याप्त था, मैंने कुछ ही समय में पांडु के कवच को तोड़ दिया, उसके धनुष की प्रत्यंचा काट दी, पांडु ने दूसरी प्रत्यंचा चढ़ाई, परंतु इससे पहले कि वह उससे एक भी बाण संधान कर पाता, वह भी कट चुकी थी। रथ न होने के कारण पांडु के पास अस्त्र-शस्त्र सीमित थे, अब पांडु के पास सिर्फ एक गदा बची थी, मेरा कार्य हो चुका था, मैं युद्ध से हट गया। धृतराष्ट्र का दृष्टि सहायक गंभीर रूप से घायल होकर

युद्ध से हट चुका था, ऐसे में उसकी गदा एक डाकू के सधे हुए प्रहार से हाथ से छूटकर दूर जा गिरी थी। पांडु खुद शत्रुओं से पूर्ण रूप से घिर चुका था, तभी धृतराष्ट्र की आवाज आई, "छोटे, मेरा मार्गदर्शन कर, मुझे शस्त्र उपलब्ध करा छोटे!" पांडु खुद भी युद्ध में घिरा हुआ था, वह पूर्ण प्रयास कर रहा था कि किसी तरह धृतराष्ट्र तक पहुँच सके, परंतु यह संभव नहीं हो पा रहा था, वैसे भी पांडु का अधिकार धनुष पर ही अधिक था, वह अस्त्र विद्या का अधिक जानकार नहीं था, अब तक धृतराष्ट्र को घेरे हुए शत्रुओं ने उसपर प्रहार करना शुरू कर दिया था।

धृतराष्ट्र ने करुण स्वर में क्रंदन करना शुरू कर दिया, "भाई, क्या मेरी मृत्यु की ही प्रतीक्षा कर रहा है, अरे, बड़े भाई की सहायता तो प्राण देकर भी करना शास्त्रों में श्रेयस्कर कहा गया है, छोटे, मेरी सहायता कर।"

पांडु ने कहा, "भैया, मैं पूरा प्रयास कर रहा हूँ आप तक पहुँचने का। मेरे पास अस्त्र के नाम पर सिर्फ एक गदा ही शेष है।"

धृतराष्ट्र पूरा प्रयास कर रहा था कि किसी शत्रु को अपनी पकड़ में जकड़ ले, परंतु इस हेतु शत्रुजित ने पहले ही सभी को निर्देश जारी कर दिए थे, कोई भी धृतराष्ट्र की पकड़ में नहीं आ रहा था, जैसे-जैसे समय व्यतीत होता जा रहा था, धृतराष्ट्र की स्थिति दयनीय होती जा रही थी। वह अत्यंत दीन स्वर में बोला, "छोटे, यदि तुझे राज्य की ही इच्छा थी तो बता देता, अपने बड़े भाई के प्राण हरने की क्या आवश्यकता थी इस हेतु। तेरे पास सबसे बड़ा हथियार तेरी आँखें हैं, तेरे हाथ हैं, परंतु मेरे पास तो सिर्फ गदा ही रहती है, जिससे मैं आततायियों से अपनी रक्षा कर सकूँ।"

पांडु अपने बड़े भाई के वचन सुनकर हतप्रभ रह गया, मुझे भी जिस समस्या की तरफ कृपाचार्य इशारा कर रहे थे, उसकी गहराई का अंदेशा अब हुआ था। पांडु ने अपनी गदा धृतराष्ट्र की तरफ फेंकी और बोला, "भैया, आपने जो कहा है, उसको सुनने से अच्छा मृत्यु का वरण है, गदा आपके बाईं ओर है, उठाएँ और शत्रुओं का सामना करें।"

गदा धृतराष्ट्र ने बस उठाई ही थी कि एक अन्य आततायी के प्रहार से वह दूर जाकर गिर गई। कुछ ही देर में शस्त्रविहीन दोनों कुमार मूर्च्छित होकर

गिर पड़े। सभी छुपे हुए गूढ़ पुरुष बाहर आ गए। अतिशीघ्र दोनों कुमारों एवं धृतराष्ट्र के दृष्टि सहायक को रक्षाराजगृह पहुँचाया गया, वहाँ राजवैद्य पहले से उपस्थित थे। शत्रुजित द्वारा कुमारों को सूचित किया गया कि दोनों कुमारों के बेहोश होते ही पीछे छूट गई सैन्य टुकड़ी युद्ध स्थान पर पहुँच गई थी एवं उसी के द्वारा समस्त डाकुओं का अंत कर दिया गया। जनता में प्रचारित किया गया कि दोनों कुमारों ने अप्रतिम पराक्रम का परिचय देते हुए समस्त आततायियों का अंत कर दिया। इस घटना के बाद डाकुओं के हमले स्वत: ही बंद हो जाने थे, सो किसी के संदेह का कोई प्रश्न ही खड़ा नहीं होता था। मैं अगले ही दिन गुप्त रूप से कीलक नगर से वापस हस्तिनापुर लौट आया। मेरे आने-जाने की बात गुप्त ही रही।

मेरे हस्तिनापुर पहुँचने के अगले ही दिन शत्रुजित भी कीलक नगर के समाचार लेकर पहुँचा। दोनों कुमार अब स्वस्थ थे एवं सामान्य थे। विदुर पूरी घटना सुनकर किसी गहरी सोच में डूब गए थे, अगले दिन वह युद्ध स्थान पर भी अकेले किसी खोज में गए थे। पूरी घटना में पूरी सावधानी बरतने के बाद भी लगभग 50 लोग गंभीर रूप से पांडु के बाणों से घायल हुए थे, परंतु प्राणघातक रूप से घायल सिर्फ धृतराष्ट्र का दृष्टिसहायक हुआ था। किसी के भी प्राण इस घटना में नहीं गए थे। जहाँ-जहाँ डाकू के नाट्य को सजीव रूप देने के लिए लूट की गई थी, उसकी सभी जानकारी रक्षाराज के पास थी, उनकी समुचित पूर्ति कर दी गई थी।

कुछ दिनों बाद तीनों कुमार पूर्ण स्वस्थ होकर हस्तिनापुर वापस आ गए। मैंने एक-एक कर तीनों से मिलने का निश्चय किया। सबसे पहले मैंने विदुर से मिलने का निश्चय किया और मैं उसके प्रासाद पर पहुँचा। विदुर मेरी पूजा करके अगवानी करता हुआ अंदर ले आया। मुझे गृहपति का आसन देने के पश्चात् उसने आसन ग्रहण किया।

"पुत्र, तुम लोगों ने जिस प्रकार उत्तम पराक्रम एवं सूझ-बुझ का परिचय देते हुए राज्य को एक गंभीर विपदा से मुक्त कराया है, वह निश्चय ही सराहनीय है। तुम अपनी अकाट्य योजना हेतु बधाई के पात्र हो।"

"आपका आशीर्वाद है पितृव्य, परंतु योजना एवं व्यूह रचना के बाद भी

सभी कुछ उत्तम तो नहीं रहा। दोनों भ्राता लगभग निश्चित मृत्यु के मुख से निकलकर आए हैं।"

"यह निश्चय ही तुम भाइयों के सत्कर्मों एवं पराक्रम का फल है पुत्र!"

"मुझे तो अब भी आश्चर्य होता है प्रभु!"

"क्या पुत्र?"

"ऐसा कौन सा वीर इस धरती पर है, जो भ्राता पांडु के धनुष की प्रत्यंचा एक नहीं दो-दो बार इतनी आसानी से काट दे। जो भैया पांडु को इतने कम समय में धनुष युद्ध में पराजित कर दे।" अंत में उसने जोड़ा, "सिवा हमारे पितृव्य के।"

"और भी कोई आश्चर्यजनक बात जो तुम कहना चाहो," मैंने पूछा।

"जी पितृव्य, यदि वह आततायी इतना ही बड़ा धनुर्धर था तो वह पांडु को घायल करने के बाद गायब कहाँ हो गया एवं समस्त डाकुओं का संहार हमारी सैन्य टुकड़ी ने कैसे कर दिया? जो आततायी पलों में भ्राता पांडु को पराजित कर सकता है, वह निश्चय ही संपूर्ण जगत् की सेनाओं के लिए अवध्य है। उसका नाश हमारी सैन्य टुकड़ी ने किस भाँति किया? मुझे अगले दिन युद्ध क्षेत्र का निरीक्षण करने पर भारी रूप से रक्तपात के चिह्न भी नहीं मिले। माना कि मृतकों को जंगली जानवर खींच ले गए, परंतु ऐसे कोई चिह्न वहाँ क्यों नहीं थे?"

"इस बारे में तुम्हारे बड़े भाइयों का क्या कहना है?"

"मैंने उनसे या किसी अन्य से इस बारे में कोई चर्चा नहीं की।"

"क्यों पुत्र?"

"संपूर्ण घटनाक्रम जिस प्रकार से घटित हुआ है, मुझे पूर्ण विश्वास है कि इसके पीछे जो भी है, वह हमारा हितैषी है।"

"कैसे पुत्र?"

"दोनों भ्राताओं के किसी भी मर्मस्थल पर प्रहार नहीं किया गया। मैंने सैनिकों की गिनती की, वह भी पूरी थी। इतने बड़े अभियान में कोई भी सैनिक हत नहीं हुआ। यह तभी संभव है जब कोई नाटक का संधान किया जा रहा हो और यदि इस नाटक का संधानकर्ता, हमारा शुभचिंतक, नहीं चाहता कि मैं इस बारे में कुछ कहूँ तो समझ लें, मैं इस बारे में कुछ नहीं जानता।"

"तुमने मुझसे तो सबकुछ स्पष्ट कर दिया।"

"आप इस समय हस्तिनापुर के शासन को सँभाले हुए हैं, आप भले ही राजगद्दी पर नहीं बैठे हैं, परंतु आपकी भुजाओं पर ही संपूर्ण हस्तिनापुर की रक्षा टिकी हुई है, आप इस समय राजा के रूप में हैं एवं राजा से राज्य के संबंध में कोई गूढ़ बात छुपाना राज्यद्रोह के समान पाप है।"

"तुम धन्य हो पुत्र, तुम धन्य हो।"

इतना कहकर मैं विदुर के प्रासाद से पांडु के प्रासाद की तरफ चल दिया। इस परीक्षा को सबसे उत्तम रूप से विदुर ने ही उत्तीर्ण किया था।

पांडु ने भी विदुर की ही भाँति पूजा करके मुझे सम्मानपूर्वक आसन दिया। उसके आसन ग्रहण करने के उपरांत मैंने पांडु से कहा।

"पुत्र, तुम्हारे पराक्रम की गाथा मुझे ज्ञात हुई है, तुम निश्चय ही बधाई के पात्र हो।"

"आपका आभार पितृव्य, क्षमा करें, परंतु यदि आपको मेरे शौर्य की गाथा ज्ञात हुई है तो निश्चय ही मेरे पराभव की गाथा भी ज्ञात हुई होगी। पितामह, मैं जब युद्ध-विद्या के ज्ञान से हीन साधारण डाकुओं से पराजित हो गया, तब मैं महायुद्धों में संसार के सर्वोत्तम योद्धाओं का सामना कैसे कर पाऊँगा?"

"पुत्र, मुझे जो जानकारी प्राप्त हुई है, उसके अनुसार तुम्हारे धनुष की प्रत्यंचा काटनेवाला कोई साधारण योद्धा नहीं था, ऐसे योद्धा संसार में गिने-चुने ही होते हैं, तुम्हें उसके लिए चिंतित होने की आवश्यकता नहीं है और वह कम-से-कम तुम्हारे पराभव का कारण नहीं है। तुम्हारे पराभव का कारण कुछ दूसरा है, उस पर विचार करो पुत्र!"

"वह क्या है पितृव्य, मैं समझ नहीं पा रहा हूँ।"

"वह है युद्ध नीति एवं आचरण पर भावुकता को उच्च स्थान प्रदान करना।"

"परंतु, परंतु पितृव्य।"

"राजपुत्र संपूर्ण राज्य के लिए धरोहर होता है। उसका जीवन भावनाओं से नहीं संचालित होना चाहिए। राजपुत्र को कोई भी निर्णय लेने से पहले यह स्मरण रखना चाहिए कि संपूर्ण प्रजा का जीवन, भविष्य उसके एक निर्णय से दाँव पर

लग जाता है। राजा प्रजा की आत्मा होता है, आत्मविश्वास होता है, सामर्थ्य होता है, सुरक्षा का विश्वास होता है, धर्म–पालन की प्रतिज्ञा होता है। यह तुमको हमेशा ध्यान रखना होगा पुत्र कि तुम पिता हो सकते हो, पुत्र हो सकते हो, पति हो सकते हो, भाई हो सकते हो, परंतु तुम सर्वप्रथम हस्तिनापुर की आशा हो। मेरे कथन पर विचार करना।"

"जी पितृव्य!" कुछ सोचकर पांडु ने कहा।

"अच्छा पुत्र, अब मैं धृतराष्ट्र से भी इस विषय में कुछ चर्चा करना चाहूँगा।"

"पितृव्य, मेरा एक आग्रह है, यदि आप स्वीकार करें तो।"

"कहो पुत्र!"

"आपने जिस विषय पर मेरा ध्यानाकर्षण किया है, यदि आप भैया से भी इस बारे में कहेंगे तो कदाचित् उनको बुरा लगेगा।" पांडु ने सकुचाते हुए कहा।

"तुम्हारा भ्रात प्रेम अद्‌भुत है पांडु! तुम्हारा पराक्रम अविस्मरणीय है। मैं आज तुमको अपने संचित पुण्य से वर देता हूँ कि किसी भी युद्ध में तुम्हारे धनुष की प्रत्यंचा कोई नहीं काट पाएगा, स्वयं इंद्र भी नहीं।"

"पितृव्य आपकी सदैव जय हो।" कहता हुआ पांडु मेरे चरणों पर दंडवत् हो गया।

मुझे नहीं मालूम था कि मेरे संचित पुण्यों में वर देने की शक्ति थी या नहीं, परंतु पांडु के टूटे हुए मनोबल को फिर से मजबूत करने के लिए मेरा पांडु को यह वर देना अवश्यंभावी हो गया था, अन्यथा अपने पहले ही युद्ध की स्मृति पांडु को कभी भी महान् योद्धा नहीं बनने देती। साधारण आततायी के हाथों से प्रत्यंचा कटने से उत्पन्न भय पांडु को कभी भी उबरने नहीं देता। पांडु धनुष युद्ध में संसार के सर्वोत्तम योद्धाओं में से था, उसके मनोबल की रक्षा करना मेरा धर्म था। मैं धृतराष्ट्र के प्रासाद में पहुँचा। धृतराष्ट्र ने भी दृष्टिसहायक की सहायता से मेरी समुचित अगवानी की।

"पुत्र, तुम तीनों भाइयों ने जिस प्रकार से राज्य को दस्युओं के आसन्न संकट से मुक्त करवाया है, उसके लिए तुम सब बधाई के पात्र हो।"

"आपका आभार पितृव्य!"

"परंतु पुत्र, मुझे सूचना मिली है कि तुम पांडु के कई बार समझाने के बाद भी भयंकर वन क्षेत्र में प्रवेश कर गए।"

"पितृव्य, मैं पांडु को शत्रुओं के बीच अकेले कैसे जाने दे सकता था।"

"परंतु पुत्र, तुम्हारे जाने से पांडु की मुश्किलें कम होने के स्थान पर बढ़ ही गईं। मुझे ज्ञात हुआ है कि अंत में एकमात्र गदा पांडु द्वारा तुमको सौंप दी गई, जिससे शत्रु तुम दोनों पर ही भारी पड़ गए।"

धृतराष्ट्र के मुख पर कालिमा व्याप्त हो गई। उसने अचानक ही अत्यंत दीन-हीन मुद्रा बनाकर रुदन करना प्रारंभ कर दिया, "पितृव्य, मैं तो हूँ ही दुर्भाग्यशाली, नेत्रहीन हूँ, परंतु भाई के प्रेम में अपनी सीमाएँ भूल जाता हूँ। आप ही बताएँ पितृव्य, मेरा क्या दोष है?" कहकर धृतराष्ट्र अपना माथा पीटने लगा।

"पुत्र, शांत हो जाओ, मैं तुम्हारी पीड़ा समझ सकता हूँ। क्षत्रिय रक्त युद्ध में उबाल मारता ही है, इसलिए मैंने निश्चय किया है कि आज के पश्चात् तुम किसी भी युद्ध में भाग नहीं लोगे, युद्ध क्षेत्र तुम्हारे लिए निषिद्ध रहेगा।" मैंने कहा।

मेरे इतना कहते ही धृतराष्ट्र मेरे चरणों पर सिर पटककर और अधिक विलाप करने लगा, "पितामह, मैं युद्ध से विरत होने पर वैसे ही मृत्यु को प्राप्त हो जाऊँगा। मेरे नेत्रहीन होने की इतनी बड़ी सजा मुझे मत दें पितृव्य!" शायद धृतराष्ट्र को अनुभव हो रहा था कि इस घोषणा के साथ ही हस्तिनापुर का राज्य भी उसके हाथ से निकल गया था।

"पुत्र, विलाप करना छोड़कर ध्यानपूर्वक मनन करो, यह व्यवस्था तुम्हारी भलाई हेतु ही है।"

"एक क्षत्रिय को युद्ध से विरत कर देना उसकी कैसी भलाई है पितृव्य?"

"पुत्र, तुम हस्तिनापुर के लिए अमूल्य हो, हम तुम्हारा विछोह नहीं सह सकते और फिर जब तक मेरे बाहुओं में बल है, तुमको युद्ध में उतरने की कोई आवश्यकता नहीं है। मैं अपने आदेश में थोड़ा संशोधन कर देता हूँ, मेरे न रहने पर तुम युद्धभूमि में उतर सकते हो, अब प्रसन्न हो, पुत्र!" यह मेरा अंतिम निर्णय था। मेरे द्वारा रचाए गए नाट्य से मेरे लगभग सभी उद्देश्य पूर्ण हुए थे, परंतु यह आवश्यक था कि इस परीक्षा या नाटक के परिणामों को सकारात्मक मोड़

दिया जाए, यदि कहीं इसके परिणाम वांछित मोड़ न ले पाते तो हस्तिनापुर के भावी सम्राट् का मनोबल डिगानेवाले भी हो सकते थे, मेरा पांडु को दिया गया वर इसी ओर प्रयास था और पांडु के नेत्रों में मैंने जो चमक देखी थी, वह इस बात का द्योतक थी कि मैं सफल हुआ था।

मुझे तीनों कुमारों के विवाह की भी चिंता अब घेरने लगी थी। धृतराष्ट्र सबसे बड़ा था, हालाँकि उसके नेत्रहीन होने की वजह से यदि पांडु की शादी पहले कर दी जाती, तब भी परिवेदन का पाप नहीं लगता, तथैव मेरी इच्छा थी कि पहले धृतराष्ट्र का विवाह हो। मुझे उम्मीद थी कि धृतराष्ट्र की पत्नी न सिर्फ धृतराष्ट्र के कामवेग को नियंत्रित करेगी, बल्कि उसके अंदर स्थित हीनता की भावना को भी समाप्त करेगी, परंतु एक नेत्रहीन राजकुमार, जिसके सम्राट् बनने की भी कोई संभावना नहीं थी, को कौन राजा अपनी कुमारी देता! धृतराष्ट्र को स्वयंवर में कौन कुमारी वरती! मैंने आर्यावर्त के लगभग सभी राजाओं को, जिनके यहाँ विवाह योग्य कन्या थी, विवाह हेतु धृतराष्ट्र की जन्म गृह पंजिका पुरोहितों के हाथों से भिजवाई हुई थी, परंतु कहीं से भी कोई सुखद समाचार नहीं मिला था, हालाँकि कहीं से भी स्पष्ट इनकार नहीं हुआ था, परंतु स्वीकार भी नहीं था। एक दिन राजसभा के बाद मैंने मुख्य पुरोहित वसुभूति को मंत्रणा कक्ष में बुलाया।

"पंडितराज, अभी तक आर्यावर्त में किसी भी राजपरिवार ने हमारे द्वारा धृतराष्ट्र के विवाह हेतु भेजी गई जन्म गृह पंजिका का समुचित उत्तर नहीं दिया है।"

"जी राजकुमार, किसी ने पत्रिका को वापस करने का साहस नहीं दिखाया, परंतु पत्रिका को स्वीकार कर आगे की काररवाई भी नहीं की है।"

"आपका इस बारे में क्या विचार है?"

"महाराज, मैं तो सिर्फ गृह दोष ही विचार सकता हूँ, राजनीति एवं कूटनीति मेरे से बाहर का विषय है, ग्रहों की गणना के अनुसार गांधारराज सुबल की कन्या गांधारी बड़े कुमार हेतु हर तरह से उत्तम है। दोनों के उच्च गुण हैं। यह विवाह गृह मिलान के स्तर से सर्वोत्तम होगा।"

"उचित है पुरोहितराज, बाकी मैं देखता हूँ।"

मुझे मालूम था कि गांधारराज आसानी से धृतराष्ट्र को कन्यादान हेतु तैयार नहीं होंगे और अपने पुराने अनुभव की वजह से मैं धृतराष्ट्र के विवाह में अनावश्यक बल प्रयोग करना नहीं चाहता था, परंतु अब अन्य कोई उपाय शेष नहीं था, विचित्र सा द्विध्रुवी अस्तित्व था मेरा एवं ऐसी ही घटनाएँ भी मेरे साथ चल रही थीं। मैंने जीवन भर स्त्री-सुख से दूर रहने का निर्णय लिया, परंतु स्वयंवर से नारीहरण भी मैंने ही किया, अब पुनः एक वैसी ही घड़ी मेरे सम्मुख उपस्थित थी। संध्या हो आई थी, सेवक कक्ष में दीपक प्रज्वलित करने आया तो मैं विचार-श्रृंखला से बाहर आया, मैं अपना निर्णय ले चुका था।

मैंने अगले दिन अपनी विशाल सेना की दो टुकड़ियों और विदुर के साथ गांधार राज्य की तरफ कूच किया। इस दौरान राज्य की सुरक्षा की जिम्मेदारी पांडु पर थी। मुझे पूरा विश्वास था कि गांधारराज किसी भी कीमत पर हमसे युद्ध नहीं चाहेंगे। हमने सेना को गांधार राज्य के बाहर ही शिविर बनाने का आदेश दिया एवं मैं विदुर के साथ गांधार के राजभवन पहुँचा। राजभवन में महाराज सुबल एवं युवराज शकुनि ने हमारा यथोचित सत्कार किया एवं अतिथिगृह में ठहराया, अगले दिन सुबह नित्यक्रिया के पश्चात् हमारी गांधारराज से भेंट हुई।

"हस्तिनापुर के महाराजकुमार एवं संपूर्ण आर्यावर्त के सर्वश्रेष्ठ योद्धा देवव्रत भीष्म का अपनी धरती पर स्वागत करके गांधार राज्य अपने को गौरवान्वित महसूस कर रहा है।"

"महाराज, हम भी आपसे एवं आपके परिवारीजनों से मिलकर अत्यंत प्रसन्न हैं। पितृव्य भी आप द्वारा किए गए स्वागत से अत्यंत प्रसन्न हैं।" मेरे स्थान पर विदुर ने उत्तर दिया।

"आभार, आपसे अनुरोध है कि आप सब प्रकार से गांधार से प्रसन्न रहें। यदि आप करसंग्रहण हेतु प्रस्तुत हुए हैं तो गांधार हस्तिनापुर जैसे धर्म-राष्ट्र के कराधीन होकर भी गर्व का अनुभव करेगा।"

"महाराज, हमारा ऐसा कोई उद्‌देश्य नहीं है। हमारा उद्‌देश्य तो गांधार राज्य को हस्तिनापुर के समकक्ष लाना है। हमारा मंतव्य तो गांधार राज्य के साथ ऐसा संबंध जोड़ना है, जिससे दोनों ही राज्य आपसी सामंजस्य से धर्म एवं उन्नति के रास्ते पर आगे बढ़ें।" विदुर ने कहा।

"मैं कुछ समझा नहीं कुमार।" गांधारराज ने कहा, हालाँकि स्पष्ट था कि वे सबकुछ समझ रहे थे।

"महाराज, मेरे पितृव्य गंगापुत्र भीष्म यूँ ही सिर्फ कर-प्राप्ति हेतु किसी राजा के राजभवन तक नहीं जाते, इस हेतु हमारी चतुरंगिणी सेना ही पर्याप्त है, फिर पितृव्य के नेतृत्व में तो हस्तिनापुर स्वयं देवराज इंद्र और देवसेना का सामना कर सकता है। पितृव्य यहाँ आपकी पुत्री का हाथ हस्तिनापुर के बड़े कुमार धृतराष्ट्र हेतु माँगने आए हैं। आपसे बराबरी का रिश्ता जोड़ने आए हैं। मुझे विश्वास है कि आप हमें निराश नहीं करेंगे।" विदुर ने कहा।

"आपका प्रस्ताव निश्चय ही गांधार राज्य का मान बढ़ानेवाला है, परंतु हमें इस विषय में विचारार्थ संध्या तक का समय प्रदान किया जाए।"

"अवश्य महाराज, फिर संध्या में ही भेंट होगी। आपके राज्य के बाहर हमारी छोटी सी सैन्य टुकड़ी स्थित है, पितृव्य आज अपना दिन वहीं गुजारना चाहते हैं, आप संध्या तक निर्णय करके संदेशा भिजवा दीजिएगा।" विदुर ने कहा। कूटनीतिज्ञ विदुर!

"जैसी आपकी इच्छा, वैसे मेरा यही निवेदन था कि आप दोनों सैन्य शिविर की जगह आज यहीं विश्राम करते, हमारे महामात्य आपको गांधार के कई मनोरम स्थानों का भ्रमण भी करवा देते।"

"नहीं महाराज, यह सम्मान हम आपस में संबंधी बनने के उपरांत प्राप्त करेंगे, वैसे भी सिर्फ आज के दिन की बात है और धर्मानुसार नायक को सेना के साथ ही रहना शोभा देता है।" विदुर ने उत्तर दिया।

मैं विदुर के साथ वापस सैन्य शिविर में आ गया। शत्रुजित भी मेरे रक्षकों के मुखिया के रूप में साथ था। शाम से पहले ही शत्रुजित ने जानकारी दी कि सुबल ने हमारे प्रस्ताव को स्वीकार करने का मन बना लिया है। शत्रुजित ने बताया कि गांधारकुमारी गांधारी एवं उसके भ्राता शकुनि में अतिशय प्रेम है। शकुनि हमारे प्रस्ताव से प्रसन्न नहीं था, अपने पिता की भी नहीं सुन रहा था, परंतु तभी गांधारी ने स्वयं इस प्रस्ताव को स्वीकार कर अपने पिता को धर्मसंकट से निकाला। इसके साथ ही ज्ञात हुआ कि विवाह हेतु कुछ शर्तें भी गांधारकुमारी ने रखी हैं। शर्तें क्या हैं, इसका ज्ञान नहीं हो सका।

संध्या से पूर्व ही गांधारराज खुद हमारे शिविर में आए।

"महाराजकुमार, मैं अपनी पुत्री का विवाह कुमार धृतराष्ट्र से करने को तैयार हूँ, परंतु मेरी पुत्री ने अपनी बालबुद्धि की वजह से दो शर्तें रखी हैं। आप कृपया उनको सुन लें।"

"हस्तिनापुर के कुमार की होनेवाली वधू की प्रत्येक बात को सुनना एवं उसकी धर्मसंगत पूर्ति करना हमारा कर्तव्य है। आप कहें गांधारराज!" विदुर ने कहा।

"मेरी पुत्री की दो शर्तें हैं, प्रथम शर्त है कि इस विवाह के बाद किसी भी विषम स्थिति में हस्तिनापुर गांधार राज्य की सहायता एवं रक्षा करेगा एवं द्वितीय शर्त है कि कुमारी का कोई भी संबंधी जितने भी दिन चाहे हस्तिनापुर में रह सकेगा। उसका सम्मान राजपरिवार के सदस्य की भाँति ही किया जाएगा।"

"स्वीकार है गांधारराज, स्वीकार है। हस्तिनापुर अपने संबंधियों की सुरक्षा एवं पालना कर सकने हेतु पर्याप्त समर्थ है।" गांधारराज से वार्त्ता में पहली बार मैंने उत्तर दिया।

दो दिन गांधार का आतिथ्य ग्रहण कर हम गांधार कुमारी के साथ वापस हस्तिनापुर की तरफ चल दिए। इस दौरान एक ऐसी बात पता चली थी, जिसने मुझे उद्विग्न कर दिया था, मुझे पता चला कि जैसे ही गांधारी ने इस विवाह हेतु स्वीकृति दी, उसी समय एक दासी से मँगवाकर रेशम की पट्टी अपनी आँखों पर बाँधकर प्रतिज्ञा की कि जिस प्रकार मेरे पति नेत्र-सुख से वंचित हैं, उसी प्रकार मैं भी जीवन भर इस पट्टी को आँखों पर धारण कर नेत्र-सुख से वंचित रहूँगी। ब्रह्मा, विष्णु, महेश, समस्त दिशाएँ एवं दिग्पाल मेरी इस प्रतिज्ञा के साक्षी रहेंगे। मेरा हृदय गांधारी के लिए करुणा से भर गया। मुझे अपने निर्णय पर गर्व हुआ, मैंने निश्चय ही धृतराष्ट्र हेतु उचित वधू का चयन किया था, कालांतर में मेरा यह विचार और दृढ़ हुआ, परंतु क्या गांधारी को अपने अनुरूप वर प्राप्त हुआ था? यह प्रश्न सदैव प्रश्न ही बनकर रह गया।

कुछ समय बाद ही उचित मुहूर्त देखकर पांडु को राजगद्दी पर बैठा दिया गया। शास्त्रसम्मत था कि बड़े पुत्र के अयोग्य होने पर छोटे पुत्र को राजा बनाया जा सकता है। शांतनु भी इसी तरह राजा बने थे। पिता शांतनु तीन भाइयों में सबसे

छोटे थे। सबसे बड़े देवापि को कोढ़ था, मध्यम बाह्लीक को ननिहाल का राज्य मिल गया और इस प्रकार अपने भाइयों में सबसे कनिष्ठ पिताश्री शांतनु को हस्तिनापुर का राज्य मिला था। इस बारे में मुझे डर था कि पांडु खुद विरोध करेगा, परंतु कीलक नगर की घटना से पांडु ने उपयुक्त सीख प्राप्त की थी। राज्याभिषेक के समय धृतराष्ट्र सभा में मौजूद नहीं था। राज्य में माह भर तक उत्सव चलते रहे, आखिर लंबे समयांतराल के बाद हस्तिनापुर को सम्राट् मिला था। राजकोष को निर्धनों एवं ब्राह्मणों हेतु खोल दिया गया। राजरथ से पूरे नगर में अंबिका एवं अंबालिका द्वारा मणि, माणिक्य, नीलम, कंचन की वर्षा की गई। पांडु के अभिषेक के साथ ही विदुर को भी हस्तिनापुर के महामंत्री के पद पर आसीन किया गया।

पांडु के राज्याभिषेक के पश्चात् ही हस्तिनापुर को राजा कुंतिभोज से उनकी कन्या कुंती के स्वयंवर हेतु विशेष निमंत्रण प्राप्त हुआ। मैंने शत्रुजित से कुंतिभोज के बारे में पूछा तो पता चला कुंती कुंतिभोज की कन्या न होकर उनके ममेरे भाई शूरसेन की कन्या है और उसका नाम है पृथा। शूरसेन एवं कुंतिभोज में गहरी मित्रता थी, परंतु कुंतिभोज को निःसंतान होने का दुःख खाए जा रहा था, ऐसे में एक दिन कुंतिभोज को अतिशय दुःखी देखकर शूरसेन ने प्रतिज्ञा की कि जो भी उनकी पहली संतान होगी, उसको कुंतिभोज को सौंप देंगे और पहली संतान के रूप में उनको प्राप्त हुई पृथा को उन्होंने कुंतिभोज को सौंप दिया, कुंतिभोज ने ही पृथा को कुंती नाम दिया एवं पालन-पोषण किया। कुंती के बारे में पता चला कि वो भगवद्चर्चा में तल्लीन रहनेवाली, दृढ़ निश्चयी, भावुक, साधु स्वभाव की कन्या है। मैंने पांडु को स्वयंवर में जाने की अनुमति दे दी। पांडु के साथ सम्राट् की गरिमानुसार एवं सुरक्षा हेतु बड़ा सैन्य दल भी गया। कुछ ही दिनों में सूचना प्राप्त हुई कि कुंती ने पांडु का वरण किया है। हस्तिनापुर एक बार पुनः हर्ष-उल्लास में डूब गया। यह मेरे जीवन का सर्वोत्तम काल था। मेरी जिम्मेदारियाँ भी पांडु ने गंभीरता से सँभाल ली थीं, प्रजा खुश थी, हस्तिनापुर अपने पुराने वैभव की तरफ लौट रहा था।

एक माह तक सबकुछ सुचारु रूप से चला, परंतु एक माह बाद पांडु गंगभवन में मेरे सम्मुख उपस्थित हुआ। उस समय विदुर भी गंगभवन में ही उपस्थित थे।

"कैसे, हो वत्स? पुत्रवधू कैसी है?" मैंने पूछा।

"आपकी कृपा से सब कुशल है पितृव्य!"

"कहो पुत्र, इस समय कैसे आना हुआ?"

"पितृव्य, आया तो आपसे कुछ आज्ञा लेने था, परंतु आपके साथ-साथ स्वयं धर्म भ्राता विदुर यहाँ उपस्थित हैं तो कुछ धर्म चर्चा का भी लाभ मिलेगा।"

"अवश्य पुत्र, प्रतीत होता है कि तुम शंकाग्रस्त हो, प्रश्न पूछो, विदुर तुम्हारी शंका का समुचित समाधान करेगा, अन्यथा की स्थिति में मैं प्रयास करूँगा।"

"पति का धर्म क्या है विदुर?" पांडु ने पूछा।

"पति का धर्म है कि पत्नी को हर हाल में धर्मसंगत रूप से प्रसन्न रखे। पत्नी स्वयं लक्ष्मीस्वरूपा है, उससे ही धन, धर्म एवं कुल की बढ़ोतरी होती है। यदि पत्नी साथ दे तो गृहस्थ आश्रम में भी साधु के समान गुजारा संभव है। पति का कर्तव्य है कि वह संयम का पालन करे। स्त्री को स्वभाव से ही अतिभाषी बताया गया है। इसलिए यदि उसके मुख से कोई असुविधाजनक वचन भी निकल जाए तो पति का कर्तव्य है कि संयम का परिचय देते हुए उसे यथासंभव समझाए। पति का कर्तव्य है कि पत्नी के शील एवं सम्मान की सदैव ही रक्षा करे। क्रोधित होने पर भी परिवारीजनों के सम्मुख ताड़व न करे, इस विषय में एकांत में ही चर्चा करे। पति का कर्तव्य है कि ऋतुकाल आने पर कामपीड़ित पत्नी को समुचित संतुष्ट करे।" विदुर ने कहा।

"क्या काम संतुष्टि ही वैवाहिक जीवन का लक्ष्य है?"

"नहीं भैया, काम वैवाहिक जीवन का लक्ष्य नहीं है, परंतु एक सीढ़ी अवश्य है। पितृऋण से मुक्ति का जरिया अवश्य है। पति-पत्नी का रिश्ता धर्म पर आधारित काम और मोक्ष की तरफ ले जानेवाला है। काम को कारक नहीं माना जा सकता, कारक धर्म है, संतानोत्पत्ति है।"

"हूँ, पितृव्य, मैं दिग्विजय हेतु प्रस्थान करना चाहता हूँ, कृपया मुझे आज्ञा एवं अपना आशीर्वाद प्रदान करें।"

मैं कुछ देर तक विस्मित रह गया, आखिर नवविवाहिता को छोड़कर कुमार को इस समय दिग्विजय हेतु जाने की क्या आवश्यकता थी, परंतु सम्राट्

को मना भी नहीं किया जा सकता था। "पुत्र, दिग्विजय की क्षमता एवं इच्छा रखनेवाले पुत्र को प्रस्थान करने से रोकना धर्मसम्मत नहीं है, फिर भी तुम समय आदि का विचार करके प्रस्थान करो, मेरा आशीर्वाद सदैव तुम्हारे साथ है।"

कुछ ही दिन बाद पांडु समस्त कुलवृद्धों एवं कुलगुरुओं की आज्ञा लेकर दिग्विजय हेतु प्रस्थान कर गया। मुझे पांडु की दिग्विजय की सूचना शत्रुजित से प्राप्त होती रही। पांडु ने पहले पूर्व में दशार्णों पर हमला करके उन्हें परास्त किया, फिर राजगृह में कई धर्मपूर्वक आचरण करनेवाले राजाओं को प्रताड़ित करनेवाले मगधराज दीर्घ का वध किया। इसके बाद पांडु ने मिथिला, पांडू आदि देश के राजाओं पर विजय पाई। मुझे ज्ञात हुआ कि पांडु के पराक्रम से भयभीत होकर राजागण अब पांडु से युद्ध करने के स्थान पर राज्य की सीमा पर ही अनेक प्रकार के पशुधन, मणि, माणिक्य, हीरे, मोती एवं अन्य मूल्यवान वस्तुओं के साथ उपस्थित रहते। पांडु ने हस्तिनापुर की पुरानी कीर्ति को पुनः स्थापित किया। हस्तिनापुर पूर्ण आर्यावर्त का सिरमौर बन गया। कुरुकुलमुकुट पांडु अनेक प्रकार की मूल्यवान वस्तुओं के साथ हस्तिनापुर वापस आया। हस्तिनापुर ने भी उसका इंद्र के समान सम्मान किया।

पांडु की चक्रवर्ती विजय से संपूर्ण हस्तिनापुर प्रसन्न था। पांडु ने भरतकुल का गौरव पुनः संपूर्ण हस्तिनापुर में स्थापित किया था, परंतु जाने क्या था कि पांडु के मुख पर इस जीवनकालित उपलब्धि की कोई प्रसन्नता नहीं थी अपितु पांडु के स्वभाव में अजीब सी हिंसा बस गई थी, अभी उसको दिग्विजय से आए तीन दिन ही हुए थे कि उसने मृगया पर जाने का कार्यक्रम बना लिया। मैंने माता से इस विषय में चर्चा की, परंतु कोई निहितार्थ निकलकर नहीं आया। जिस वय और समय में पांडु को अपनी नवविवाहिता के साथ ऐश्वर्य में संलग्न होना चाहिए था, उस समय हस्तिनापुर का सम्राट् जंगल-जंगल मारा-मारा घूम रहा था। मुझे संभावना प्रतीत हुई कि कहीं किसी कारणवश कुंती पांडु को नापसंद तो नहीं, हालाँकि इसकी कोई संभावना नहीं थी, परंतु पति-पत्नी के बीच के रहस्य को समझना असंभव था। मुझे इसका एक ही निदान सूझा—पांडु का दूसरा विवाह। मैंने फिर से राज-ज्योतिषियों को बुलवाया। उन्होंने जो

नाम सुझाया था, वो मद्र नरेश शल्य की भगिनी माद्री का था। मैंने इस विषय में विचार करने हेतु शत्रुजित से संपर्क किया। शत्रुजित ने कन्या के गुण एवं शील के बारे में बताया, फिर बताया कि मद्र राज्य अपने पूर्वजों की परंपरा के अंतर्गत कन्यादान के बदले राशि लिया करते थे। यह परंपरा अब आर्यों में लगभग समाप्त हो चुकी थी और सम्माननीय नहीं मानी जाती थी, परंतु कोई निषिद्ध नहीं था। मैंने मद्र नरेश को भेंट करने के लिए हस्तिनापुर के खजाने से अमूल्य हीरे, जवाहरात, नीलम आदि लेकर मद्र देश की तरफ प्रस्थान किया। कोई भी व्यवधान उपस्थित नहीं हुआ। मद्र नरेश ने अपनी बहन का वरण पांडु से करना स्वीकार कर लिया, जब तक पांडु मृगया से वापस आते उनके लिए दूसरी पत्नी लेकर मैं हस्तिनापुर आ चुका था, परंतु वह पहले से अधिक म्लान था, पहले से अधिक थकित था, पहले से अधिक निराश था और पहले से अधिक भयभीत था। मुझे इसका कोई कारण समझ नहीं आया। पांडु का दूसरा विवाह माद्री के साथ संपन्न हुआ। पांडु के मन में देवदुर्लभ कन्या, कुंती एवं अब माद्री की प्राप्ति का न कोई उत्साह था, न ही गर्व। समय बीतने के साथ-साथ पांडु की मुख मलिनता बढ़ती ही जा रही थी। इसी बीच पांडु ने घोषणा की कि अब वह कुछ वर्ष संन्यासी के रूप में व्यतीत करेगा। उसकी पत्नियों ने भी उसके साथ जाने का निश्चय किया। इस संदर्भ में मैंने मंत्रणा प्रकोष्ठ में हस्तिनापुर के मुख्य सरदारों, राजपुरोहित वसुभूति, माता सत्यवती, महामंत्री विदुर एवं पांडु को बुलाया।

"पांडु, तुम सम्राट् हो, परंतु यहाँ पर तुम हम सबके परिवारीजन के रूप में हो। मैं देवव्रत, तुमसे पूछता हूँ कि तुमने जो निर्णय लिया है, उसके विषय में विस्तार से हम सबको बताओ।"

"पितृव्य, मैंने संन्यास हेतु जाने का निश्चय किया है, मेरी इच्छा थी कि मैं अकेला ही संन्यास हेतु प्रस्थान करूँ, परंतु कुंती एवं माद्री भी साथ चलने का हठ लिये बैठी हैं।"

"पुत्र, तुम इस विशाल हस्तिनापुर राज्य के सम्राट् हो। तुम्हारा जीवन कई प्रकार की प्रतिज्ञाओं से बद्ध है, राज्य के विशाल जनसमुदाय की तुम आशा हो, तुम हस्तिनापुर की आत्मा हो, हस्तिनापुर को एक धागे में बाँधे रखनेवाली शक्ति

हो, ऐसे में मैं तुमको, फिर चाहे वो कैसी भी आवश्यकता हो, संन्यास लेने की आज्ञा नहीं दे सकता।"

"पितृव्य, मैं आपकी आज्ञा से ऊपर नहीं, परंतु कृपया ऐसी आज्ञा न दें। मेरे बाद भैया धृतराष्ट्र हैं सम्राट् की पदवी धारण करने को, महामंत्री भ्राता विदुर हैं, साक्षात् पराक्रम अवतारी आप स्वयं हैं, ऐसे में हस्तिनापुर और सक्षम ही होगा, ऐसा मेरा मानना है।"

"फिर तुमको अपनी यह आपत्ति अपने राजतिलक के समय ही दर्ज करवानी थी। राजसिंहासन जब चाहे ग्रहण कर लेना, जब चाहे छोड़ देना, कोई बच्चों का खेल तो नहीं!" राजपुरोहित ने कहा।

"आचार्य, तब की और आज की स्थिति में बहुत अंतर है।"

"हो सकता है महाराज, आपकी बात सत्य हो, परंतु ऐसे में हस्तिनापुर का सम्राट् कौन होगा?" कुरु साम्राज्य के सबसे सम्मानित एवं वरिष्ठ सरदार वरदभूमि ने कहा।

"निःसंदेह, बड़े भ्राता धृतराष्ट्र।"

"यह इतना आसान नहीं है पुत्र, तुम्हें ज्ञात है कि तुम्हारे द्वारा संन्यास ग्रहण करने की घोषणा करते ही मेरे पुत्र ने मुझे हस्तिनापुर का सिंहासन ग्रहण करने के लिए कई बार बोला है, हालाँकि तुम मेरे बारे में निश्चिंत रह सकते हो, मैंने दिवंगत सम्राट् शांतनु के सामने हस्तिनापुर एवं कुरुवंश के प्रति पूर्ण समर्पण की प्रतिज्ञा की है, परंतु अन्य सरदारों के भी विचार ऐसे ही होंगे, इसका क्या भरोसा है। मुझे डर है कि तुम्हारा यह निर्णय कहीं हस्तिनापुर में आंतरिक कलह का कारण न बन जाए। कहीं हस्तिनापुर के सरदार ही आपस में युद्धरत न हो जाएँ!" वरदभूमि ने आगे कहा।

"यदि ऐसी कोई स्थिति आती है आदरणीय वरदभूमि, तो ऐसे राजद्रोहियों को समुचित दंड देने के लिए अभी हस्तिनापुर में पितामह वर्तमान हैं।"

"अच्छा सम्राट्, बताएँ तीनों लोकों में गांगेय की प्रतिष्ठा क्यों है?" राजपुरोहित वसुभूति ने तनिक हास्य के साथ पांडु से पूछा।

"पितृव्य की देवविजयित वीरता एवं असाधारण प्रतिज्ञा-पालन के कारण।" पांडु ने जवाब दिया।

"नहीं पुत्र, इसका सिर्फ इतना ही कारण नहीं है। गांगेय इस समय धरा पर धर्म को धारण किए हुए हैं। ये क्षत्रियतेज एवं ब्रह्मतेज का अनोखा मिश्रण हैं। पुत्र, इस समय क्षत्रियों में जिस तरह मूल्यों का नाश हो रहा है एवं धरा से धर्म का, ऐसे में तुम्हारे पितृव्य इस धर्म की धुरी हैं। धर्म वही व्यक्ति धारण कर सकता है, जिसकी भुजाओं में शक्ति हो, जो शस्त्र भी उसी निपुणता से धारण कर पाता हो। तुम्हारे पितृव्य की छत्रच्छाया में सिर्फ हस्तिनापुर में ही नहीं, बल्कि संपूर्ण आर्यावर्त में धर्म फल-फूल रहा है। तुम्हारे पितृव्य के मुँह से निकला वाक्य प्रजा द्वारा धर्मवाक्य समझा जाता है, इनके सभी कृत्य करणीय समझे जाते हैं। इसी से इनका प्रताप है, यदि ये धर्म से डिगते हैं तो ये तो अपने स्थान से पदच्युत होंगे ही, साथ ही आमजन भी धर्म से पदच्युत होगा।" राजपुरोहित वसुभूति ने कहा।

"मैं वर्तमान चर्चाक्रम में इस प्रश्न का आशय नहीं समझा आचार्य!"

"आशय यह है पुत्र कि एक बार धृतराष्ट्र को सम्राट् पद हेतु अयोग्य घोषित कर देने के बाद स्वयं पितृव्य भी धृतराष्ट्र को सम्राट् हेतु मान्य नहीं कर सकते।" राजपुरोहित ने कहा। मुझे ज्ञात था कि चर्चा इस ओर जा सकती है, इसलिए मैंने इस मंत्रणा में धृतराष्ट्र को आमंत्रित नहीं किया था।

"और ऐसे में पूरी संभावना है कि हस्तिनापुर की पीढ़ियों से बनी हुई एकता टूट जाए। इसलिए महाराज, आपसे निवेदन है कि अपने निर्णय पर पुनर्विचार करें।" वरदभूमि ने कहा।

पांडु काफी देर तक कुछ सोचता रहा, फिर बोला, "आप सबने मुझे विवश कर दिया है कि मैं अपने जीवन का ऐसा रहस्य आप सबके सम्मुख प्रकट करूँ, जिसको सामान्य परिस्थितियों में मैं अपने मुख पर भी नहीं लाता, परंतु परिस्थितियाँ असामान्य हैं। एक बार मृगया के समय मुझसे भूलवश पत्नी के साथ प्रणयरत ऋषि कंदम की हत्या हो गई। प्रयाण से पूर्व उन्होंने मुझे शापित किया कि जैसे ही मैं किसी भी स्त्री के संपर्क में आऊँगा, मेरी मृत्यु हो जाएगी। मेरी विवाह हेतु कोई भी उत्सुकता नहीं थी, परंतु जब कुंतिभोज से स्वयंवर के आयोजन का निमंत्रण मिला, तब मैं सभी के आग्रह एवं सहज जिज्ञासावश स्वयंवर में शामिल हो गया, परंतु वहाँ कुंती ने मुझे वर लिया।

इसके बाद निरंतर मेरा जीवन नरकमय होता गया। मुझे कुंती के सामने जाने से अजीब सा भय लगने लगा। मुझे मानो संपूर्ण जग से घृणा-सी होने लगी, उसी समय मैं दिग्विजय पर निकल गया और उसके बाद मृगया पर ये सभी कारण थे कि किसी भी प्रकार मैं कुंती के सामने जाने से बचा रहूँ, जब तक मैं मृगया से वापस आया, पितृव्य मेरे दूसरे विवाह हेतु माद्री को ले आए, अब मुझे एक नहीं दो-दो स्त्रियों की क्षार करती कामाशाओं का सामना करना था, जिसकी पूर्ति न होने पर दोनों ही मुझे निर्वीर्य समझतीं, नपुंसक समझतीं। कई बार स्वयंघात का विचार आया, परंतु वह अति कायरता होती और नरक का द्वार खोलती। अंत में एक ही उपाय मेरे सम्मुख बचा, सारी स्थिति के बारे में मैंने कुंती एवं माद्री दोनों को सूचित किया और अपने वनगमन के निर्णय के बारे में बताया, मुझे विश्वास था कि दोनों ही उनके यौवन-धन के नाश हेतु मुझे धिक्कारेंगी, परंतु आश्चर्य! दोनों ने सिर्फ एक निवेदन किया कि वे वन में मेरे साथ जाएँगी। मैंने अपनी स्थिति आप सबके समक्ष प्रस्तुत कर दी है, अब जैसा आप सभी गुरुजन निर्देशित करेंगे, मैं निश्चय ही वैसा ही करूँगा।"

पांडु की बात सुनकर हम सब किंकर्तव्यविमूढ़ होकर रह गए, अब मुझे समझ आया, आखिर नवविवाहिता पत्नी को छोड़कर पांडु दिग्विजय और फिर बार-बार मृगया पर क्यों चला जाता था, क्यों हर समय अनमना-सा रहता था। क्यों पांडु के अंदर हिंसा बढ़ गई थी।

"नहीं पुत्र, ऐसे में हम कोई ऐसी आज्ञा नहीं देंगे, जो तुम्हारे जीवन के लिए घातक हो, परंतु पूर्व में वर्णित समस्या भी बड़ी है और अभी भी अपनी जगह स्थापित है, एक बार धृतराष्ट्र को सम्राट् बनने के लिए अक्षम मान लेने के बाद यदि दोबारा मैं उसको राजा बनाता हूँ और कोई सरदार उसका विरोध करता है तो मैं उसको धर्म विरुद्ध नहीं कह पाऊँगा और न ही उसका धर्मसंगत विरोध कर पाऊँगा। ऐसे में हस्तिनापुर में आंतरिक क्लेश बढ़ेगा और राज्य अधोगति को प्राप्त होगा।"

"ऐसे में मुझे क्या करना चाहिए पितृव्य ?"

"आचार्य, कोई उपाय सुझाएँ।" मैंने राजपुरोहित वसुभूति से कहा।

वयोवृद्ध आचार्य कुछ देर सोचकर बोले, "मैं आप सभी की प्रसन्नता हेतु

धर्मसंगत एक उपाय बताता हूँ, अभी हस्तिनापुर के सम्राट् पांडु हैं, जो किसी कारणवश आगे साम्राज्य संचालन नहीं करना चाहते, संभव है, कुछ काल बाद पांडु जब अपने मन, वचन, कर्म पर पूर्ण नियंत्रण पा लें और विश्वास प्राप्त कर लें कि ये महल में रहकर भी अपने मन एवं काम को काबू में रखकर उसी प्रकार संयमपूर्ण व्यवहार करेंगे, जैसे कि आश्रम में व्यतीत कर रहे हैं और दोबारा हस्तिनापुर वापस आएँ, तब इनकी और हस्तिनापुर के सिंहासन की क्या स्थिति रहेगी। अभी हम नहीं कह सकते कि पांडु जीवन भर हस्तिनापुर वापस नहीं आएँगे। ऐसे में सर्वोत्तम है कि धृतराष्ट पांडु के प्रतिनिधि के रूप में सिंहासन सँभालें। राज्य पांडु का ही रहेगा, धृतराष्ट्र बस उनके द्वारा नियुक्त पुरुष के रूप में सिंहासन पर बैठेंगे। ऐसे में यदि कोई अन्य सरदार इस निर्णय का विरोध करता है तो धर्मानुसार गांगेय भीष्म के पास पूरा अधिकार रहेगा उसके दमन का।"

"आप धन्य हैं आचार्य!" मेरे एवं सबके मुँह से निकला।

"इस विषय में हम सभी को ध्यान रखना होगा कि पांडु के शाप की बात इस कक्ष से बाहर न जाए।" राजपुरोहित ने कहा।

अगले दिन पांडु ने राजसभा में अपने निर्णय की घोषणा कर दी एवं नियुक्त सम्राट् के रूप में अपने हाथों से धृतराष्ट्र को अपना प्रतिनिधि नियुक्त कर दिया।

कालांतर में मुझे शत्रुजित द्वारा सूचना मिली कि कुंती ने नियोग विधि द्वारा पुत्र को जन्म दिया है। मैं यह सूचना लेकर जब राजभवन पहुँचा तो ज्ञात हुआ कि यह सूचना धृतराष्ट्र के गुप्तचर पहले ही ले आए थे। दासियों द्वारा सूचना प्राप्त हुई कि गांधारी ने पांडु पुत्र के जन्म की सूचना मिलते ही अपने पेट पर प्रहार किया, जिससे कि तुरंत ही उसकी स्थिति खराब हो गई, अंततः गांधारी ने भी प्रसव किया, परंतु प्रसव में बस एक मांस का लोथड़ा उत्पन्न हुआ है... गांधारी की मानसिक स्थिति अत्यंत ही शोचनीय थी, गांधारी अविश्वसनीय रूप से लगभग दो वर्ष से गर्भवती थी। मैं इन सब पर विचार कर ही रहा था कि प्रतिहारी ने महामुनि वेदव्यास के आने की सूचना दी। धृतराष्ट्र की स्थिति भी ठीक नहीं थी। महामुनि का इस समय उपस्थित होना वरदान के समान था। महामुनि अथर्ववेद के ज्ञाता थे। अथर्ववर्ण जाबालि के बाद महामुनि को ही

आर्यावर्त में सबसे बड़ा अथर्वशास्त्री माना जाता था। जनश्रुति थी कि वे बस हाथ पकड़कर अथवा स्पर्शमात्र से गंभीर रोगों के रोगियों को ठीक कर देते थे। मैं महामुनि को ससम्मान अंदर लाया एवं उनको पूरी स्थिति से अवगत करवाया। महामुनि कुछ देर सोचते रहे, फिर उन्होंने गांधारी द्वारा प्रसवित मांस के लोथड़े को देखने की इच्छा जताई। मैं उनको अपने साथ राजभवन के रनिवासवाले हिस्से/भाग में ले आया। धृतराष्ट्र माथे पर हाथ रखकर विलाप कर रहा था, गांधारी भी बेसुध अवस्था में थी, उसके पास ही मांस का लोथड़ा पड़ा हुआ था, हमको आया जानकर धृतराष्ट्र के विलाप में और तीव्रता आ गई। महामुनि की इच्छानुसार मैंने उस मांस के लोथड़े को उनके पास रखवा दिया। वे कुछ देर तक उसको सामने रखकर कुछ मंत्र उच्चारित करते रहे, फिर एक जड़ी उस लोथड़े पर छिड़क दी। अचानक से लगा जैसे लोथड़े में जान हो। मांस का लोथड़ा रक्तिम हो आया, फिर महामुनि धृतराष्ट्र से बोले, "पुत्र, चिंता त्याग दो और अपनी इच्छा बताओ।"

धृतराष्ट्र मुनि का आशय नहीं समझा और खीजकर बोला, "पितृव्य, मेरी इच्छा तो है कि मेरे सौ पुत्र हों परंतु...। हे ईश्वर! मैंने क्या अपराध किया था?"

"तथास्तु, तेरे सौ पुत्रों के अलावा एक बेटी भी होगी।"

धृतराष्ट्र का विलाप तुरंत ही रुक गया, मैं भी आश्चर्य से महामुनि का मुख देखने लगा। उनके मुख से निकली बात पर अविश्वास का कोई कारण ही नहीं था। मैं समझ गया कि अथर्ववेद आधारित किसी अभूतपूर्व चिकित्सा पद्धति का अनुभव हम सबको होनेवाला है।

महामुनि आगे बोले, "इस मांस के लोथड़े में जीवन है, यह अपने रूप में एवं समय पर उत्पन्न होता तो अति तेजस्वी एवं महापराक्रमी पुत्र की प्राप्ति तुमको होती, परंतु अब समय को विपरीत दिशा में नहीं मोड़ा जा सकता एवं मेरा वचन भी मिथ्या नहीं हो सकता, अतः हे पुत्र! जैसा मैं कहता हूँ, वैसा करो।"

यह कहकर महामुनि ने 101 घड़े एवं कुछ और सामग्री उपलब्ध करवाने का निर्देश दिया। धृतराष्ट्र ने उनके अनुसार सेवक दौड़ा दिए, फिर महामुनि ने मंत्रजाप करते हुए उस मांस के लोथड़े को 101 भागों में विभाजित किया

एवं सभी घड़ों में एक-एक लोथड़ा रख दिया। घड़ों को औषधि से निरूपित करके उनको गर्भाशय का रूप दिया, फिर मंत्रजाप करके एक विशेष औषधि से एक-एक कर सभी घड़ों का मुख बंद किया, फिर आज्ञा दी कि इन सारे घड़ों को एक कक्ष में सुरक्षित रख दिया जाए एवं उनकी आज्ञा के बिना कोई भी उस कक्ष में प्रवेश न करे। यह कहकर महामुनि प्रस्थान कर गए। मैंने उनकी आज्ञानुसार व्यवस्था करवा दी। ठीक दो वर्ष उपरांत महामुनि फिर उपस्थित हुए एवं उन्होंने मंत्रोच्चार करते हुए एक-एक कर सभी घड़ों को खोला। 100 घड़ों से धृतराष्ट्र को पुत्र एवं एक घड़े से पुत्री की प्राप्ति हुई। इसी दिन सूचना मिली कि कुंती ने नियोग विधि से ही दूसरे पुत्र को जन्म दिया है। सर्वप्रथम जिस घड़े को महामुनि ने खोला, उसको धृतराष्ट्र का सबसे बड़ा पुत्र माना गया एवं उसका नाम दुर्योधन रखा गया। पुत्री का नाम दु:शाला रखा गया। धृतराष्ट्र के अन्य पुत्रों का भी नामकरण किया गया। गांधारी के पुत्रों के जन्म से ही संपूर्ण हस्तिनापुर उत्सवरत था। प्रभु माया थी कि जो इस साम्राज्य का असली उत्तराधिकारी था, उसके जन्म पर गांधारी का स्वास्थ्य बिगड़ने के कारण संपूर्ण राज्य में उत्सव के नाम पर एक दीया भी नहीं जलाया गया था और आज चारों तरफ घी के दीये प्रज्वलित थे, याचकों के लिए खजाने का मुँह खोल दिया गया था, राज्य में स्थान-स्थान पर प्रजाजनों हेतु भोज चल रहे थे। इसी बीच दुर्योधन के जन्म के दिन ही राजदूत कुंती के गर्भ से पांडु के दूसरे पुत्र के जन्म की सूचना लाया। नियति अपना खेल खेल रही थी। महायुद्ध की नींव पड़नी शुरू हो गई थी। आज जब मैं विचार करता हूँ कि प्रतीत होता था, सभी कुछ मेरे हाथ में है, परंतु सबकुछ ही मेरे नियंत्रण के बाहर था, समय जिस प्रकार रज्जु घुमाता रहा, पात्र उसी प्रकार खेल दिखाते रहे।

समय गुजरता गया। मुझे पांडु एवं कुंती की सूचनाएँ प्राप्त होती रहीं। हस्तिनापुर से निकलकर पांडु उत्तर दिशा में स्थित नागशत नामक पर्वत पर गए, वहाँ कुछ काल तक उन्होंने दोनों पत्नियों के साथ कुटिया बनाकर कठोर नियम का पालन करते हुए तप किया, तत्पश्चात् चैत्ररथ नामक वन, कालकूट और हिमालय पर्वत को लाँघते हुए गंधमादन पर्वत पर पहुँचे। कुछ समय तक पांडु ने गंधमादन पर्वत पर निवास किया। पांडु को वहाँ निवास करता पाकर

उनके ही आसपास कई ऋषियों ने भी आश्रम बना लिये थे। आश्रमवासियों, ऋषिसमाज में कुरुकुल को सदैव ही सम्मान की दृष्टि से देखा जाता रहा था। हैहय राज सहस्रार्जुन के नाश, तत्पश्चात् पिताश्री द्वारा धर्मक्षेत्र की स्थापना के बाद से पूर्व की भाँति कुरुकुल आर्यावर्त में धर्म का पर्याय माना जाने लगा था। धर्म की रक्षा हेतु कुरुकुल सदैव सन्नद्ध था, ब्रह्मतेज की स्थापना एवं रक्षा हेतु कुरुकुल का क्षात्रतेज हमेशा से प्रयासरत रहा था और धर्मक्षेत्र की स्थापना ने तो मानो सारे आर्यावर्त में धर्म की पुनः स्थापना की थी, आश्रम संस्कृति, जो सहस्रार्जुन द्वारा लगभग समाप्त कर दी गई थी, उसकी स्थापना की थी, अतः ऋषिकुल में कुरुकुल का सम्मान अद्वितीय था और पांडु उसी कुरुकुल की नवबेल थे, हस्तिनापुर के सम्राट् थे, भले ही उनकी जगह पर कोई नियुक्त पुरुष शासन कर रहा था, फिर भी अंतिम रूप से राजदंड पांडु के ही पास था, अतः कुरुगौरव पांडु जहाँ भी रहते, उनके साथ-साथ ऋषि-मुनियों का पूरा आश्रम स्थापित हो जाता, जहाँ पांडु को राजर्षि एवं कुंती को आश्रम माता का गौरव प्राप्त होता, परंतु पांडु का मन नागशत पर्वत की भाँति गंधमादन पर्वत पर भी नहीं लगा। पांडु को जिस अतीव शांति की तलाश थी, वह यहाँ भी पूर्ण नहीं हुई, फिर मुझे खबर मिली कि पांडु गंधमादन पर्वत और आश्रम छोड़कर और उत्तर की तरफ बढ़ गए। हंसकूट पर्वत को लाँघते हुए अंत में वो शतशृंग पर्वत पर पहुँचे, यहाँ पहले से ही कई ऋषियों के आश्रम स्थापित थे। शतशृंग पर्वत पर ही आश्रम में पांडु ने निवास किया एवं कठिन तपश्चर्या में लीन हो गए। कुंती ने यहीं तीन पुत्रों को जन्म दिया, इसके अलावा माद्री ने भी दो पुत्रों को जन्म दिया, जिनका नाम नकुल एवं सहदेव रखा गया। कुंती के पुत्रों के नाम युधिष्ठिर, भीम एवं अर्जुन रखे गए। इन पुत्रों के जन्म की कथा भी विचित्र थी। शत्रुजित ने मुझे बताया कि कुंती ने अपने बचपन में दुर्वासा मुनि की सेवा की थी, जिससे प्रसन्न होकर मुनि ने कुंती को एक मंत्र दिया था, जिसके विधिपूर्वक उच्चारण से किसी भी देवता का ध्यान करने से वह सम्मुख आने को विवश हो जाता एवं अपने अंश के रूप में संतान प्रदान करता। इसके साथ ही शत्रुजित ने मुझे एक और सूचना दी, जो मेरे हृदय को विचलित करनेवाली थी। शत्रुजित ने बताया कि जब उसने दुर्वासा मुनि द्वारा कुंती को दिए गए वर

के बारे में अधिक पता किया तो ज्ञात हुआ कि कुंती ने विवाह से पहले भी मुनि द्वारा प्रदत्त मंत्र की जाँच हेतु अज्ञानवश सूर्यदेव का आह्वान किया था। सूर्यदेव की कृपा से कुंती विवाह पूर्व ही एक पुत्र की माता बन चुकी थी, परंतु समाज की लाजवश कुंती ने अपनी दासी की सहायता से अपने उक्त पुत्र को नदी में प्रवाहित कर दिया था। तत्पश्चात् उस पुत्र का क्या हुआ, यह किसी को भी ज्ञात नहीं था। पांडु की आज्ञा से कुंती ने धर्मराज का स्मरण करके उनके अंश से युधिष्ठिर, पवनदेव के अंश से भीम एवं देवराज इंद्र के अंश से अर्जुन को पैदा किया, तत्पश्चात् कुंती ने वही मंत्र माद्री को प्रदान किया, जिसके उवाच से माद्री ने अश्विनीकुमारों के अंश से नकुल एवं सहदेव को पैदा किया। पाँचों पुत्र हृष्ट-पुष्ट थे एवं आश्रम के वातवर्ण में जीवन हेतु आवश्यक मूल्यों का अपने व्यक्तित्व में सृजन कर रहे थे। मेरे मन में एक प्रश्न उठा, मैंने शत्रुजित से पूछा, "पांडु एवं कुंती दोनों ही धर्मपारंगत हैं, संयमी हैं एवं शास्त्र ज्ञाता हैं। शास्त्रों में नियोग विधि से एक या अधिक से अधिक दो पुत्रों का विधान है, फिर कुंती द्वारा नियोग विधि से तीसरे पुत्र की उत्पत्ति धर्मसंगत किस प्रकार है?"

"आश्रयदाता, इसके पीछे कारण है, कुंती ने जब नियोग से दो पुत्र उत्पन्न किए, तब माद्री का मन भी मातृत्व के लिए व्याकुल रहने लगा, हालाँकि कुंती पुत्रों से भी माद्री को कुंती जितना ही प्रेम था, परंतु महाराज, जिस प्रकार नदी बादलों के जल से ही अघाती है, उसी प्रकार माता अपने कुक्षि से उत्पन्न संतान को ही प्रेम करके मातृत्व भाव से पूर्ण होती है, सो माद्री ने अपना दुःख कुंती के समक्ष प्रकट किया और कुंती ने इस हेतु पांडु से आज्ञा माँगी। पांडु से आज्ञा मिलने के बाद कुंती ने पूर्ण विधि-विधान से देवराज इंद्र का आह्वान किया। मंत्रों के माध्यम से सूचना देवराज तक पहुँची और वे मंत्र के वचन से बँधे कुछ दिनों में कुंती के समक्ष प्रस्तुत हुए। कुंती ने उनसे माद्री को नियोग से पुत्र प्रदान करने की प्रार्थना की, परंतु इंद्र मंत्र के वचन से बँधे हुए थे एवं मंत्र जाप करनेवाले को ही नियोग से संतान प्रदान कर सकते थे, सो उन्होंने कुंती की प्रार्थना को अस्वीकार कर दिया व कुंती को अर्जुन के रूप में पुत्र प्रदान किया। तत्पश्चात् कुंती ने मंत्र जाप का विधि-विधान माद्री को सिखाया एवं आगे माद्री ने स्वयं मंत्र जाप कर अश्विनीकुमारों का आह्वान किया और उनसे नकुल और सहदेव

जैसे तेजस्वी पुत्र प्राप्त किए। इस प्रकार नियोग से कुंती के तीसरे पुत्र की उत्पत्ति मात्र संयोग थी और धर्मत: थी।"

"ओह, उत्तम है।" मुझे यह स्वीकार करने में कोई संकोच नहीं है कि मेरा मन सदैव ही उलझन में रहा, हालाँकि इन्हीं उलझनों ने मेरा धर्म, सत्य एवं न्याय संबंधी प्रश्नों को सुलझाने में भी साथ दिया। एक दिन धर्मज्ञ पुत्र विदुर का गंगभवन में आगमन हुआ।

"प्रणाम पितृव्य!" मैं अपने कक्ष के गवाक्ष से माँ जाह्नवी की कल्लोल करती लहरों को देख रहा था कि धर्मज्ञ विदुर की वाणी मेरे कानों में पड़ी।

"धर्म-ध्वजा धारण किए रहो पुत्र, आओ।"

"पितृव्य का संदेश मिला, पितृव्य कुछ व्यग्र दिखाई देते हैं, कोई खास प्रयोजन पितृव्य ?"

"नहीं पुत्र, न कोई खास प्रयोजन है, न ही व्यग्रता का कोई स्पष्ट कारण; परंतु फिर भी मन में कुछ प्रश्न हैं, जो लगातार व्याकुलता को बढ़ाते रहते हैं और उनके समाधान के लिए अपने धर्मज्ञ पुत्र से अच्छा साधन क्या मिलेगा, यही सोचकर तुमको बुला भेजा है।"

"पितृव्य, मेरा ज्ञान आपके विशाल अनुभव एवं अध्ययन के समक्ष कुछ भी नहीं, मेरी जो प्राप्ति है, वह आपके एवं अन्य गुरुजनों के आशीर्वाद के ही फलस्वरूप है।"

"पुत्र, आशीर्वाद बड़ा है या शाप ?"

"निश्चय ही सृजन विनाश से बड़ा है पितृव्य...आशीर्वाद सृजन का द्योतक है और शाप विनाश का।" विदुर ने हाथ जोड़कर उत्तर दिया।

"परंतु भावनाओं की तीक्ष्णता तो शाप के पीछे अधिक जुड़ी होती है ?"

"अवश्य पितृव्य ? शाप निश्चय ही भावनाओं का आवेग है, अभी है और अभी नहीं और वह वेग निश्चय ही अधिकतर जगह वरदान देते समय की भावना से तीक्ष्ण होता है, परंतु वही वेग शाप देनेवाले व्यक्ति को भी प्रतिहिंसा के आवेग में जकड़ लेता है। प्रतिहिंसा को कभी भी उचित नहीं ठहराया जा सकता। प्रतिहिंसा व्यक्ति के चरित्र, विवेक, धैर्य, संयम एवं संचित पुण्य का क्षरण करती है, अत: शाप भावनाओं की तीक्ष्णता के बाद भी आशीर्वाद के समक्ष तुच्छ है।"

"यदि ऐसा है पुत्र, तो मेरा और अन्य गुरुजनों का आशीर्वाद मिलकर भी पांडु को ऋषि शाप से मुक्ति क्यों नहीं दिला पाता? क्या हमारा संचित पुण्य कुछ भी नहीं?"

विदुर के मुख पर मंद हास्य परिलक्षित हुआ, "पितृव्य, हालाँकि आप सबकुछ जाननेवाले हैं, फिर भी मैं अपने विचार रखता हूँ। शाप एक ऐसी घटना है, जो किसी व्यक्ति द्वारा आकस्मिक गलती होने पर दूसरे व्यक्ति द्वारा आकस्मिक भावनाओं के वेग में बहकर दिया जाता है। मेरा विचार है कि शाप तभी फलीभूत होता है, जब शाप देनेवाला एवं शापित व्यक्ति उस खास आकस्मिक घटना से पहले एक-दूसरे के प्रति वैचारिक रूप से निरपेक्ष हों। वहीं दूसरी ओर आशीर्वाद सामान्यत: ऐसे व्यक्ति को दिया जाता है, जहाँ पहले से दोनों व्यक्ति निरपेक्ष नहीं होते। मेरा मानना है कि यदि कोई पुण्यधारी व्यक्ति किसी अन्य व्यक्ति, जिसके प्रति वह पहले से निरपेक्ष हो, से आकस्मिक प्रसन्न होकर आशीर्वाद दे तो निश्चय ही उसका आशीर्वाद शाप से अधिक प्रभावशाली होगा।"

"हम्म, हालाँकि कहा गया है कि पिता-पुत्र की कोई तुलना नहीं होती, फिर भी पुत्र, एक विचार कई दिनों से मेरे मनोमस्तिष्क में खलबली मचाए है, कई बार मेरा मन मेरी स्थिति और पांडु की स्थिति में तुलना करने लगता है। पांडु भी संसार-जाल से पृथक् रहना चाहता है और मैं भी, हालाँकि हम दोनों के कारण अलग हैं और निमित्त भी अलग हैं, तुम्हारे विचार से पुत्र, किसका निमित्त श्रेष्ठ है, किसका संयम महान् है, किसकी तपश्चर्या उच्चकोटि की है?"

"पितामह, इस प्रश्न का उत्तर आपको सिर्फ संकोचवश नहीं मिला, मैं धर्म की सौगंध खाकर कह सकता हूँ कि आपका निमित्त उत्तम है, आपकी तपश्चर्या उच्च कोटि की है। पितृव्य, जिस व्यक्ति के पास ऐश्वर्य के साधन उपलब्ध नहीं होते, वह प्रारब्ध को दोष देकर संतोष कर बैठता है, वह उसका त्याग नहीं मजबूरी है, परंतु जिस व्यक्ति को सारे ऐश्वर्य माध्यम एकदम सम्मुख उपलब्ध हों, उसके बाद भी वह उनका उपयोग न करके संयम को प्रमुखता दे तो उसका संयम, तप एवं त्याग अधिक महत्त्व रखता है। जो आसानी से प्राप्त है, जो सम्मुख है व जो नित्य आँखों के सामने घटित हो रहा है, उसको

देखकर भी उसका त्याग करना अधिक संयम का कृत्य है, अधिक त्याग एवं धैर्य का कृत्य है। पांडु को जिन सुखों से बचने के लिए हस्तिनापुर छोड़कर शतश्रृंग जाना पड़ा, आप हस्तिनापुर में बैठकर उन सुखों का त्याग किए हुए हैं, यह सत्य संयम है और फिर पांडु ने मजबूरीवश अपने सुखों का त्याग किया है, वहीं आपने अपनी इच्छा से सभी सुखों का परित्याग किया है। कुरुकुल एवं हस्तिनापुर में वर्तमान रहकर आपने पूरे हस्तिनापुर को और कुरुकुल को अवगति से बचाया है और उसके बाद भी त्याग एवं धर्म का सर्वोच्च जीवन व्यतीत किया है। मेरे विचार से आप जैसी तपश्चर्या, आप जैसा संयम, आप जैसा त्याग संसार में अप्रतिम है, अतुलनीय है।" विदुर ने कहा। मुझे ज्ञात था कि विदुर कभी भी मिथ्या प्रशंसा या बुराई में लिप्त नहीं होता व धर्म विरुद्ध उवाच नहीं करता। मुझे प्रसन्नता हुई। मैं अभी भी अपनी कमजोरियों से पूर्णतः मुक्त नहीं हो पाया था।

अभी कुछ ही समय व्यतीत हुआ था कि एक दिन हृदय-विदारक सूचना मिली कि पांडु का असामयिक निधन हो गया और माद्री उनके साथ ही सती हो गई। सूचना मिली कि कुंती कुछ ऋषियों के साथ वापस हस्तिनापुर आ रही है। मैंने द्रुत गति से चलनेवाले घोड़ों से जुते तीन विशाल रथों के साथ आश्रम की ओर विदुर को भेज दिया।

अगले दिन प्रातः विदुर कुंती, उसके पाँचों पुत्रों एवं कुछ ऋषिगणों के साथ गंगभवन के सामने खड़ा था। कुंती आश्रम से पहले ही चल चुकी थी एवं मार्ग में विदुर को मिली थी। एक बार पुनः नियति ने मुझे जीवन-पथ के संघर्ष में झोंक दिया था। इन पाँचों नौनिहालों की जिम्मेदारी अब मेरे ही कंधों पर थी। ऋषियों ने गंगभवन में अंदर प्रवेश करने से मना कर दिया, वे अपने गुरु की आज्ञा पूर्ण करके शीघ्र ही लौट जाना चाहते थे। उन्होंने कुंती एवं उसके पाँचों पुत्रों को मुझे सौंपा, फिर द्वार से ही लौट गए। कुंती ने मुझे प्रणाम किया, कुंतीपुत्रों ने साष्टांग दंडवत् किया। कुंती पुत्र पूरे भवन को विस्मय से देख रहे थे, हालाँकि गंगभवन राजमहल के सम्मुख कुछ भी नहीं था, परंतु फिर भी पाँचों कुंतीपुत्र उसको अतीव विस्मय से देख रहे थे। भीम गलियारे से निकलते हुए दीवारों को स्पर्श करता जा रहा था, परंतु फिर भी पांडु पुत्रों एवं धृतराष्ट्र

पुत्रों में अद्‌भुत अंतर था। पांडु पुत्रों के व्यवहार में एक शांत-सा अनुशासन था, उनके चलन में असाधारण-सी शांति थी, उनके व्यवहार में उन्मुक्त सी मधुरता थी, जो लगता था, सारे संसार को अपने मधुर आवरण में समा लेगी। उनको देखकर प्रतीत होता था कि वे अधीर, सर्वग्राहक नहीं हैं, परंतु कायर भी नहीं हैं, वे अभिमान से कोरे एवं आत्मविश्वास से भरे प्रतीत होते थे।

गांधारी खुद गंगभवन आई और कुंती एवं कुंती पुत्रों को साथ ले गई। कुंती को अंत:पुर के पृष्ठ भाग में स्थित भवन में स्थान दिया गया। मुझे शत्रुजित द्वारा जो सूचनाएँ प्राप्त होतीं, मेरा मस्तिष्क चिंता से भर उठता। कभी राजभवन से लगी अमराई में दुर्योधन एवं उसके भाई युधिष्ठिर एवं उसके भाइयों पर पेड़ के ऊपर चढ़कर आम्र से प्रहार करते, कभी भोजन कक्ष में कब्जा कर लेते और पांडु पुत्रों को बाहर से ही लौटना पड़ता। दुर्योधन एवं उसके भाइयों को यदि कोई सही प्रत्युत्तर दे पाता था तो वह भीम था। वह आम के पेड़ को इतनी जोर से हिलाता कि दुर्योधन के भाई पके आम की तरह ऊपर से गिरते, वह अकेला ही दुर्योधन के कई-कई भाइयों पर भारी पड़ता। कभी-कभी वह क्रोध में युधिष्ठिर का भी अनुशासन नहीं मानता था। भीम अकेला ही सभी धृतराष्ट्र पुत्रों पर भारी पड़ता, अपने पराक्रम एवं युक्ति से वह अकेले ही सभी धृतराष्ट्र पुत्रों को समुचित उत्तर देता, परंतु इसके बाद भी धृतराष्ट्र पुत्र पांडु पुत्रों को प्रताड़ित करने का कोई भी अवसर नहीं छोड़ते थे। कुछ सूचनाएँ ऐसी प्राप्त हो रही थीं, जो मुझे चिंतित कर देतीं, इधर कुछ दिनों से धृतराष्ट्र पुत्रों ने स्वयं को कौरव और पांडु पुत्रों को पांडव के नाम से पुकारना शुरू कर दिया था। ऐसा वे सबके सामने, प्रजा के बीच में अधिक करते, हालाँकि पांडु पुत्र इससे प्रसन्न थे, वे दुर्योधन के षड्यंत्र को नहीं देख पा रहे थे। शत्रुजित के अनुसार दुर्योधन का अभिप्राय पांडु पुत्रों की उत्पत्ति पर ही सवाल खड़े करना था, उनको कुरुकुल का हिस्सा मानने से इनकार करना था और प्रजा में भी इसी धारणा को पुष्ट करना था। वह खेल जिसकी परिणति भयंकर महायुद्ध था, आरंभ हो चुका था।

पांडवों और कौरवों की शरारतें बढ़ती ही जा रही थीं, मैंने निश्चय किया था कि चौमास के बाद सभी को कृपाचार्य के आश्रम में शिक्षा प्राप्ति हेतु भेज

दूँगा। एक दिन सुबह पाँचों पांडव गंगभवन आए और मुझे प्रणाम कर खड़े हो गए।

"आयुष्मान हो पुत्रो, अजेय हो, कहो कैसे हो?"

"हम सब कुशल से हैं पितामह!" युधिष्ठिर ने कहा।

"कोई विशेष प्रयोजन पुत्रो?"

इससे पहले कि युधिष्ठिर कुछ उत्तर देता, भीम बोल पड़ा, "हाँ पितामह, भ्राता आपसे कुछ निवेदन करना चाहते हैं, परंतु संकोच में हैं।"

"निस्संकोच होकर कहो पुत्र, कहीं हृदय एवं बाँह भी शरीर से संकोच करती है! तुम सब मेरे हृदय हो, मेरी बाँह हो, तुम्हारा पितामह अब वृद्ध हो आया है।"

"पितामह, दुर्योधन ने प्रमाण कोटि में गंगा तट पर एक अत्यंत ही सुंदर भवन का निर्माण करवाया है, वहाँ अत्यंत सुंदर बाग एवं विहार स्थल हैं और ऊपर से माँ गंगा का तट। दुर्योधन की योजना है कि कल हम सब भाई वहाँ पर विहार करने जाएँ।"

मुझे उन पाँचों भाइयों की सहजता एवं अनुशासन पर गर्व हो आया। एक तरफ दुर्योधन था, जिसने भवन, विहार स्थल बनवाने से पहले मुझे सूचित करना आवश्यक नहीं समझा और दूसरी तरफ पांडव थे, जो वहाँ जाने के लिए भी आज्ञा माँग रहे थे। मैंने कहा, "अवश्य जाओ पुत्रो, तुम सब भाइयों को मिलकर हस्तिनापुर को अपने पितामह और पिता के काल से भी अधिक धर्मपरायण, शक्तिशाली और समृद्ध बनाना है, इसके लिए सबसे अधिक आवश्यक है कि तुम सब एकजुट रहो, आपस में द्वेष भावना न लाओ। अवश्य जाओ पुत्रो, परंतु युधिष्ठिर, तुम पर अपने छोटे 104 भाइयों की देख-रेख की भी अतिरिक्त जिम्मेदारी रहेगी, ध्यान रखना।" मैं भी कितना स्वार्थी था कि एकजुटता का उपदेश भी सामूहिक रूप से न देकर सिर्फ पांडवों को दे रहा था, शायद मेरे प्रयासों में कहीं-न-कहीं कुछ कमी रही, जो आज इस भीषण युद्ध की स्थिति आन पड़ी है।

अगले दिन जब मैं रात्रि भोजन के लिए प्रस्तुत होने जा रहा था, तभी विदुर का आगमन हुआ। विदुर कुछ चिंतित प्रतीत हो रहा था।

"क्या हुआ पुत्र ?"

"पितृव्य, है तो कुछ चिंतित होने का विषय। आपको ज्ञात होगा, आज सभी राजकुमार क्रीड़ा हेतु प्रमाण कोटि गए थे, सब वापस आ गए हैं, परंतु भीम का कोई पता नहीं है।"

मुझ पर सन्निपात हुआ, "यह तो भीम की लापरवाही है।"

"भगवन्, पांडवों और कुंती को आशंका है कि कहीं किसी प्रकार की दुर्घटना तो नहीं घटित हो गई मध्यम पांडव के साथ।"

"ओह! मैं तुम्हारे साथ दिव्य भवन चलता हूँ।" राजभवन के जिस भाग में कुंती ने अपने पुत्रों के साथ निवास किया हुआ था, उसका नाम कुंती ने दिव्य भवन रख दिया था।

दिव्य भवन में कुंती अपने चारों पुत्रों से घिरी हुई बैठी थी, मुझे देखकर सभी ने प्रणाम किया। मैंने युधिष्ठिर से कहा, "पुत्र, मैंने तुमको सभी भाइयों की देखरेख का जिम्मा दिया था, फिर यह प्रमाद किस प्रकार पुत्र ?"

"पितामह, मध्यम भोजन तक हम सबके साथ ही था। मध्यम ने भरपेट भोजन किया और फिर विश्राम की इच्छा व्यक्त की। शाम को जब प्रस्थान करने का समय आया, तब मध्यम न अपने कक्ष में मिला, न पूरे प्रमाण कोटि में, मैंने अर्जुन, नकुल, सहदेव के साथ मिलकर पूरा क्षेत्र छान मारा, पर कहीं भी मध्यम पांडव का पता नहीं चला।"

"तुम चारों ने ही क्यों? क्या अन्य भाइयों ने तुम्हारा साथ नहीं दिया ?"

जवाब में युधिष्ठिर ने कुछ नहीं कहा।

"ठीक है, तुम लोग चिंतारहित होकर विश्राम करो, मैं मध्यम पांडव को ढूँढ़ने का प्रबंध करता हूँ।"

यह कहकर मैं दिव्य भवन से बाहर आ गया, मैंने शत्रुजित को गुप्त तौर पर और विदुर के माध्यम से राजशक्ति को स्पष्ट तौर पर भीम की खोज में लगा दिया, जब अगले दिन भी भीम की कोई खोज-खबर नहीं मिली, तब मैं शत्रुजित के साथ प्रमाण कोटि की ओर प्रस्थान कर गया। संपूर्ण प्रमाण कोटि को सेना ने छान मारा, शत्रुजित के गूढ़ पुरुषों ने प्रमाण कोटि के प्रत्येक घर को छान मारा, परंतु मध्यम पांडव का कहीं कोई पता नहीं चला, अब मुझे निश्चय हो

गया कि कहीं-न-कहीं मध्यम पांडव के साथ कुछ अनहोनी हो गई थी, परंतु क्या ? मैंने प्रमाण कोटि से एक लंबे दायरे में जाह्नवी में जाल डलवा दिए थे, परंतु प्रमाण कोटि तो क्या उसके आसपास के सभी झाड़-झंखाड़ खँगाले जा चुके थे, परंतु मध्यम पांडव का कहीं कोई पता नहीं था। आठवें दिन शत्रुजित प्रसन्न भाव से मेरे पास आया।

"अन्नदाता, शुभ सूचना है। मध्यम पांडव हस्तिनापुर लौट आए हैं।"

"ओह ! बहुत अच्छा, तो यह सब भीम का प्रमाद था। हस्तिनापुर चलकर भीम को इस हेतु समुचित दंड देना पड़ेगा।"

"माफ कीजिएगा भगवन्, परंतु स्थिति न इतनी स्पष्ट है, न इतनी सुलभ।"

"अर्थात्।"

"अर्थात् भगवन्, मैंने कुंती की सेवा में नियुक्त एक दासी को अपनी मंडली में गूढ़ महिला के रूप में मिलाया हुआ है। माफ कीजिएगा, इस बारे में मुझे आपकी तरफ से अभयदान प्राप्त है। उस दासी के माध्यम से ही मध्यम पांडव के लौट आने की सूचना मुझे प्राप्त हुई है, उसके अनुसार मध्यम पांडव के लौटने पर महारानी कुंती ने उनकी बहुत ताड़ना की, भीम कुछ नहीं बोले, उन्होंने भोजन की इच्छा व्यक्त की। भोजन के बाद उन्होंने जो बताया, वह अत्यंत ही कठोर है। आपकी आज्ञा हो तो मैं पूरे घटनाक्रम को प्रस्तुत करूँ।"

"शत्रुजित, तुम मेरी दाईं बाँह हो, तुम्हारा स्थान, कार्य गोपन मंत्री के समान हैं, तुम निर्भीक होकर हस्तिनापुर के उत्थान हेतु अपनी बात कहो।"

"महाराजकुमार, मध्यम पांडव भीम ने बताया कि उस दिन प्रमाण कोटि में दुर्योधन उनसे अतिरिक्त प्रेम का प्रदर्शन कर रहा था। दोपहर तक सभी एक साथ खेलते रहे, भोजन भी साथ ही किया, भोजन के बाद दुर्योधन भीम के पास एक पात्र में खीर लेकर पहुँचा और बोला—भीम, तुम मेरे सहोदर भ्राता हो, मैं चाहता हूँ कि तुम सदैव प्रसन्न रहो, देखो, मैंने तुम्हारी पसंदीदा खीर विशेष रूप से रसोइए से बनवाई है, तुम इसको ग्रहण करो और प्रसन्न हो। भीम ने तुरंत ही प्रसन्न होकर खीर को उदरस्थ कर लिया। इसके बाद दुर्योधन तो पूर्व की भाँति क्रीड़ा में लग गया, परंतु भीम पर तंद्रा हावी होने लगी। उसके बाद भीम बेहोश हो गए और अब जब उनको आठ दिन बाद होश आया तो उन्होंने

स्वयं को लताओं से बँधा हुआ गंगा तट पर पाया। वे सीधे हस्तिनापुर पहुँच गए। हाँ, भीम के पूरे शरीर पर इस तरह के निशान अवश्य थे, जो सर्पदंश के प्रतीत हो रहे थे।"

"हालाँकि मैं काफी कुछ समझ रहा हूँ, तुम अपना विचार बताओ, क्या हुआ होगा?"

"महाराजकुमार, उपर्युक्त से मेरा विचार है कि वरिष्ठ कौरव दुर्योधन ने मध्यम पांडव को विष दिया था और फिर उनको लताओं से बाँधकर गंगा में फेंक दिया, परंतु भीम किसी प्रकार से विष के प्रभाव से बच गए और उनकी जिजीविषा अद्भुत थी, जो अवचेतन अवस्था में बँधे हुए भी तैरकर बाहर आ गए।"

"हूँ, मेरा भी यही विचार है, दुर्योधन ने भीम को स्थावर विष दिया था। माँ गंगा में निवास करनेवाले विषधरों ने भीम को डसा और उनके भीतर जंगम विष प्रवाहित कर दिया, जिसने पहले से ही उनके अंदर प्रवाहित स्थावर विष को नष्ट कर दिया। लताएँ, जो दुर्योधन ने भीम के शरीर पर लपेटी थीं, वे इस प्रकार से लिपट गईं कि धारा पर तैरने लगीं और उनके साथ भीम भी धारा पर तैरने लगा और अंत में लताएँ लहरों पर उत्खेल करतीं, किनारे पर लिपट गईं और भीम भी अवचेतन अवस्था में ही धारा से किनारे आ गए। आठ दिनों में जब दोनों प्रकार के विषों ने एक-दूसरे को पूर्ण समायोजित कर दिया, तब भीम को होश आया और वे हस्तिनापुर आ गए।"

"जी महाराज!"

"हूँ, विषय गंभीर है, शत्रुजित, हालाँकि यह नियम विरुद्ध है, परंतु मैं कुरुवृद्ध होने के अधिकार से कुरुकुल की रक्षा हेतु तुमको आदेश देता हूँ कि कुछ समय के लिए तुम धृतराष्ट्र की जानकारी मुझे दो। धृतराष्ट्र को क्या इस बारे में कुछ पता है? यदि पता है तो धृतराष्ट्र का इस बारे में क्या विचार है? ध्यान रखना, तुमको धृतराष्ट्र के बारे में जानकारी देनी है, सम्राट् धृतराष्ट्र के बारे में नहीं। ध्यान रहे, यह विषय अभी सिर्फ मेरे और तुम्हारे मध्य है। प्रमाद का मूल्य प्राण हैं।"

"अवश्य, कुरुकुलसूर्य, ऐसा ही होगा।"

पांडु पुत्रों और धृतराष्ट्र पुत्रों की जिस कलह को मैं सिर्फ बालसुलभ क्रीड़ा मानता आया था, अब स्पष्ट था कि वह क्रीड़ा नहीं थी, फिर...अब मुझे शत्रुजित द्वारा प्रस्तुत सूचना का इंतजार था। उस सूचना से ही स्पष्ट होता कि कुरुकुल के बड़ों के मन में क्या था?

मैं दिव्य भवन पहुँचा। कुंती ने प्रणाम किया, युधिष्ठिर ने अपने भाइयों के साथ चरण वंदना की। मैंने भीम से कहा, "पुत्र, कहाँ चले गए थे? तुम्हारी माता और भाइयों का तुम्हारे बिना बुरा हाल था, मैं खुद पिछले आठ दिनों से प्रमाण कोटि में ही तुम्हारी खोज कर रहा था।"

भीम ने कुछ उत्तर नहीं दिया। कुंती ने आगे बढ़कर कहा, "भगवन् भीम भोजन करने के उपरांत माँ गंगा को पार करके दूसरे किनारे पर चला गया था, वहाँ से फिर मार्ग भूलकर इधर-उधर भटकता रहा, अंत में कुछ व्यापारी, जो हस्तिनापुर आ रहे थे, उनके साथ भीम हस्तिनापुर वापस आया।"

"ओह, यह तो घोर प्रमाद है, वत्स भीम, तुमको ध्यान रखना चाहिए कि प्रत्येक शिक्षा, प्रत्येक विधान से पहले अनुशासन का विधान है और फिर तुम्हारा आरंभिक लालन-पालन आश्रम वातावरण में हुआ है, फिर भी तुम्हारे अंदर यह घोर प्रमाद!" मैंने कह तो दिया, परंतु मेरा मन निराशा से भर चुका था। कोई भी कुछ न बोला। "भीम, तुम्हारी सजा यही है कि अगले दो मास तुम माता एवं अन्य भाइयों के साथ दिव्य भवन में न रहकर गंगभवन के बाहरी हिस्से में बनी ऋषिशाला में निवास करोगे। कल प्रात: मैं वहाँ तुम्हारी प्रतीक्षा करूँगा।"

"जो आज्ञा पितामह!" भीम ने कहा।

मैं जब दिव्य भवन से निकला तो विचित्र सी स्थिति से घिरा हुआ था। कुंती और उसके पुत्र मुझसे पूरी घटना क्यों छुपा रहे थे? क्या वे मुझे भी दुर्योधन की योजनाओं में संलग्न मान रहे थे? मेरा हृदय चीत्कार कर उठा, आखिर सभी को एक धागे में बाँधे रखने के प्रयास के बदले में क्या मिला था मुझे, यह अविश्वास!

शत्रुजित अगले ही दिन मेरे पास आया।

"महाराजकुमार, मेरा प्रणाम स्वीकार करें।"

"आशीर्वाद, अत्यंत शीघ्र ही तुम जानकारी ले आए प्रतीत होता है। तुम्हारे गूढ़ पुरुष पहले से ही राजभवन में मौजूद थे।"

"महाराजकुमार, ऐसा नहीं है, परंतु प्रत्येक स्थान पर मूल्यों का ह्रास अत्यंत तीव्रता से हो रहा है एवं अर्थ सभी प्रकार के मूल्यों पर विजय पाता जा रहा है। पूर्व में हमें अपने कार्य के लिए भरपूर अर्थ के बाद भी, जहाँ गूढ़ पुरुष नियुक्त करने में सालों लग जाते थे, वहाँ यह कार्य अब अत्यंत शीघ्रता से हो जाता है।"

"हाँ, मानव मूल्यों का क्षरण चरम सीमा पर है, आर्यावर्त में धर्म की जगह अधर्म तेजी से अपने पाँव फैला रहा है। जो राजभवन पहले यज्ञ की ऋचाओं से गुंजायमान रहता था, आज वह कीर्तिदासियों के अट्टहास से गुंजायमान रहता है। प्रजा राजा का कर्तव्य न रहकर ऐश्वर्य का साधन जुटाने का माध्यम हो गई है।"

मुझे लगा विषय अलगाव पैदा हो रहा है, मैंने शत्रुजित से पूछा, "तुमने क्या जाना? क्या सूचना है?"

"महाराज, मुझे प्राप्त सूचना के अनुसार प्रथमतः सम्राट् को राजकुमार दुर्योधन के इस कृत्य के बारे में कोई जानकारी नहीं थी, परंतु जब उस दिन प्रमाण कोटि से मध्यम पांडव लौटकर नहीं आए, तब उनके पूछने पर दुर्योधन ने उनको सबकुछ बताया। उस समय तो वे शांत रहे, परंतु जिस दिन मध्यम पांडव वापस लौटकर आए, तब धृतराष्ट्र ने दुर्योधन की पर्याप्त ताड़ना की, अगले दिन प्रातः से ही सम्राट् मंत्री कणिक के साथ इसी प्रयोजन में लगे रहे कि कुंती एवं उसके पुत्रों द्वारा संभावित रूप से दुर्योधन पर लगाए जानेवाले अभियोग से दुर्योधन को कैसे बचाया जाए, परंतु आश्चर्यजनक रूप से कुंती या उसके पुत्रों द्वारा राजसभा में कोई अभियोग प्रस्तुत नहीं किया गया अन्यथा...।"

"अन्यथा?"

"बात जुबान पर लाते हृदय फटता है महाराज, मंत्री कणिक की सलाह थी कि यदि कुंती द्वारा ऐसा कोई अभियोग लगाया जाता है तो उस दिन कैसे भी मामले को विलंबित कर दिया जाए, फिर अगले दिन सन्नद्ध हत्यारों द्वारा कुंती एवं उसके पुत्रों की गंगा में डुबोकर हत्या कर दी जाए एवं राज्य में प्रचारित

कर दिया जाए कि युधिष्ठिर पाँव फिसलने से गंगा में गिरा, उसके पीछे-पीछे उसके बचाव हेतु कुंती एवं अन्य पांडव भी गंगा में गिरकर उसकी लहरों के ग्रास बन गए।"

अचानक से मुझे समझ आ गया कि क्यों कुंती एवं अन्य पांडवों ने सत्य घटना का मुझसे छुपाव किया था, "परंतु इससे क्या लाभ होगा? दुर्योधन का अपराध और कुंती का अभियोग तो ज्यों-का-त्यों बना रहता?"

"महाराजकुमार, इससे कणिक ने दो लाभ सुझाए थे, इस घटना की स्थापना से यह भी स्थापित करने का प्रयास होता कि पांडव स्वभाव से ही लापरवाह थे और अपनी लापरवाही का भाग दुर्योधन पर सौंपना चाहते थे। सम्राट् पूरे मामले की प्रदर्शन हेतु जाँच भी करवा सकते थे और वह जाँच मंत्री कणिक के द्वारा की जाती, ऐसे में जाँच का परिणाम क्या रहता, आप स्वयं सोच सकते हैं और फिर उस घटना का प्रमाण प्रस्तुत करनेवाला जब कोई नहीं होता तो अंततः न्यायसभा अथवा अंतिम न्यायाधिकारी सम्राट् दुर्योधन को निर्दोष घोषित कर देते। दिव्य भवन मुख्य राजभवन से थोड़ा दूर एवं गंगा के एकदम समीप स्थित है, मुख्य भवन और दिव्य भवन के बीच आम्र की घनी मंजरी है, जिसकी आड़ लेकर राजहत्यारे इस कृत्य को अंजाम देते और फिर जब राजा, एक-दो अपवाद को छोड़कर सभी मंत्रीगण एवं सभासद आकस्मिक दुर्घटना की बात कहते और उनकी बात को झूठा कहनेवाला कोई न होता तो अंततः प्रजा भी इन निर्मम हत्याओं को दुर्घटना मान लेती और फिर प्रजा के पास और कोई दूसरा मार्ग भी कहाँ होता!"

"तुम सत्य कह रहे हो शत्रुजित, मुझे स्थिति की गंभीरता का अंदाजा हो रहा है। ये राजहत्यारे कौन हैं? इनके बारे में कुछ बताओ।"

"महाराज, ये भी मंत्री कणिक का ही सुझाव है, कुछ समय से खांडव वन से कुछ दस्यु परिवारों को लाकर हस्तिनापुर के नगर द्वार वर्धमान के उत्तर में स्थित रिक्त स्थान में बसाया गया है। इनको राजसंरक्षण हासिल है, इनका उपयोग राज्य हेतु हस्तिनापुर या अन्य किसी स्थान पर उठनेवाले विद्रोह को दबाने हेतु अथवा अन्य राज्यों के प्रमुख व्यक्तियों की दस्यु विधि से हत्या करने की योजना कणिक की है।"

"हूँ, क्या इन परिवारों को राजसंरक्षण खुले तौर पर दिया जा रहा है? किसी राजमंत्रणा में तो ऐसा कोई प्रस्ताव आया नहीं।"

"नहीं महाराजकुमार, सबकुछ अत्यंत गुप्त रूप से है। इसका ज्ञान मुख्य रूप से सिर्फ सम्राट्, दुर्योधन एवं कणिक को ही है।"

"हूँ, हस्तिनापुर राज्य की दस्यु विधि से हत्याएँ करवाने की नीति कभी नहीं रही। यह कार्य न क्षत्रियोचित है, न ही कुरुकुलोचित। आज ये हस्तिनापुर के लिए गुप्त रूप से हत्याएँ करेंगे, कल हस्तिनापुर राज्य को हस्तगत करने के लिए हत्याएँ करेंगे। चूँकि इनको राजसभा या सम्राट् की प्रत्यक्ष सहमति नहीं प्राप्त है, अतः इनका वध कहीं से भी राज्य विरुद्ध नहीं है। कब तक इनका नाश हो जाएगा?"

"शीघ्र ही महाराजकुमार, मैं कोई युक्ति करता हूँ।"

हस्तिनापुर में राजव्यवस्था के संचालन एवं आंतरिक सुरक्षा हेतु तीन प्रमुख स्तंभ थे, पहला सुरक्षा स्तंभ जिसके अंतर्गत प्रत्येक नगर-उपनगर में सुरक्षा चौकियाँ स्थापित थीं। इन चौकियों के प्रमुख को रक्षाराज कहा जाता था। इनकी जिम्मेदारी थी कि राज्य की आंतरिक शत्रुओं से रक्षा करें, इनके कार्यक्षेत्र में दस्युओं, राजद्रोहियों से राज्य की रक्षा का कार्य था, इसके अलावा इनके पास ही कर वसूलने एवं उसका लेखा रखने का कार्य था। दूसरा स्तंभ था न्याय स्तंभ, इसका कार्य रक्षा राज द्वारा प्रस्तुत किए गए अपराधियों को दंड विधान के अनुसार निर्णय सुनाना था। आकस्मिक परिस्थितियों में एवं सुरक्षा चौकियों से संबंधित किसी भी प्रकार की शिकायत हेतु साधारण नागरिक भी न्याय स्तंभ से न्याय प्रदान करने की प्रार्थना कर सकते थे। तीसरा और सबसे मजबूत स्तंभ था, राजसभा...राजसभा में ही राज्य से संबंधित सभी महत्त्वपूर्ण निर्णय लिये जाते थे। न्याय स्तंभ एवं सुरक्षा स्तंभ के कार्यों की समीक्षा करना एवं उसमें आवश्यकतानुसार बदलाव करना राजसभा का कार्य था। इन सभी स्तंभों में सर्वोच्च स्थान पर था सम्राट् का पद। राजसभा अपने सुविचारित निर्णय सम्राट् के समक्ष रखती थी एवं सम्राट् उनपर निर्णय लेता था। सम्राट् पर राजसभा के सुझाव मानने की कोई राजकीय बाध्यता नहीं थी, परंतु नैतिक बाध्यता अवश्य थी, अभी तक हस्तिनापुर में सम्राट् राजसभा के निर्णयों को ध्यानपूर्वक सुनते

एवं तद्नुसार कार्य करते आए थे। राज्य में प्रत्येक समाज के कुछ चुने हुए लोगों को यह अधिकार था कि वे अपनी बात सीधे राजसभा के समक्ष रख सकें, अन्य लोगों को यह अधिकार तभी था, जब न्याय स्तंभ में वे अपनी बात रख चुके हों और वहाँ से संतुष्ट न हों अथवा न्याय स्तंभ के कार्यों की शिकायत करना चाहें। जो भी व्यक्ति शिकायत करता था, उसकी सुरक्षा की पूरी जिम्मेदारी राज्य की एवं राजसेना की थी। राजभवन एवं सम्राट् के परिवार की सुरक्षा की जिम्मेदारी भी राजसेना की थी। व्यापारी समाज के भी शीर्ष दस व्यापारियों को यह सुविधा थी कि वे सीधे अपनी बात सम्राट् के समक्ष रख सकें, इन व्यापारियों को राजसभा की व्यापार से संबंधित बैठकों में ससम्मान आमंत्रित किया जाता था। इनके सुझावों पर ध्यानपूर्वक विचार किया जाता था।

अगले दिन राजसभा में उन्हीं व्यापारियों में से एक महिमाधर उपस्थित था। सम्राट् धृतराष्ट्र के स्थान ग्रहण करने के उपरांत राजसभा की काररवाई विधिवत् रूप से शुरू की गई।

महामंत्री विदुर ने महिमाधर से पूछा, "व्यापारी रत्न महिमाधर, आपका आकस्मिक रूप से आज सभा में आगमन निश्चित रूप से किसी महत्त्वपूर्ण प्रयोजन से है। आप कृपया राजसभा में अपनी उपस्थिति का प्रयोजन स्पष्ट करें।"

"सम्राट, महाराजकुमार भीष्म, महामंत्री एवं संपूर्ण राजसभा को मेरा साष्टांग प्रणाम। मैं आज न्याय की गुहार लेकर यहाँ प्रस्तुत हुआ हूँ।"

"न्याय अवश्य मिलेगा महिमाधर, तुम अपनी बात कहो।" विदुर ने कहा।

"महाराज, पिछले कुछ दिनों से हस्तिनापुर के वर्धमान द्वार के उत्तर में कुछ परिवार आकर बसे हैं, जो अपने क्रियाकलापों से अच्छी प्रवृत्ति के नहीं जान पड़ते। आपको ज्ञात है कि उसी स्थान पर मेरा भवन है। उन परिवारों के पुरुष अकसर मेरे भवन रक्षकों से विवाद करते रहते हैं, मैं अभी तक इस विवाद को दोनों तरफ की गलती मानकर चुप था, परंतु कल रात्रि में मेरे मालगृह में सेंध लगाई गई एवं मेरे अत्यंत मूल्यवान रेशमी कपड़ों के थान की चोरी हो गई। मुझे पूरा विश्वास है, महाराज, यह कार्य उन्हीं नए बसे लोगों का है, मुझे न्याय दिया जाए सम्राट्!"

"तुम इतने विश्वास से कैसे कह सकते हो कि यह कार्य उन्हीं का है?" विदुर ने कहा।

"महाराज, मैं पीढ़ियों से इसी मकान में रहता आ रहा हूँ, जब दिवंगत सम्राट् हस्ती ने नगर को हस्तिनापुर नाम दिया था, उससे भी पहले से, परंतु कुरुकुल एवं हस्तिनापुर राज्य के संरक्षण में ऐसी घटना पहले कभी नहीं हुई, जैसी अब हुई है, इसके अलावा महाराज, उन प्रवासियों के यहाँ नित्यप्रति धर्म विरुद्ध कुछ-न-कुछ होता ही रहता है, जैसे—मदिरापान करके आपसी लड़ाई एवं दुर्भाषण इत्यादि। महाराज, मेरा पूरा विश्वास है, यह कार्य उन्हीं प्रवासियों द्वारा किया गया है। मुझे न्याय दिया जाए।"

"अवश्य न्याय मिलेगा महिमाधर! मैं सम्राट् की आज्ञा से राजरक्षाराज को आदेश देता हूँ कि कल इस पूरे मामले की जाँच करके तथ्यों के साथ राजसभा में प्रस्तुत हों।"

अगले दिन राजराक्षराज चंडीदत्त ने अपनी जाँच की कारखाई से राजसभा को अवगत करवाया, उनके अनुसार वर्धमान के उत्तरी भाग में खांडवप्रस्थ से प्रवासी आकर बसे हुए थे, यह सत्य है, उनकी आदतें एवं जीवनचर्या भी आपत्तिजनक हैं। अतिमदिरापान एवं उसके बाद आपस में एवं आसपास के लोगों से व्यर्थ प्रमाद करना उनके रोज के कार्यों में शुमार है। उनका प्रवास भी अनधिकृत रूप से है। उनकी जीविका किस प्रकार चल रही है, इस बारे में कुछ ज्ञात नहीं हुआ और उनको जीविका की चिंता भी प्रतीत नहीं हो रही, परंतु सेंध उनके ही द्वारा लगाई गई है, ऐसा कोई प्रमाण नहीं मिला।

राजरक्षाराज द्वारा प्रदत्त सूचना के उपरांत हस्तिनापुर के उत्तरी भाग के रक्षाराज को बुलाया गया, परंतु उसने इन प्रवासियों के बारे में पूर्ण अनभिज्ञता प्रदर्शित की। विदुर राजसभा में बोले, "हालाँकि यह ज्ञात नहीं हुआ है कि महिमाधर के यहाँ चोरी की घटना उन प्रवासियों द्वारा की गई है अथवा नहीं, परंतु इस घटना ने कई अन्य प्रश्न खड़े कर दिए हैं। प्रथम यह कि कैसे इतने प्रवासी बिना अनुमति के हस्तिनापुर में आकर रह रहे हैं? द्वितीय कि कैसे इतना अनैतिक आचरण करते हुए भी वे किसी रक्षा सैनिक की दृष्टि में नहीं आए?"

इतने में कणिक उठकर खड़ा हुआ और सम्राट् को प्रणाम कर बोला, “महामंत्रीजी, मेरा यहाँ थोड़ा सा विभेद है। महामात्य को ज्ञात होना चाहिए कि खांडवप्रस्थ भी हस्तिनापुर का ही भाग है, फिर हम वहाँ के निवासियों को प्रवासी कैसे घोषित कर सकते हैं और मदिरा का व्यापार तो राज्य द्वारा अनुमनित है और अभी यह प्रमाणित नहीं हुआ है कि महिमाधर के यहाँ चोरी इन्हीं लोगों द्वारा की गई, फिर कौन सा दोष प्रमाणित होता है, कौन से प्रश्न खड़े होते हैं?”

“अच्छा सवाल पूछा है आपने अमात्य कणिक! यह सत्य है कि खांडवप्रस्थ हस्तिनापुर राज्य का भाग है और वहाँ के नागरिक भी हमारे उतने ही सम्मानित नागरिक हैं, जितने हस्तिनापुरवासी, परंतु क्या किसी हस्तिनापुरवासी को यह अधिकार है कि वह राजमार्ग पर निवास स्थापित कर निवास करे? स्पष्ट है कि नहीं। यदि हस्तिनापुर नगर के बाहर से कोई व्यक्ति हस्तिनापुर में निवास करना चाहता है तो राज्य द्वारा निर्धारित प्रक्रिया का पालन कर हस्तिनापुर में निवास कर सकता है, हालाँकि आपको ज्ञात है, फिर भी मैं दोहराता हूँ, ऐसे व्यक्ति को सर्वप्रथम अपने नगर के रक्षाराज से इस विषय में प्रार्थना करनी होती है, तत्पश्चात् तदस्थित रक्षाराज उस प्रार्थना का संदेश संबंधित व्यक्ति की संपूर्ण जानकारी के साथ राजरक्षाराज को भेजता है, राजरक्षाराज उस व्यक्ति के बारे में, उसके हस्तिनापुर में स्थापित होने की इच्छा के पीछे के कारणों के बारे में पूरी जानकारी प्राप्त कर एवं सूचीबद्ध कर उसको राजसभा में रखते हैं। राजसभा इस विषय पर विचार करती है एवं अपने मत से सम्राट् को अवगत करवाती है, सम्राट् इस विषय में अंतिम निर्णय लेते हैं। सम्राट् के निर्णय से संबंधित व्यक्ति को अवगत करवाया जाता है, यदि सम्राट् का निर्णय सकारात्मक होता है तो संबंधित व्यक्ति को हस्तिनापुर में उसकी सामाजिक प्रतिष्ठा के अनुसार भूमि आवंटित करके मूल्य के बारे में सूचित कर दिया जाता है, एक निश्चित तिथि तक वह व्यक्ति निर्धारित राशि राज खजाने में जमा करके भवन निर्माण की अनुमति प्राप्त कर लेता है, तत्पश्चात् जहाँ वह व्यक्ति पहले निवास कर रहा होता है, वहाँ की करदाता सूची से, सभी बकायाकारों की वसूली के बाद, उसका नाम काट दिया जाता

है एवं हस्तिनापुर की करदाता सूची में उस व्यक्ति का नाम समाहित कर लिया जाता है। किसी भी नगर के बाहर के व्यक्ति को नगर में निवास करने के लिए इन सभी प्रक्रियाओं को पूरा करना आवश्यक है, अब खांडव वन चूँकि पूर्णत: वन क्षेत्र है और वहाँ जनसंख्या नगण्य है, अत: वहाँ कोई भी सुरक्षा चौकी राज्य द्वारा स्थापित नहीं है, न ही वहाँ कोई कर राज्य द्वारा लिया जाता है, तो सर्वप्रथम तो वहाँ के नागरिक हमारे राज्य के प्राथमिक नागरिकों का दर्जा नहीं रखते, उनको ऐसी किसी भी स्थिति के लिए हस्तिनापुर के बाहर स्थित धर्मगृहों में निवास करना चाहिए था, तत्पश्चात् ही जरूरी काररवाई के बाद उनको अंदर निवास करना चाहिए था, यदि इसी प्रकार हम नियमों का उल्लंघन करने की छूट देते रहे तो संपूर्ण हस्तिनापुर में अराजकता व्याप्त हो जाएगी। द्वितीय, राज्य संचालन नीति का प्रमुख सिद्धांत है कि जो व्यक्ति बिना किसी उद्यम के सुखपूर्वक रह रहे हैं, उनके क्रियाकलापों पर राज्य को विशेष नजर रखनी चाहिए। तृतीय, राज्य द्वारा नागरिकों को मदिरा के क्रय की अनुमति है, इस हेतु राज्य द्वारा निश्चित विक्रय घर हैं, परंतु मदिरा पीकर मर्यादाविहीन आचरण की अनुमति नहीं है और जहाँ तक मेरा व्यक्तिगत विचार है, राज्य में मदिरा की बिक्री पूर्ण रूप से प्रतिबंधित होनी चाहिए।"

"आपके विचार सैद्धांतिक रूप से उचित नजर आते हैं, परंतु मेरा विचार है, चूँकि अभी खांडवप्रस्थ से आए प्रवासियों को अधिक समय नहीं हुआ है, अत: उनके उद्यम के बारे में अनुमान लगाना उचित नहीं होगा, यदि सच ही वे उद्यमहीन हैं तो राज्य द्वारा उनको उद्यम दिया जा सकता है। इसी प्रकार अन्य बातों पर भी सहानुभूतिपूर्वक विचार राजसभा को करना चाहिए, आखिर खांडवप्रस्थ हमारे ही राज्य का भाग है। जहाँ तक मदिरा के विक्रय का सवाल है तो हमारे गुणी महामंत्री शायद विस्मृत कर गए हैं कि मदिरा की बिक्री से राज्य के कुल कर का एक-तिहाई भाग प्राप्त होता है।" कणिक ने कहा।

"आर्य कणिक, राज्य द्वारा उद्यम के आकांक्षी राज्य में मदिरा पीकर मर्यादा विहीन आचरण नहीं करते फिरते हैं। आप क्या चाहते हैं कि मर्यादविहीन आचरण करनेवालों को राजपुरुषों में शामिल किया जाए, फिर जो कार्य वे अभी अपनी व्यक्तिगत क्षमता में करते हैं, वे राज्य कर्मचारी की क्षमता में करें।

आर्य कणिक मनुष्य का आचरण बदला जा सकता है, परंतु चेतन आचरण को बदलना लगभग असंभव कृत्य होता है।"

"बीच में टोकने की माफी चाहूँगा, परंतु हमारे इतिहास में कई ऐसे उदाहरण हैं, सबसे बड़ा उदाहरण राजर्षि से ब्रह्मर्षि बने विश्वामित्र एवं ऋषि वाल्मीकि।"

"क्या आप समझते हैं, उन सभी प्रवासियों में विश्वामित्र एवं वाल्मीकि जैसी इच्छाशक्ति होगी...आश्चर्य है! आर्य कणिक, विश्वामित्र एवं वाल्मीकि जैसे लोग युगपुरुष होते हैं। इसलिए मैंने ऊपर कहा कि लगभग असंभव है चेतन आचरण को बदलना, वह असंभव कृत्य इन दो महर्षियों ने किया था। इन प्रवासियों में से यदि कोई इतना आत्मसमर्थ है तो करे बदलाव, राज्य उसका स्वागत करेगा, परंतु वर्तमान आचरण के साथ राज्य को उनका त्याग ही करना उचित है। रही बात मदिरा पर प्राप्त होनेवाले कर की तो मेरा स्पष्ट विचार है कि राजा का उद्‍देश्य प्रजा-पालन है, प्रजा से कर उगाहना नहीं। मैं मानता हूँ कि मदिरा का विक्रय बंद कर देने से कर संग्रहण में कमी आएगी, परंतु उससे नागरिकों में उच्च मूल्यों और आचरण का भी संचार होगा, नागरिक अपराध निश्चय ही कम होंगे, राज्य का आंतरिक सुरक्षा पर खर्च कम होगा। मदिरा का विक्रय बंद होने से कम हुए कर की भरपाई अन्य मदों में कर को थोड़ा बढ़ाकर की जा सकती है, मुझे विश्वास है कि हमारे राज्य के विवेकशील नागरिक इस निर्णय का अवश्य ही स्वागत करेंगे।"

"ओह! तो आपका कहने का तात्पर्य है कि मदिरा पीनेवाला प्रत्येक व्यक्ति अविवेकी है, उसमें उच्च मूल्यों का अभाव है, उसका आचरण सत नहीं है, शायद आपको ज्ञात नहीं है कि इस राज्यसभा में बैठे कई व्यक्ति मदिरापान करते हैं। सम्राट्, क्षमा करें, परंतु स्वयं सम्राट् के लिए भी मदिरा अस्पर्श्य नहीं है, तो इस प्रकार आपका उपर्युक्त कथन इन सब पर भी समान रूप से आरोपित होता है।" कणिक ने कहा।

"कणिक, अब तुम्हारा तर्क कुतर्क की सीमा में प्रवेश कर रहा है। वस्तुतः हम इस विषय में चर्चा करने आज उपस्थित भी नहीं हुए हैं। यह पहला ही अवसर है, जब मदिरापन करके इतनी धृष्टता की गई है कि राजसभा तक बात

पहुँची है। मेरा प्रस्ताव है कि यदि भविष्य में ऐसा कोई तथ्य किसी रक्षाराज के भी संज्ञान में आता है तो राजसभा को सूचित करने के आदेश जारी किए जाएँ। मैं विदुर के कथन का समर्थन करता हूँ, राज्य का उद्देश्य कराधान न होकर प्रजावत्सलता है और प्रवासियों के संदर्भ में मेरा दृढ़ विचार है कि इस प्रकार अराजकता फैलाने की अनुमति किसी को नहीं दी जा सकती। उनको सात दिन का समय हस्तिनापुर से बाहर जाने को दे दिया जाए, यदि उनको अपने मूल स्थान पर पहुँचने में कोई समस्या है तो हमारी राज सेना उनकी सहायता करे।" मैंने कहा।

धृतराष्ट्र का स्पष्टतः मुख मलिन हो गया था। मुझे बुरा लगा, आखिर सम्राट् होते हुए धृतराष्ट्र को इस प्रकार के कृत्य की क्या आवश्यकता थी। लायक के पास वस्तु होती है तो उसका सम्मान होता है, नालायक के पास वस्तु का अपमान होता है।

धृतराष्ट्र को उस समय न दुर्योधन के बल का आसरा था, न शकुनि की कुटिल बुद्धि का उसने मेरे प्रस्ताव को जस-का-तस स्वीकार करके राजाज्ञा जारी कर दी।

मैंने शत्रुजित को दुर्योधन एवं दु:शासन पर दृष्टि बंधन का आदेश दे दिया, जिससे कि आगे ऐसी किसी घटना की पूर्व सूचना प्राप्त हो सके एवं बिना कुंती या उसके पुत्रों को सामने लाए दुर्योधन को दंड भी दिया जा सके।

सभी पांडव और कौरव कृपाचार्य के आश्रम में शिक्षा प्राप्त कर रहे थे, कृपाचार्य का आश्रम अब आर्यावर्त में गुरु संदीपन एवं गुरु परशुराम के बाद सर्वोत्कृष्ट माना जाता था। अनेक यादव कुमार एवं हस्तिनापुर के प्रमुख सरदारों के पुत्र कृपाचार्य के यहाँ ही शिक्षा प्राप्त किया करते थे, परंतु मैं इससे संतुष्ट नहीं था। आर्यावर्त में जिस प्रकार धर्म की हानि हो रही थी, आवश्यकता थी कि कोई शक्तिशाली सम्राट् हस्तिनापुर के राजासन पर बैठे और संपूर्ण आर्यावर्त का धर्मपूर्वक नेतृत्व करे। धर्म की स्थापना हेतु शक्ति अत्यंत ही आवश्यक है, अतः हस्तिनापुर के राजकुमारों के शस्त्र शिक्षण के लिए मेरी आकांक्षा थी कि अन्य किसी समर्थ गुरु को ढूँढ़ पाऊँ। मेरी इच्छा अथवा आकांक्षा जल्द ही पूर्ण हुई, एक दिन समस्त कुरु राजकुमार गंगभवन के सामने

एकत्रित हुए व उनमें से प्रमुख भागते हुए मेरे कक्ष में आए, सबसे आगे भीम और दुर्योधन थे और सबसे उत्साहित अर्जुन। सबकुछ न कुछ बताना चाह रहे थे, परंतु मेरी समझ में कुछ नहीं आ रहा था। मैंने युधिष्ठिर से सबकुछ स्पष्ट रूप से कहने को कहा।

"पितामह, आज हम लोगों ने अद्‌भुत दृश्य देखा। कंदुक क्रीड़ा के दौरान हमारी कंदुक पास के कूप में गिर गई थी, हम उसे निकालने का उपाय सोच ही रहे थे कि एक ब्राह्मण ने आकर धनुष और सींकों के बाण से ही कंदुक को बाहर निकाल दिया।"

"कौन थे वे? ऐसा उत्कृष्ट धनुर्धर कौन है?"

"पितामह, उन्होंने कंदुक निकालने के बाद हम सभी से कहा, तुम सबको धनुर्विद्या को और अधिक सीखने की आवश्यकता है, कैसे राजकुमार हो तुम सब? जब हमने उनके बारे में पूछा तो उन्होंने कहा, संपूर्ण घटनाक्रम अपने पितामह को बताना, वे अवश्य समझ जाएँगे।"

"हूँ, ऐसा चमत्कारी धनुर्धर ब्राह्मण द्रोणाचार्य के सिवा अन्य कोई नहीं हो सकता। मुझे भी तुम सभी के लिए ऐसे ही गुरु की आवश्यकता थी।"

"परंतु पितामह, अब वे कहाँ मिलेंगे हमें?"

"मुझे ज्ञात है, वे कहाँ मिलेंगे। तुम सब गुरु आश्रम की ओर प्रस्थान करो।"

द्रोणाचार्य की प्रतिष्ठा संपूर्ण आर्यावर्त में थी, परंतु अभी तक उन्होंने अपना आश्रम स्थापित नहीं किया था। मुझे संशय था कि वे राजकुमारों की शिक्षा हेतु प्रस्तुत होंगे भी या नहीं, परंतु कुछ तो बात थी, जो उन्होंने बालकों से संदेश भिजवाया था। द्रोण के जन्म के संबंध में भी जनश्रुति प्रचलित थी। कहा जाता था कि एक बार ऋषि भरद्वाज एक विशेष अनुष्ठान से पहले गंगा स्नान को पहुँचे, वहाँ पर घृताची नाम की अप्सरा पहले से ही स्नान कर रही थी। वह पूर्ण अनावृत होकर स्नान कर रही थी, ऋषि ने उसको देखा तो काम-विह्वल हो गए और इसी दशा में उनका वीर्यपात हो गया। ऋषि ने वीर्य को द्रोण (यज्ञ कलश) में रख दिया, इसी से द्रोणाचार्य का जन्म हुआ, परंतु मुझे यह जनश्रुति भी कृपाचार्य के जन्म की कथा की तरह मिथ्या लगती थी। मेरा विचार था कि ऋषि भरद्वाज एवं

घृताची में संसर्ग हुआ होगा, जिसके परिणामस्वरूप द्रोणाचार्य का जन्म हुआ। द्रोणाचार्य ने अग्निवेश मुनि से अस्त्र-शस्त्र की शिक्षा ग्रहण की। तत्पश्चात् उन्होंने महागुरु परशुराम से मुक्त, अमुक्त, मुक्तामुक्त एवं मंत्रमुक्त विभेदों समेत संपूर्ण धनुर्वेद की शिक्षा प्राप्त की। उन्होंने गुरुदेव परशुराम से अस्त्र, शस्त्र, दिव्यास्त्र, देवास्त्र समेत सभी प्रकार के प्रहारकों के आदान, संधान, विमोक्ष एवं संहार के बारे में संपूर्ण ज्ञान प्राप्त किया। इसी बीच कृप की भगिनी कृपी का विवाह द्रोण से हुआ एवं उनके एक पुत्र की भी उत्पत्ति हुई, जिसने जन्म के समय ही अश्व के समान स्वर किया, जिससे वह अश्वत्थामा के नाम से जाना गया। द्रोण हस्तिनापुर में कहीं हो सकते थे तो कृप के यहाँ ही हो सकते थे। मैं कृप के आश्रम में एक ओर स्थित उनके आवास पर पहुँचा। कृप एवं कृपी को स्वर्गीय पिताश्री ने अपनी संतानों की तरह ही पाला था, दोनों ही मुझे वरिष्ठ भ्राता का सम्मान देते थे।

मेरा विचार सत्य निकला था, अंदर द्रोणाचार्य मौजूद थे, मैंने उनको प्रणाम किया एवं विधिवत् उनकी पूजा की, तत्पश्चात् हम सब विश्राम अवस्था में बैठ गए। मैंने ही वार्त्ता का क्रम शुरू किया—

"ब्राह्मणश्रेष्ठ, हालाँकि आचार्य कृपाचार्य ने हस्तिनापुर के युवराजों को समस्त शास्त्र एवं शस्त्रों की शिक्षा दी है, परंतु मैं चाहता हूँ, उनके उज्ज्वल भविष्य के लिए उनका शिक्षण ऐसे गुरु द्वारा हो, जो ज्ञान में, युद्ध में देवताओं की बराबरी करता हो, जिसका भाग्य महाप्रखर हो, जिसकी बुद्धि सर्वश्रेष्ठ हो। ऐसे में मुझे आपके सिवा दूसरा कोई नहीं दिखता, जो इन सभी शर्तों को पूरा करता हो, अतः आपसे मैं प्रार्थना करता हूँ कि आप कुरुकुल के आचार्य का पद ग्रहण करें एवं अपने ज्ञान से कुरुवंश को समृद्ध करें।" मैंने ऐसा कहकर एक नजर कृपाचार्य की तरफ डाली।

कृपाचार्य मेरा आशय समझकर बोले, "महाज्ञानी, ब्राह्मणश्रेष्ठ मुझसे ज्ञान एवं संबंध दोनों में ही उच्च हैं, आपका विचार अति उत्तम है। कुरुश्रेष्ठ, मेरा इस विचार को पूर्ण समर्थन है।"

द्रोण कुछ समय तक विचार करते रहे, फिर बोले, "कुरुकुलश्रेष्ठ, आप मेधा के धनी हैं। आप-सा धर्म संस्थापक एवं वीर संपूर्ण धरा पर दूसरा नहीं है।

मैं कुरुकुल का आचार्य पद स्वीकार करने को तैयार हूँ, परंतु इससे पहले एक कथा आपसे कहता हूँ। यदि आपकी रुचि हो तो मैं प्रारंभ करूँ।"

"अवश्य।"

"यह कथा एक ब्राह्मण की है, जो सांसारिक दुर्भावनाओं एवं छल से दूर निश्चल व शांत था। उसके लिए जीवन में आध्यात्मिक श्रेष्ठता ही सबसे महत्त्वपूर्ण व अंतिम लक्ष्य था, परंतु वह विस्मृत कर गया कि उसके ऊपर अपनी पत्नी एवं एक पुत्र के लालन-पालन की भी जिम्मेदारी थी और उसे स्थिति का ज्ञान तब हुआ, जब एक दिन उसके पुत्र को साथियों ने दूध की जगह पानी में घुला हुआ आटा पीने पर अपमानित किया और उसने संपूर्ण घटना अपने पिता को बताई, तब जाकर पिता को ज्ञात हुआ कि आज तक उसकी पत्नी और पुत्र आर्थिक स्थिति के कारण किस मनोदशा से गुजर रहे थे। ऐसे में उस ब्राह्मण को ध्यान आया अपने एक मित्र का, जिसने गुरुकुल में अपनी जान बचाने पर जीवन भर अपने अर्धभाग पर उस ब्राह्मण का अधिकार माना था, अब वह मित्र एक विशाल साम्राज्य का स्वामी था। ब्राह्मण उस मित्र के दरबार में पहुँचा, परंतु एक याचक की भाँति समर्पण से नहीं, बल्कि एक मित्र के अधिकार से और अधिकार भी उस ब्राह्मण ने कितना दिखाया, पाँच गायों का...इसपर भी मित्र को स्वीकार नहीं हुआ और उसने कहा कि मित्रता समान स्तरवाले लोगों में ही होती है। उसने आगे कहा—मित्रता भी कोई स्थायी भाव नहीं है, बल्कि समय के साथ परिवर्तनशील है, जिस प्रकार निर्धन व धनी में, विद्वान् व अल्पशिक्षित में मित्रता नहीं हो सकती, उसी प्रकार एक निर्धन ब्राह्मण एवं राजा में कैसी मित्रता! हाँ, यदि तुमको कुछ अर्चना करनी है तो करो, वह यथासंभव पूर्ण की जाएगी। ऐसे में वह ब्राह्मण उस राजा के दरबार से अपमानित होकर चला आया, पर साथ में प्रतिज्ञा भी की कि उस मित्र को भी वो याचक की श्रेणी में लाकर रहेगा। वो ब्राह्मण मैं खुद हूँ और वह मित्र पृषत पुत्र पांचाल राजा द्रुपद है।"

"ओह! द्रुपद का यह कृत्य तो अत्यंत ही निम्न श्रेणी का एवं धर्म विरुद्ध है। धर्मानुसार ब्राह्मण वर्ण का तपस्वी तो भूपाल से श्रेष्ठ है, क्योंकि राज्य सत्य एवं धर्म से संचालित एवं स्थिर होते हैं।"

"तो कुरुकुलश्रेष्ठ, कुरुकुल का आचार्य बनने के साथ मेरी शर्त है, मैं गुरु-दक्षिणा में अपने शिष्यों से जो भी माँगूँगा, उसमें राज्य किसी भी प्रकार का हस्तक्षेप नहीं करेगा। मेरे शिष्य चूँकि राजकुमार ही होंगे और उनमें से ही कोई आगे हस्तिनापुर का सम्राट् भी बनेगा तो संभव है कि मेरी गुरु-दक्षिणा और राज्य की कूटनीति का कहीं टकराव हो, ऐसे में भी राज्य कोई हस्तक्षेप नहीं करेगा। हाँ, मैं अपने शिष्यों को इतना समर्थ बनाऊँगा कि उनको मेरी गुरु-दक्षिणा हेतु राज्य के किसी संसाधन की आवश्यकता नहीं पड़ेगी, यह भरद्वाज पुत्र द्रोण का वचन है।"

स्पष्ट था कि द्रोण गुरु-दक्षिणा में अपने शिष्यों से पांचाल विजय ही माँगते, जिससे हस्तिनापुर एवं पांचाल के संबंध अवश्य ही बिगड़ते, परंतु यह कोई ऐसी बड़ी शर्त नहीं थी कि इसके लिए द्रोणाचार्य सदृश गुरु की शिक्षा से राजकुमारों को वंचित रखा जाता। मैंने तो यहाँ तक सोचा था कि यदि द्रोणाचार्य की इच्छा होती तो मैं खुद ससैन्य पांचाल पर आक्रमण करता, परंतु इसकी स्थिति ही नहीं आई। "अवश्य, मैं वचन देता हूँ। आप अपनी इच्छानुसार गुरु-दक्षिणा लेने हेतु स्वतंत्र होंगे, इसमें राज्य किसी प्रकार का हस्तक्षेप नहीं करेगा।"

अगले दिन राजसभा में द्रोणाचार्य का कुरुकुल आचार्य के पद पर विभूषण हो गया। आचार्य द्रोणाचार्य को सभी सुविधाओं से युक्त भवन एवं आश्रम के निर्माण हेतु भूमि आवंटित कर दी गई, वस्तुतः द्रोण ने कृपाचार्य के ही आश्रम को विस्तार दिया व वहीं अपना भवन भी निर्मित करवाया।

पांडवों एवं कौरवों की विधिवत् शिक्षा आचार्य द्रोणाचार्य के कुशल नेतृत्व में प्रारंभ हो गई। मुझे समय-समय पर पांडवों की शिक्षा के समाचार मिलते रहे। युधिष्ठिर रथ पर चढ़कर युद्ध करने में सर्वोत्तम सिद्ध हो रहे थे तो भीम और दुर्योधन गदा एवं द्वंद्व युद्ध में अपना सानी आप ही थे, अर्जुन के समान धनुर्धर दूसरा नहीं था तो नकुल और सहदेव तलवार संचालन में सर्वोत्तम थे। इसी प्रकार अन्य राजकुमार भी किसी-न-किसी विधा में पारंगत थे। समय के साथ-साथ द्रोण की प्रतिष्ठा संपूर्ण आर्यावर्त में प्रसारित हो रही थी। अनेक वृष्ठिवंशी, यादवकुमार एवं अन्य राजकुमार उनके आश्रम में शिक्षा पाने आने

लगे। आर्यावर्त के सर्वश्रेष्ठ धनुर्धारी के रूप में अर्जुन प्रतिष्ठित हो रहा था। इसी बीच मुझे ज्ञात हुआ कि निषाद हिरण्यधनु का पुत्र एकलव्य द्रोण के पास शिक्षा प्राप्त करने आया, परंतु द्रोण ने उसको शिक्षा प्रदान करने से मना कर दिया, परंतु एकलव्य ने हार नहीं मानी और वन में ही द्रोण की मृत्तिका की प्रतिमा बनाकर अभ्यास करने लगा और धनुर्विद्या पर अद्‌भुत नियंत्रण उस निषाद पुत्र ने प्राप्त कर लिया, जब द्रोणाचार्य को इस विषय में सूचना मिली तो उन्होंने एकलव्य से उसका अँगूठा गुरु-दक्षिणा में माँग लिया। मुझे शत्रुजित ने सूचना दी कि राज्य में इस तरह का प्रचार किया जा रहा है कि अर्जुन ने सर्वश्रेष्ठ धनुर्धर बनने के लिए अपने गुरु को प्रेमवश बाध्य किया कि वे एकलव्य का अँगूठा गुरु-दक्षिणा में माँग लें, हालाँकि गुरु एवं शिष्य के मध्य मेरा कोई अधिकार नहीं था, परंतु अर्जुन का नाम इस व्यवहार में प्रस्तुत हो रहा था, अतः मैंने इस विषय में आचार्य द्रोण से चर्चा की। उनके कथनानुसार, "कुरुकुलश्रेष्ठ, यह आपको अवश्य ज्ञात होगा कि मैंने अर्जुन की अतिशय लगन को देखते हुए उसे संसार का सर्वश्रेष्ठ धनुर्धारी बनने का आशीर्वाद दिया हुआ है। अर्जुन इस दिशा में प्रयासरत है और वह निश्चय ही अपने लक्ष्य को प्राप्त करेगा। अर्जुन के बारे में जो प्रचार किया जा रहा है, वह पूर्णतः मिथ्या है, हाँ, यह अवश्य है कि एकलव्य से मिलने के बाद उसकी लगन और दृढ़ हुई थी और उसने रात-रात भर अभ्यास करना प्रारंभ कर दिया था, जिससे मैं प्रसन्न भी था और चिंतित भी, क्योंकि विद्या की प्राप्ति के लिए अर्जुन के लिए तीक्ष्ण मस्तिष्क अत्यंत आवश्यक है और पर्याप्त निद्रा के अभाव में वह संभव नहीं, हालाँकि मैं आपको उत्तर देने को बाध्य नहीं, फिर भी कहता हूँ कि प्रत्येक विद्या के अधिकारी होते हैं और प्रत्येक विद्या की अपनी सामर्थ्य होती है एवं वह उसी को प्रदान की जाती है, जिसके पास उस विद्या का उपयोग हो, जिसके पास उस विद्या को धारण करने का धैर्य हो, जिसके पास उस विद्या की आवश्यकता हो। मैं जब राजकुमारों को किसी गूढ़ विद्या का ज्ञान दे रहा होता हूँ तो विद्या उस राजकुमार को नहीं दे रहा होता हूँ, बल्कि हस्तिनापुर को दे रहा होता हूँ। मैं जब अर्जुन को सर्वश्रेष्ठ धनुर्धर बनाने के लिए प्रयत्नशील होता हूँ तो मेरा वह प्रयत्न क्या हस्तिनापुर के सुनहरे भविष्य के लिए नहीं

होता कुरुकुलश्रेष्ठ! वरिष्ठ राजकुमारों को अत्यंत गूढ़ ज्ञान की शिक्षा उनके व्यक्तिगत हित अथवा प्रदर्शन हेतु नहीं दी जाती, बल्कि राज्य और राज्य के लाखों निवासियों की रक्षा एवं उन्नति के लिए दी जाती है। धनुर्विद्या अपने संपूर्ण रूप में संपूर्ण विश्व को नष्ट करने की सामर्थ्य रखती है, यह कोई साधारण तीर-कमान लेकर क्रीड़ा या भीलयुद्ध नहीं है। आप चाहेंगे कि कल एकलव्य हस्तिनापुर पर आक्रमण हेतु सज्जित होता, समर्थ होता। मुझे आपके विषय में नहीं पता, परंतु मैं कभी नहीं चाहूँगा कि ऐसा कृत्य कोई द्रोणाचार्य का शिष्य करे। मैंने एकलव्य को धनुर्विद्या का, जो सामान्य ज्ञान है एवं सामान्य सैनिकों एवं वन्य प्राणियों से रक्षा हेतु पर्याप्त है, प्रदान किया, परंतु नियमानुसार जो धनुर्विद्या का गूढ़ ज्ञान था, वह मैंने उसको प्रदान करने से इनकार कर दिया। इसके बाद भी एकलव्य धनुर्विद्या का गूढ़ ज्ञानी बन गया, ऐसे में मेरे पास अन्य कोई उपाय शेष नहीं था।"

द्रोणाचार्य का तर्क अकाट्य था, परंतु मुझे पूर्णतः संतुष्ट नहीं कर पाया। एकलव्य का उपयोग राज्य के हित हेतु राजसेना में भी किया जा सकता था। मैं मानता हूँ कि धनुर्विद्या का संपूर्ण ज्ञान बिना सामर्थ्य, संयम, धर्मचरित्र, व्यावहारिकता एवं उपयोगिता देखे नहीं दिया जाना चाहिए, परंतु एकलव्य ने तो बिना गुरु के सिर्फ अभ्यास मात्र से विद्या का उपार्जन किया था। उसको इस प्रकार वंचित कर देना मुझे प्रीतिकर नहीं जान पड़ा। एकलव्य के प्रारंभिक गुरु द्रोणाचार्य हो सकते थे, परंतु अंतिम गुरु उसका अभ्यास ही था, परंतु यह घटना गुरु और शिष्य के बीच की थी। शिष्य ने हर्षपूर्वक गुरु को गुरु-दक्षिणा दी थी, इस लेन-देन में मेरा न कोई प्रयोजन था, न कोई अधिकार, अतः मैंने इस पर द्रोणाचार्य से अधिक तर्क करना उचित नहीं समझा, परंतु इतना मैं समझ गया था कि भले ही अब अर्जुन संसार का सर्वश्रेष्ठ धनुर्धर बन जाए, परंतु उसकी कीर्तिपताका में एकलव्यरूपी कालिमा हमेशा रहेगी। चंद्र की भाँति एकलव्य अब अपना चिह्न अर्जुन के साथ लेकर इतिहास में चलेगा।

द्रोणाचार्य का आशीर्वाद अर्जुन पर यूँ ही नहीं था, इसके पीछे अर्जुन की कड़ी तपस्या एवं गुरुभक्ति थी। शिक्षक को भी साधारणतः उसी छात्र से अधिक प्रेम होता है, जो उनकी शिक्षा को सार्थक कर सके। अर्जुन धनुष से संबंधित

सभी प्रतियोगिताओं में असाधारण प्रदर्शन करता। उसका ध्येय स्पष्ट था, उसका जीवन लक्ष्य आर्यावर्त का सर्वोत्कृष्ट धनुर्धारी बनना था। एक दिन द्रोणाचार्य अपने विद्यार्थियों को साथ लेकर गंगा स्नान को गए। गंगा में द्रोण का पैर ग्राह ने मुँह में ले लिया, द्रोण असावधान थे। शिष्यों से बचाने की गुहार लगाई, हालाँकि द्रोण ग्राहपछाड़ विद्या के जानकार थे, परंतु उनको एक अच्छा मौका मिला था, शिष्यों की परीक्षा का। सभी शिष्य असमंजस में एक-दूसरे का मुख ताकने लगे, पर तभी ग्राह का मुख पाँच तीरों से बिंध गया, आश्चर्य! द्रोण का पैर, जो ग्राह के मुख में था, उसको एक भी तीर के अग्र भाग ने जरा भी स्पर्श नहीं किया। तट पर पांडुनंदन अर्जुन हाथ में धनुष लिये खड़े थे। आचार्य ने अपने शिष्य की कुशलता पर प्रसन्न होकर उसको ब्रह्मशिर नामक अस्त्र प्रदान किया एवं आरोहण की जानकारी दी। ब्रह्मशिर का प्रयोग मानवों पर वर्जित था, यह सिर्फ उस स्थिति में प्रयोग किया जा सकता था, जब सामना किसी अमानवीय शक्ति से हो।

एक दिन मैं राजसभा की समाप्ति पर मंत्रणा प्रकोष्ठ में राज्य में नववर्ष में आरोहित किए जानेवाले करों पर सम्राट् धृतराष्ट्र एवं विदुर के साथ चर्चा कर रहा था, तभी सूचना प्राप्त हुई कि आचार्य पधार रहे हैं। हम सभी ने अपने स्थान से उठकर आचार्य का स्वागत किया। आचार्य ने आसन ग्रहण किया और बोले, "सम्राट् धृतराष्ट्र, महाबाहो भीष्म एवं स्वयं धर्म विदुर, हस्तिनापुर के राजकुमार अब पूर्ण समर्थ एवं शक्तिशाली हैं, वे सभी प्रकार की युद्धविद्या में निपुण हैं, वे शास्त्र के जानकार हैं। सभी राजकुमार एक साथ मिलकर संपूर्ण संसार की सेनाओं के लिए भी अपराजेय हैं। बड़े राजकुमार युधिष्ठिर रथ संचालन में अप्रतिम हैं, भीम और दुर्योधन गदायुद्ध में अपना सानी नहीं रखते, अर्जुन वैसे तो सभी युद्ध कलाओं में पारंगत हैं, परंतु धनुर्विद्या में समझ लें कि अर्जुन के तीर उसका मानसिक आदेश मानते हैं, नकुल एवं सहदेव तलवारबाजी में एक सेना के लिए अकेले पर्याप्त हैं, इसी प्रकार अन्य राजकुमार भी किसी-न-किसी युद्ध-कला में पारंगत हैं।"

यह सुनकर हम सभी का मन उत्साह से भर गया, "हस्तिनापुर सदैव आपका आभारी रहेगा आचार्य! आपने हस्तिनापुर की प्रतिष्ठा हेतु हमारे राजकुमारों को ढाला है।" मैंने कहा।

"आप सब और हस्तिनापुर के नगरवासी अपने राजकुमारों की प्रतिभा को देखें और सुरक्षा का भाव अंतर्ग्रहित करें, धर्म के भाव को विस्तार दें, इस हेतु एक भवन और प्रेक्षागार के निर्माण का सम्राट् से अनुरोध करता हूँ।" आचार्य द्रोण ने धृतराष्ट्र को इंगित कर कहा।

"आपकी इच्छा का पालन अवश्य होगा आचार्य! विदुर, तुम इसे मेरी ही इच्छा समझो और सभी प्रकार से आचार्य की इच्छानुसार प्रबंध करो।" धृतराष्ट्र ने विदुर को आज्ञा दी।

विदुर ने आचार्य की सहमति एवं इच्छानुसार भवन का निर्माण शुरू करवा दिया। अत्यंत कुशल कारीगरों ने कुछ ही समय में भवन का निर्माण कर दिया। चार विशाल प्रेक्षागृह बनाए गए थे, एक प्रजा के लिए, दूसरा राजपरिवार की स्त्रियों के लिए, तीसरा विशिष्ट राजपुरुषों के लिए और चौथा धृतराष्ट्र, आचार्य, विदुर एवं अन्य अतिविशिष्ट राजपुरुषों के लिए था। इन चारों प्रेक्षागृहों के मध्य में स्थित था विशाल प्रेक्षागार। प्रेक्षाद्वार भी अत्यंत विशाल एवं सज्ज था। राजस्त्रियों के आवागमन के लिए सुंदर शिविकाओं का निर्माण किया गया एवं राजपुरुषों एवं राजकुमारों के लिए सुंदर राजरथ तैयार किए गए।

अंततः प्रदर्शन का दिन भी आ पहुँचा, चारों प्रेक्षागृह पूर्ण रूप से भरे हुए थे। प्रथम प्रेक्षागृह में पाँव रखने की भी जगह नहीं थी, परंतु अब भी लगातार प्रजागण अपने राजकुमारों का प्रदर्शन देखने आए जा रहे थे। प्रतीत होता था, आज सारा हस्तिनापुर प्रेक्षागृह में ही समाया जाता था। इतने विकराल जनसमूह के बाद भी सभी में अद्भुत अनुशासन था, सब अपने वर्णानुसार व्यवस्थित स्थान पर ही विराजे थे। इस अनुशासन का मुख्य कारण संभवतः हस्तिनापुर के शासकों द्वारा अपने निवासियों में अनुशासनात्मक शासन प्रणाली द्वारा पिरोया गया संयम था। राजपरिवार की महिलाओं को लेकर शिविकाएँ लगातार आ रही थीं। कुंती एवं गांधारी नियत स्थान पर विराज चुकी थीं। कुरुकुल के वरिष्ठ बाह्लिक एवं अन्य भी पधार चुके थे। धृतराष्ट्र भी आसन ग्रहण कर चुके थे। उनके समीप ही विदुर का आसन था, विदुर का कार्य धृतराष्ट्र को प्रतियोगिता का हाल सुनाना भी था। प्रेक्षागार के मध्य में उदित सूर्य के समान तेजवान, परंतु सौम्य मुख लिये धवल वस्त्र पहने आचार्य अपने पुत्र अश्वत्थामा के साथ

स्थित थे। ब्राह्मण लगातार मंत्रपाठ कर रहे थे, सभी को विस्मित हुआ पाकर आचार्य ने नियमानुसार सम्राट् से कार्यक्रम के विधिवत् आरंभ की घोषणा करने का निवेदन किया। धृतराष्ट्र ने खड़े होकर कहा, "मैं ईश्वर एवं पितरों को प्रणाम करके एवं कुरुकुल के वरिष्ठों का अनुमोदन प्राप्त करके अत्यंत हर्षपूर्वक आज की प्रतियोगिता के शुभारंभ की घोषणा करता हूँ। आज आप सब देखेंगे कि हस्तिनापुर किन सक्षम हाथों में है। आप देखेंगे कि हस्तिनापुर के समान योद्धा संपूर्ण पृथ्वी पर नहीं हैं। आज आप सब ही तय करेंगे कि किस राजकुमार का पराक्रम हैरतअंगेज एवं सबसे बढ़कर है।"

आचार्य अपने स्थान से हटकर चौथे प्रेक्षागृह में आ गए और मेरी दाईं ओर आसन ग्रहण किया, मेरी बाईं ओर विदुर, फिर धृतराष्ट्र स्थित थे। दाईं ओर आचार्य, फिर कृपाचार्य स्थित थे। अन्य कुरुकुलश्रेष्ठ धृतराष्ट्र के बाईं ओर स्थित थे। अश्वत्थामा संचालन हेतु प्रेक्षागार में ही एक ओर खड़ा था।

कुछ ही समय में सभी राजकुमार प्रेक्षागार में उपस्थित हो गए। सर्वप्रथम उन सभी ने गुरु द्रोण एवं गुरु कृपाचार्य से आशीर्वाद प्राप्त किया, फिर अन्य गुरुओं एवं माता-पिता की वंदना की एवं सभी से आशीर्वाद प्राप्त किया। युधिष्ठिर ने भाला चलाने का अद्भुत प्रदर्शन किया। दुःशासन, नकुल, सहदेव एवं अन्य कुमार भी घोर पराक्रम दिखा रहे थे, सभी राजकुमार अपने नाम के प्रथमाक्षर के क्रम में स्थित हो गए, सबका मुख एक-दूसरे से विपरीत दिशा में था, अगले ही पल संपूर्ण आकाश बाणों से भर गया। प्रजाजन दर्शक भयभीत होकर झुककर बैठ गए, तभी राजकुमारों की दूसरी पंक्ति ने बाण चलाकर पहले राजकुमारों द्वारा चलाए गए बाणों को काटकर प्रजाजनों को हर्षित कर दिया, फिर रथी राजकुमारों ने रथ संचालन की विभिन्न कलाओं का प्रदर्शन किया, कभी उनका रथ अचानक से आगे बढ़ जाता, फिर पीछे की तरफ चलने लगता, अंत में रथ को चक्राकार घुमाते हुए सभी राजकुमार प्रेक्षागार से बाहर चले गए, अब सभी राजकुमारों ने मल्लयुद्ध, तलवार एवं खड्ग युद्ध का असाधारण प्रदर्शन किया, वे एक-दूसरे पर प्रहार करते, ढाल पर प्रहार को रोकते। उनकी चुस्ती, फुरती, मुट्ठी की पकड़, स्थिरता, युद्ध धैर्य का अवलोकन समस्त प्रजाजनों ने किया। सबसे महत्त्वपूर्ण थी उन सभी राजकुमारों

की जिजीविषा, वे गिरते थे, फिर उठते थे, फिर लड़ते थे, परंतु पलायन नहीं करते थे। समस्त प्रजा साधु-साधु कर उठी, परंतु मुझे अभी तक मनभावन प्राप्त नहीं हुआ था, सभी राजकुमारों का प्रदर्शन स्तरीय तो था, परंतु सर्वोत्तम होता, ऐसा अभी तक कोई नहीं आया था, जो अमानवीय प्रतीत होता, ऐसा अभी तक कोई नहीं आया था, तभी दर्शकों की चीख-पुकार ने मुझे मेरी विचारनिद्रा से जगाकर दोबारा प्रेक्षागृह में पहुँचाया। अचानक से भीम और दुर्योधन का गदायुद्ध का प्रदर्शन प्रतियोगिता की सीमा से बाहर जाकर युद्ध की सीमा में प्रवेश कर गया था। दोनों एक-दूसरे पर भीषण प्रहार कर रहे थे। उपस्थित प्रजाजनों में से अधिकतर 'शांत-शांत' की ध्वनि कर रहे थे, कुछ दुर्योधन एवं कुछ भीम की जीत की भविष्यवाणी कर रहे थे। यह गदायुद्ध कहीं से भी क्रीड़ा का भाग नहीं था, दोनों एक-दूसरे पर मारक रूप से प्रहार कर रहे थे। दुर्योधन की चुस्ती-फुरती विस्मयकारक थी, वह भीम के वारों को बार-बार निष्क्रिय कर रहा था एवं चपलता से भीम पर प्रहार भी कर रहा था। वहीं दूसरी ओर भीम का बल अपूर्व था, दुर्योधन के प्रहार उसको बहुत अधिक विचलित नहीं कर पा रहे थे, अब मुझे स्पष्ट प्रतीत होने लगा था कि कुरुकुल से शांति स्थायी रूप से समाप्त होनेवाली है। दोनों गदाधारी रक्त स्नान कर चुके थे, पर उनके हाथ लगातार प्रहार को उठ रहे थे। यह स्थिति देखकर आचार्य ने अपने स्थल से ही अश्वत्थामा को निर्देशित किया। अश्वत्थामा उन दोनों योद्धाओं के मध्य में स्थित होकर बोला, "आप दोनों कृपा कर स्वयं को विराम दें, ऐसी मेरे पूजनीय पिता एवं आप दोनों के गुरुदेव की आज्ञा है।" ऐसा सुनकर दोनों राजकुमार रक्ताभ नेत्रों से एक-दूसरे पर वज्रपात करते हुए अपने-अपने दल में शामिल हो गए, परंतु दोनों की आग्नेय दृष्टि कह रही थी कि आज जिस युद्ध का प्रारंभ हुआ है, उसकी परिणति भी होगी, तभी प्रेक्षागार सुसज्जित रथ पर आरूढ़ होकर अर्जुन ने प्रवेश किया। सर्वप्रथम उसने दो तीर अपने दोनों आचार्यों के चरणों के पास मारे, मानो आशीर्वाद ले रहा हो और कह रहा हो कि मेरी विद्या आप दोनों की ही देन है। दोनों गुरुओं ने प्रसन्न होकर अर्जुन को आशीर्वाद दिया, तत्पश्चात् अर्जुन ने सभी गुरुजनों, माताओं एवं प्रजाजनों का अभिवादन किया। सभी ने अर्जुन को आशीर्वाद दिया, फिर अर्जुन ने अपनी

धनुर्विद्या का प्रदर्शन किया, सभी राजकुमारों ने मिलकर जितने बाण चलाए थे, उतने अर्जुन ने अकेले ही चलाए, मानो प्रत्येक दर्शक को इंगित कर एक बाण आकाश में छोड़ दिया और जब तक कोई कुछ समझता, उन सभी बाणों को काट भी दिया। क्षण-के-क्षण में आग्नेयास्त्र से अग्नि पैदा की और जब लगा कि सारा मंडप जल जाएगा, तब वरुणास्त्र से जल प्रगट करके अग्नि को समाप्त कर दिया। पर्जन्यास्त्र से मेघ उत्पन्न कर दिए और फिर बात-की-बात में वायव्यास्त्र से मेघों का विच्छेदन कर दिया। अर्जुन ने बीच प्रेक्षागार में पर्वत उत्पन्न कर दिया फिर स्वयं को पर्वत से भी अधिक विस्तार दिया, तत्पश्चात् पर्वत और अर्जुन दोनों ही प्रेक्षागार से अदृश्य हो गए। कुछ ही समय में अर्जुन प्रेक्षागृह में अपने गुरु के चरणों में झुककर आशीर्वाद ले रहा था, दर्शकों ने हतप्रभ होकर पलकें झपकाईं तो पाया, अर्जुन दोबारा प्रेक्षागार के मध्य में खड़ा है, सब अचंभित, चारों तरफ अर्जुन की जय-जयकार का नाद गूँज उठा। अर्जुन ने निश्चय ही सम्मोहनास्त्र पर अद्भुत अधिकार पाया था। तत्पश्चात् अर्जुन ने अपनी दर्शनीय निशाना लगाने की क्षमता का प्रदर्शन किया, झूलते हुए सींग पर हवा के वेग से चलते हुए चक्र पर सफल निशाना लगाया। दर्शक मानो अपनी सुध-बुध खो चुके थे। विदुर धृतराष्ट्र को संपूर्ण घटनाक्रम सुना रहे थे तो कुंती गांधारी को। मेरा हृदय आयोजन के आरंभ से ही जिस प्रदर्शन की बाट जोह रहा था, वह मुझे देखने को प्राप्त हो गया था, जो निराशा मुझे भीम और दुर्योधन के युद्ध के बाद मेरे हृदय में उत्पन्न हुई थी, वह अब छँटती जा रही थी। द्रोणाचार्य अपने शिष्य की प्रशंसा सुनकर गौरवान्वित हो रहे थे। द्रोणाचार्य बोले, "पुत्र अर्जुन, तुमने जिस प्रकार का पराक्रम दिखाया है, वह देव दुर्लभ है। तुमने अपने गुरुओं को सिद्ध किया है, तुमने धनुर्विद्या को सिद्ध किया है, तुमसे बढ़कर धनुर्धारी इस धरा पर कोई दूसरा नहीं। मैं आज हर्षपूर्वक इस सभा में घोषित करता हूँ कि अर्जुन इस धरा का सर्वश्रेष्ठ...।" आचार्य आगे कुछ कहते, इससे पहले ही एक बाण दर्शकों के प्रेक्षागृह से आया और अर्जुन के समीप धरा में गड़ गया। हम सब विस्मित हो गए। सभी की दृष्टि बाण के संधानकर्ता की तरफ उठी तो एक नवयुवक पर्वत के समान विराजमान था, उसके मुख पर अप्रतिम छटा थी, सूर्य सदृश तेज से उसका मुख देदीप्यमान था,

उसके कानों में कुंडल थे, जो उसकी त्वचा के साथ जुड़े ही मालूम होते थे, उसके वस्त्र साधारण थे, परंतु उनकी शोभा जवाहरातों से अधिक थी, उसकी बनावट सुदृढ़ थी, मस्तक विशाल था और मध्यभाग बलिष्ठ था। वह नवयुवक अब दर्शकागार से निकलकर प्रेक्षाद्वार की ओर बढ़ रहा था। युवक प्रेक्षागार के मध्य में पहुँचा, तब आचार्य द्रोण बोले, "तुम कौन हो नवयुवक और तुमने किस कारण से राजकुमार अर्जुन की अग्रराह में तीर मारकर चुनौती देने का साहस किया है?"

"क्षमा करें आचार्य, आप समझ नहीं पा रहे हैं। मैंने तीर अवश्य अर्जुन की अग्रराह में मारा है, परंतु यह चुनौती सिर्फ अर्जुन को नहीं है। आज के इस आयोजन का तात्पर्य क्या है आचार्य?"

"निश्चित ही राजकुमारों ने अपनी शिक्षा के माध्यम से जो अद्‌भुत क्षमताएँ अर्जित की हैं, उनका प्रदर्शन।"

"सत्य कहा आचार्य, यह इस प्रकार से आपके गुरुत्व एवं आपके शिष्यों के शिष्यत्व का प्रदर्शन है, यहाँ तक उचित था, परंतु अभी आप जो घोषणा एक बार कर चुके हैं और दोबारा करने जा रहे हैं, वह घोषणा कहाँ तक उचित है? यह आपको अवश्य विचार करना चाहिए। अर्जुन धरा का सर्वश्रेष्ठ धनुर्धर कैसे हो गया? अर्जुन ने ऐसे कौन से योद्धा को पराजित किया है, जो इसको यह सम्मान आप प्रदान कर रहे हैं? क्या अब आर्यावर्त में समर के स्थान पर वायु में बाण चलाकर और अपने परिजनों के समक्ष कुछ कलाओं का प्रदर्शन करके योद्धत्व का निश्चय हुआ करेगा? यदि ऐसा है आचार्य, तो मौका अच्छा है, अन्य राजकुमारों को भी रथी, अतिरथी, महारथी आदि पदवियाँ बाँट दें और स्वयं को भी आर्यावर्त के सर्वश्रेष्ठ गुरु की पदवी दे ही दें।"

"नवयुवक, तुम कौन हो, आचार्य और राजकुमारों के बारे में अनर्गल प्रलाप करना छोड़कर अपना परिचय दो एवं मंतव्य स्पष्ट करो।" मैंने युवक से कहा।

"महाराजकुमार, मेरा नाम कर्ण है, मेरे धनुष-बाण मेरा कुल हैं और मेरी धनुर्विद्या मेरा गोत्र। चूँकि आचार्य ने बिना किसी को मौका दिए ही अर्जुन को सर्वश्रेष्ठ धनुर्धर का सम्मान देना चाहा है, अतः मैं अर्जुन को द्वंद्व युद्ध हेतु

निमंत्रण देता हूँ, या तो अर्जुन मेरा सामना कर मुझे धराशायी करे या फिर अर्जुन एवं आचार्य दोनों ही स्वीकार करें कि उनका कथन मिथ्या है।"

मैं कुछ बोलता, उससे पहले ही संभवतः द्रोणाचार्य की प्रेरणा पाकर कृपाचार्य बोले, "नवयुवक, तुम्हारा उत्साह निश्चय ही प्रशंसनीय है, परंतु शास्त्रानुसार युद्ध एवं संबंध सदैव अपनी बराबरीवालों से ही करना चाहिए, अन्यथा अपयश ही हाथ आता है। तुम तभी राजकुमार को द्वंद्व का निमंत्रण दे सकते हो, जब कोई राजपुरुष हो अथवा राजकुल से संबंध रखते हो अन्यथा तुमसे द्वंद्व करने में राजकुमार का कोई लाभ नहीं है। राजकुमार तुमको युद्ध में हराकर भी कोई अतिरिक्त सम्मान के भागी नहीं बनेंगे, अतः उन्हें तुमसे द्वंद्व करने का कोई कारण नहीं है, अतः तुम या तो स्पष्ट रूप से अपना कुल परिचय दो अथवा इस प्रेक्षागार से बाहर चले जाओ।"

"महाराज, मैं आपसे पूछता हूँ, क्या पर्वत, सागर एवं वायु का कोई कुल पूछता है? उनका सामर्थ्य ही उनका कुल है, उनकी शक्ति ही जगत् में उनकी स्थापना है, उसी प्रकार मेरा पराक्रम ही मेरा कुल है, मैं आपसे प्रार्थना करता हूँ कि मुझे मेरा पराक्रम सभा के सम्मुख प्रस्तुत करने की अनुमति दी जाए, तदुपरांत यदि आचार्य एवं सभा सत्य समझे तो मुझे अर्जुन से द्वंद्व की अनुमति दी जाए।" कर्ण ने धृतराष्ट्र से कहा।

"अनुमति है।" इससे पहले कि धृतराष्ट्र कुछ बोलते, कौरव दल में से दुर्योधन बोला।

"दुर्योधन, कर्ण ने सम्राट् से प्रार्थना की है, तुमको ऐसी कोई अनुमति देने का अधिकार नहीं है।" महामंत्री विदुर ने कहा।

"कोई बात नहीं विदुर! यदि हमारे राज्य का कोई संभावनाशील नौजवान आज के इस आयोजन से निकलकर आता है और अपनी वीरता से हस्तिनापुर राज्य की प्रतिष्ठा में उसी प्रकार बढ़ोतरी करता है, जैसे निशा के सम्मान में चंद्र तो हमारे लिए यह हर्ष का विषय ही होना चाहिए। तुमको अनुमति है नवयुवक! अश्वत्थामा, इस नवयुवक को अपनी धनुर्विद्या के प्रदर्शन हेतु सभी साधन उपलब्ध करवाए जाएँ।" धृतराष्ट्र ने कहा।

कर्ण ने अर्जुन के समान ही अद्भुत पराक्रम दिखाया। कर्ण ने भी धनुर्विद्या

का नयनाभिराम प्रदर्शन किया। जो प्रदर्शन अभी नयनाभिराम लग रहा था, मैंने कल्पना की कि युद्ध में शत्रुओं के लिए कितना घातक होगा। अर्जुन और कर्ण जिस भी सेना से एक होकर लड़ेंगे, वह सेना अपराजेय होगी। कर्ण ने अर्जुन द्वारा किए गए सभी पराक्रम कर दिए, सिवाय मानसिक प्रहार के, अंत में वह बोला, "संपूर्ण सभा ने मेरा प्रदर्शन देखा है, अब आप सब ही बताएँ कि मैं अर्जुन से द्वंद्व करने के लायक हूँ या नहीं?"

संपूर्ण सभा साधु-साधु कर उठी। संपूर्ण दर्शकगण दो भागों में विभाजित हो गए थे, आधे लोग अर्जुन और आधे कर्ण की जय-जयकार कर रहे थे। मैं भी कर्ण की धनुर्विद्या के ज्ञान से प्रभावित था, निश्चय ही कर्ण अर्जुन के समकक्ष योद्धा था।

"कर्ण, तुम निश्चय ही अप्रतिम धनुर्धारी हो। तुमने अपनी कला का प्रदर्शन कर लिया है, हम सब उसकी सराहना करते हैं। तुम यदि चाहोगे तो तुमको तुम्हारे कुल एवं वर्ण के अनुसार राजव्यवस्था में कोई पद दे दिया जाएगा। उसके लिए तुम कल राज्यसभा में पधारो।" कृपाचार्य ने कहा।

"परंतु मेरा मंतव्य अभी भी पूर्ण नहीं हुआ है, मुझे अब अर्जुन से द्वंद्व की अनुमति दी जाए।" कर्ण ने कहा।

"मित्र कर्ण, प्रतीत होता है, तुम्हारा पराक्रम देखकर आचार्य दुविधाग्रस्त हो गए हैं। मैं उनकी दुविधा दूर कर देता हूँ। मैं इसी समय अपने मित्र कर्ण को अंगदेश का राजा घोषित करता हूँ, अब कोई यह न कहे कि मुझे ऐसा करने का अधिकार नहीं है। मैं यह घोषणा अपने पिताश्री की सहमति से कर रहा हूँ और इसमें उनकी पूर्ण सहमति है।" दुर्योधन ने घोषणा की। सभी ने सम्राट् की तरफ देखा, उनका सिर सकारात्मक रूप से हिल रहा था। दुर्योधन ने दुःशासन को इंगित किया। कुछ ही समय में प्रेक्षागार में ही विधिवत् कर्ण का अंगदेश के राजा के रूप में राज्याभिषेक हो गया। इतने में ही प्रेक्षाद्वार से मेरा सारथी अधिरथ भागता हुआ आया, कर्ण ने उसके पैर छूकर आशीर्वाद लिया। संपूर्ण सभा गूँज उठी, "कर्ण सूतपुत्र है, कर्ण सारथी अधिरथ का पुत्र है, सूतपुत्र होकर ऐसा पराक्रम!" सूचना मिली कि कुंती को मंडप में ही मूर्च्छा आ गई है और दासियाँ उनको शिविका में लेकर दिव्यभवन चली गई हैं। राजवैद्य को सूचित

कर दिया गया है। पांडवों के दल की तरफ से भीम की आवाज आई, "अरे सूतपुत्र, जा-जा, अश्व की वल्गा सँभाल अन्यथा एक दिन रथ में अश्व की जगह तुझे जोत दूँगा।"

कर्ण कुछ प्रतिवाद करता, इससे पहले ही दुर्योधन बोला, "वृकोदर! तुम्हारी यह बातें उचित नहीं हैं, क्षत्रियों में बल को ही प्रधान माना गया है। बलवान से युद्ध करने में कोई बुराई नहीं है और फिर मेरा मित्र होने के नाते से कर्ण क्षत्रिय बंधु है, ऐसे में यदि वह द्वंद्व के लिए कह रहा है तो अर्जुन को स्वीकार करना ही चाहिए।" दुर्योधन के इतना कहते ही संपूर्ण मंडप 'न्यायप्रिय दुर्योधन की जय हो' की पुकार से गूँज उठा।

"मित्र, यदि अर्जुन को किसी प्रकार का भय हो तो मैं भीम से भी गदायुद्ध करने को प्रस्तुत हूँ।" कर्ण के इतना कहते ही संपूर्ण कौरवदल में अट्टहास गूँज उठा।

"मैं कर्ण से द्वंद्व युद्ध हेतु प्रस्तुत हूँ। मैं अभी इस वाचाल को अपने बाणों से धरा पर सदैव के लिए सुलाऊँगा।" अर्जुन ने कहा।

दोनों का द्वंद्व युद्ध प्रारंभ होता, इससे पहले ही आचार्य ने घोषणा की, "अब चूँकि सूर्य पश्चिम में अस्त हो चुका है, अत: इस आयोजन को यहीं पर समाप्त किया जाता है।"

कर्ण से अंगराज कर्ण बना युवक दुर्योधन के साथ जाकर कौरव दल में बैठ गया और अर्जुन पांडव दल में। आज अर्जुन को एक सबल शत्रु मिला था और कौरवों को अर्जुन का प्रत्युत्तर। प्रेक्षागृह में होनेवाली प्रतियोगिता सिर्फ घात-प्रतिघात का खेल बनकर रह गई। जिस प्रकार से ये राजकुमार आपस में राज्य की आकांक्षा हेतु युद्ध कर रहे थे, वह मुझे आश्चर्यचकित करता है। यह सत्य है कि आर्यावर्त से धर्म का लोप हो रहा है, परंतु कुरुकुल में भी ऐसी स्थिति आएगी, मैंने नहीं सोचा था। आज के घटनाक्रम से मुझे अत्यंत क्षोभ हुआ था, समझ नहीं आ रहा था कि क्या मुझे धर्म और न्याय पर दोबारा विचार करना पड़ेगा। धर्म और न्याय सदैव साथ-साथ ही चलते हैं, फिर आज ऐसा क्यों हुआ था कि मैं दोराहे पर खड़ा था। कृपाचार्य का कथन अपने स्थान पर सही था कि राजा से राजा का युद्ध ही धर्म है, परंतु जब सामने कर्ण जैसा योद्धा

हो, फिर न्याय क्या है ? क्या वर्तमान धर्म को पुनः परिभाषित किया जा सकता है। कर्ण का शौर्य अप्रतिम था, वह निश्चय ही अद्भुत वीर था, मुझे शत्रुजित द्वारा यह भी ज्ञात हुआ कि कर्ण ने अधिरथ की पत्नी की कुक्षि से जन्म नहीं लिया था, बल्कि अधिरथ ने कर्ण को सरिता में बहता हुआ पाया था, इसके साथ कुंती का मूर्च्छित होना एवं शत्रुजित का ही पूर्वकथन कि कुंती ने विवाह पूर्व भी भूलवश दुर्वासा मुनि द्वारा प्रदत्त मंत्र के प्रयोग से सूर्यदेव का आह्वान कर एक पुत्र को जन्म दिया था, मेरे हृदय में कई संभावनाओं को जन्म देने लगा। किसी भी प्रकार इन संभावनाओं की पुष्टि का कोई साधन नहीं था, परंतु मेरे हृदय को कर्ण का मूल ज्ञात हो चुका था, कर्ण ने मुझे विस्मित, चमत्कृत तो किया ही था, साथ ही दुर्योधन का पक्ष ग्रहण कर सावधान भी किया था, समय कितना निर्मम हो सकता था!

इसके उपरांत आचार्य ने एक दिन गुरु-दक्षिणा की माँग हस्तिनापुर की राजसभा में की, हालाँकि यह गुरु एवं शिष्य के बीच का विषय था, परंतु चूँकि विषय राजनीतिक था, अत: आचार्य ने अपनी बात राजसभा में रखी। आचार्य की गुरु-दक्षिणा थी, पांचाल राज का झुका हुआ पराजित मस्तक उनके चरणों में। सभी राजकुमार गुरु-दक्षिणा देने हेतु पांचाल की तरफ कूच कर गए। धृतराष्ट्र पुत्रों के साथ कर्ण भी गया था।

कुछ समय बीतने पर सभी राजकुमार वापस हस्तिनापुर लौट आए, सभी कौरव भीषण रूप से घायल अवस्था में थे, जबकि पांडव आंशिक रूप से घायल तो थे, परंतु विजय की दीप्ति से प्रकाशवान थे, वहीं कौरव पराजय की कालिमा से ग्रस्त...पांडवों के साथ बंधक रूप से पांचाल नरेश भी थे। प्रथम दिन पांचाल नरेश को कैद में रखा गया, अगले दिन कैदी द्रुपद के साथ पांडु पुत्र मुझे आगे करके आचार्य द्रोणाचार्य के सम्मुख पहुँचे।

द्रोण अपने आसन पर बैठे थे, सामने पांडव खड़े थे, पांडवों और द्रोणाचार्य के मध्य द्रुपद घुटनों के बल पर बैठा था, उसके दोनों हाथ पीठ पीछे बँधे थे।

द्रोणाचार्य ने स्मित मुसकान के साथ द्रुपद से कहा, "देखो पांचाल नरेश, मैंने अपना वचन पूर्ण किया। आज तुम मेरे सम्मुख उससे भी खराब दशा में

उपस्थित हुए हो, जिस दशा में कुछ वर्ष पूर्व मैं तुम्हारे सम्मुख उपस्थित हुआ था। तुम्हारा राज्य मैं जीत चुका हूँ। तुम्हारे द्वारा शासित भूमि पर, तुम्हारे धन-धान्य पर आज मेरा अधिकार है। तुम अपनी श्री भी मेरे शिष्यों के हाथों गँवा चुके हो। आज तुम्हारा जीवन मेरे भृकुटि विलास पर है और तुमको और तुम्हारी विशाल सेना को पराजित करनेवाले कौन हैं! मेरे 106 शिष्य, परंतु द्रुपद, मैं तुम्हारी तरह हृदयहीन नहीं हूँ। तुमने तो मेरी मित्रता से उसी दिन इनकार कर दिया था, जिस दिन मैं तुम्हारे दरबार में गया था। आज मैं तुम्हें फिर से एक मौका देता हूँ द्रुपद, मैं फिर से तुम्हारी तरफ मित्रता का हाथ बढ़ाता हूँ।"

द्रुपद कुछ नहीं बोल पा रहा था, बस घुटनों के बल नीचे की तरफ मुँह करके बैठा रहा।

"अर्जुन, महाराज द्रुपद के हाथ खोल दो।" द्रोणाचार्य ने अर्जुन से कहा। अर्जुन ने आगे बढ़कर द्रुपद के हाथ खोल दिए।

"आओ मित्र, मैं फिर से तुमको एक बार फिर से अपनी मित्रता का न्योता देता हूँ।" कहकर द्रोणाचार्य ने अपनी बाँहें फैला दीं। द्रुपद कुछ पल झिझकता-सा खड़ा रहा, फिर आचार्य द्रोण की बाँहों में समा गया। दोनों मित्रों का सुखद मिलन हुआ।

"मित्र, तुमने कहा था कि मित्रता बराबरवालों में ही हो सकती है, इसलिए स्वयं द्वारा विजयित पांचाल राज्य का दक्षिण पांचाल भाग मैं तुम्हें सौंपता हूँ। तुम सुखपूर्वक दक्षिण पांचाल पर राज करो। पांचाल के उत्तर भाग पर मेरा राज रहेगा। इस प्रकार हम-तुम बराबर के मित्र रहेंगे।" द्रोणाचार्य ने कहा। पांचाल नरेश द्रुपद अब भी कुछ नहीं बोला, बस हाथ जोड़कर सामने खड़ा रहा। "राजन्, यदि तुम उचित समझो तो मैं तुमको अपने आश्रम में कुछ दिन के आतिथ्य का निमंत्रण देता हूँ।"

"हे ब्राह्मणश्रेष्ठ, मैं आपकी सदाशयता एवं दयालुता हेतु आभारी हूँ। आपका आतिथ्य स्वीकार करके मुझे हार्दिक प्रसन्नता होती, परंतु मेरा इस कठिन समय में अपनी राजधानी में रहना ही उचित होगा। युद्ध और फिर युद्ध के परिणाम से त्रसित प्रजाजनों के मन को इससे शांति प्राप्त होगी। आगे जैसी आप आज्ञा करें।"

"तथास्तु, जैसी आपकी इच्छा मित्र! अर्जुन, पांचालराज को ससम्मान इनके राज्य की सीमा पर पहुँचा दिया जाए।"

"जैसी गुरुदेव की आज्ञा।" अर्जुन ने कहा। द्रुपद को तुरंत ही पूर्णतः मुक्त करके पांचाल की सीमा पर ससम्मान पहुँचा दिया गया।

मुझे आचार्य द्रोणाचार्य का यह निर्णय सत्य प्रतीत नहीं हुआ। मुझे लगा कि द्रोणाचार्य ने अपने लिए एक शत्रु सृजित किया है। द्रोणाचार्य ने ब्रह्मशक्ति के माध्यम से द्रुपद को सरलता से माफ कर दिया है, परंतु क्षत्रिय तेज से विभूषित द्रुपद अपने अपमान को एवं आधे राज्य के गमन को कभी नहीं भुला पाएगा। द्रोणाचार्य ने भले ही द्रुपद को माफ किया हो, परंतु मैं जानता था कि द्रुपद के लिए यह माफी नहीं थी, द्रुपद के लिए अब के बाद का जीवन साक्षात् नरक समान था। आचार्य द्रोण हालाँकि ब्रह्मज्ञान के प्रखर विद्वान् थे, परंतु वे अपनी प्रतिहिंसा पर विजय नहीं पा सके थे। एक और सत्य था, जो मुझे विचलित कर रहा था। इस समय आर्यावर्त में जरासंध एक प्रखर शक्ति के रूप में विद्यमान था। चेदि, विदर्भ जैसे शक्तिशाली राज्य उसके मंडल में शामिल थे और पांचाल और हस्तिनापुर के अलावा संपूर्ण आर्यावर्त ने उसको चक्रवर्ती का दर्जा दिया हुआ था। अब हस्तिनापुर और पांचाल के बीच की इस नई शत्रुता की बात उसको पता लगने की देर थी कि उसकी दुर्दम्य सेनाएँ अवश्य इस दिशा में कूच करतीं, हालाँकि इसी समय मथुरा में एक और नई शक्ति का प्रादुर्भाव हो चुका था, वह शक्ति थी कृष्ण-बलराम। इन दोनों ने जरासंध के जामाता और उसके मंडल के सेनापति कंस का उसके ही धनुष युद्ध में वध करके मथुरा को, यादवों को कंस के अत्याचारों से मुक्ति दिलाई थी, जब भी इन दोनों और विशेषकर कृष्ण के महानायक के समान कृत्यों का वर्णन सुनता हूँ, मैं अनायास ही समाधिस्थ हो जाता हूँ। कंस के धनुष यज्ञ में हस्तिनापुर को भी न्योता आया था। मैं शूर प्रमुख वसुदेव का मित्रवत् सम्मान करता आया हूँ, जब कंस ने उनको राजकैद में डाला था, तब भी मैंने उनको गुप्त संदेश भेजा था कि यदि उनकी इच्छा हो तो मैं स्वयं हस्तिनापुर की सेनाओं के साथ आकर कंस का संपूर्ण मान चूर करके उनको मथुरा के सिंहासन पर आरूढ़ करूँ, परंतु वसुदेव ने मना कर दिया। उनका स्पष्ट कहना था कि इस कार्य हेतु स्रष्टा ने कुछ और

व्यवस्था की हुई है, हम सबको उसकी इच्छा का पालन एवं प्रतीक्षा करनी चाहिए। इसलिए कंस के धनुष यज्ञ में मेरे जाने का मतलब ही नहीं था, परंतु कुंती ने जब सुना कि धनुष यज्ञ में कृष्ण भी वृंदावन से आकर के सम्मिलित होगा तो वह अपने उत्साह को रोक नहीं पाई और अपने पाँच पुत्रों के साथ जाकर धनुष यज्ञ में शामिल हुई।

समय अपने रथ पर गतिशील था। कुंती पुत्रों ने अपने व्यवहार से हस्तिनापुर की जनता का हृदय जीत लिया था। प्रत्येक व्यक्ति के सुख-दुःख में ज्ञात होने पर पाँचों भाई प्राणपण से खड़े रहते। प्रेक्षागार में शक्ति प्रदर्शन और फिर पांचालों पर अद्‌भुत विजय से प्रजागण अभिभूत थे और पांडवों को मानवेतर शक्ति समझते थे और पांडवश्रेष्ठ युधिष्ठिर को अपना युवराज मन-ही-मन मानते थे। समय सुख से व्यतीत हो रहा था, परंतु तभी एक दिन शत्रुजित मेरे समक्ष प्रस्तुत हुआ।

"अन्नदाता, पीतांबरी राजकुमार दुर्योधन के महल में तैनात हमारी गूढ़ स्त्री है एवं राजकुमार दुर्योधन की खास है। रात्रिकाल में जब राजकुमार दुर्योधन, राजकुमार दुःशासन, अंगराज कर्ण एवं गांधार नरेश शकुनि की बैठक होती है तो मदिरा परोसने का कार्य पीतांबरी के पास ही रहता है। पीतांबरी से मुझे कई ऐसी बातें मालूम हुईं, जिनका आपके संज्ञान में आना अत्यावश्यक है। पीतांबरी के अनुसार चारों व्यक्तियों का स्पष्ट मत है कि पांडवों की बढ़ती हुई प्रतिष्ठा, जनसामान्य के अंदर उनके प्रति बढ़ती हुई निष्ठा कौरवों के लिए घातक है। सर्वप्रथम तो राजकुमार दुर्योधन का मत था कि उनको सीधे ही पांडवों पर आक्रमण कर देना चाहिए अथवा दस्युकर्म से उनकी हत्या कर देनी चाहिए, परंतु राजकुमार के इस विचार से गांधार नरेश एवं अंगराज सहमत नहीं थे। गांधार नरेश का विचार था कि यदि दुर्योधन इस प्रकार से पांडवों की हत्या करता है तो संभव है कि हस्तिनापुर के शक्तिशाली सरदार ही दुर्योधन को राजा मानने से इनकार कर दें और फिर यदि दुर्योधन इस प्रकार राजा बन भी गया, फिर भी इतिहास उसे भ्रातृ-हत्यारे के रूप में याद रखेगा, वहीं अंगराज का विचार था कि दस्युकर्म से पांडवों की हत्या धर्म के अनुरूप नहीं है। उनका विचार था कि सम्मुख युद्ध में वह अर्जुन समेत सभी पांडवों का वध कर देंगे, परंतु अंत

में गांधार नरेश ने परामर्श दिया कि किसी प्रकार से दुर्योधन पांडवों को आगामी मेले में वारणावत भेजने का प्रबंध कर ले, बाकी वह सँभाल लेंगे। इसके बाद अगले कुछ दिनों तक इन चारों व्यक्तियों की बैठक में पुरोचन भी शामिल होने लगा। पुरोचन के साथ होनेवाली बैठक को एकदम गुप्त रखा गया।" कहकर शत्रुजित शांत हो गया।

मैं सोच में डूब गया, इस हद तक भरतकुल में कलह बढ़ जाएगी कि राजकुमार एक-दूसरे की हत्या करने की सोचने लगेंगे, मैंने नहीं सोचा था। दुर्योधन ने इस बीच अपनी छवि जिस प्रकार की निर्मित की थी, जनता में उसका भय व्याप्त था एवं जनता कभी भी दुर्योधन को अपना सम्राट् मानने को तैयार नहीं होती, जनता इन्हीं पाँच भाइयों के साथ रहती, जिससे दुर्योधन का मनोमालिन्य बढ़ता ही रहता और आज जिस गृहकलह को मैं टालना चाहता था, वह विकराल रूप से सामने आती एवं तब हस्तिनापुर को कुरुकुल की गृहकलह के साथ-साथ गृहयुद्ध में भी झोंक देती। इसलिए दुर्योधन को युवराज नियुक्त करना, इस समस्या का समाधान नहीं था। दुर्योधन को समझाने का एक प्रयास मैं कर चुका था, अत: जानता था कि दुर्योधन को कुटिल शकुनि के सिवाय अन्य कोई कुछ भी नहीं समझा सकता, अब तीसरा उपाय था—भय। दुर्योधन मेरा भय माननेवाला नहीं था। उसे मालूम था कि प्रतिज्ञा से बँधा होने के कारण मैं किसी भी हालत में हस्तिनापुर के राजसिंहासन से बाहर नहीं जा सकता। आवश्यक था कि दुर्योधन को किसी बाहरी शक्ति का भय होता, जिससे कि दुर्योधन पांडवों की हत्या करने से डरता। कौन हो सकती है ऐसी शक्ति? अचानक मेरा ध्यान श्रीकृष्ण की तरफ गया। हाँ, बिल्कुल वही ऐसी शक्ति हो सकते थे, जिनसे दुर्योधन पर्याप्त भय मानता। कृष्ण पांडवों के ममेरे भाई थे एवं अभी हाल में ही कृष्ण ने पांडवों से मिलने को अपने प्रतिनिधि के रूप में अक्रूर को भेजा था। मुझे पूरा विश्वास था कि कृष्ण पांडवों की सहायता अवश्य करेंगे, हालाँकि वह राजा नहीं हैं, फिर भी दुर्योधन उनका पर्याप्त भय मानेगा।

"वत्स, मैं चाहता हूँ कि तुम्हारे पुत्र के विवाह का समस्त कार्यभार मैं स्वयं देखूँ।"

"सत्य, महामना, आप अपने सेवक के पुत्र के विवाह समारोह में आएँगे। मैं कृतार्थ होऊँगा, मेरी पीढ़ियाँ कृतार्थ होंगी।"

"अवश्य आऊँगा वत्स, बल्कि समस्त कार्यभार भी मैं ही देखूँगा, परंतु इस बीच तुमको एक अत्यंत महत्त्वपूर्ण कार्य करना है। इस हेतु किसी अन्य का विश्वास नहीं किया जा सकता, अत: यह कार्य तुमको ही करना होगा और ध्यान रखना, तुम्हारे द्वारा किया जानेवाला यह कार्य आगे हस्तिनापुर राज्य की दिशा तय करेगा।"

"अन्नदाता, मैं किसी भी प्रकार की सेवा के लिए पूर्ण सज्ज हूँ।"

"फिर ध्यान से सुनो, तुमको अतिशीघ्र यहाँ से द्वारका के लिए प्रस्थान करना है, संभव हो तो आज रात्रि में ही। अपने पीछे तुमको गरुड़ संदेशवाहकों की दोतरफा नियुक्ति करनी है। इस तरफवाले वाहक गरुड़ की नियुक्ति यहीं गंगभवन में करना वह अतिथिकक्ष में रुकेगा, किसी अन्य राज्य का दूत बनकर इसकी व्यवस्था करते जाओ। तुमने अभी जो भी बातें मुझसे कही हैं, वह द्वारका पहुँचकर कृष्ण से भी गुप्त रूप से कहनी हैं। ध्यान रहे, सारी बातें खुलकर बलराम को भी न मालूम हों, वे दुर्योधन के गुरु रहे हैं, अत: उनके मन में दुर्योधन के प्रति संवेदना होना संभव है। इस बीच कोई महत्त्वपूर्ण बात होगी तो मुझको सूचित करना, मुझे कुछ संदेश भेजना होगा, वह भी वाहक गरुड़ के माध्यम से भेजूँगा, अब तुम इस समस्त कार्य में शीघ्रता करो।"

"जैसी प्रभु की आज्ञा, मैं सारी व्यवस्था करके आज रात्रि को ही प्रस्थान करूँगा।"

"उचित है, यहाँ के संबंध में चिंतित मत होना, यहाँ का समस्त कार्यभार अब मेरा है।"

"यह आपकी दयालुता है, अन्नदाता! मैं संदेश लेने कब आऊँ?"

"एक प्रहर यहीं गंगभवन में रुको, मैं संदेश तैयार करके तुम्हें देता हूँ।"

"जो आज्ञा।" शत्रुजित ने कहा।

मुझे न राजनीति का अधिक अनुभव था, न कूटनीति का, परंतु ऐसा विकट समय उपस्थित हुआ था कि मुझे इस भाव से संदेश लिखना था कि हस्तिनापुर का महत्त्व कहीं से कम न हो एवं पांडवों हेतु कृष्ण से सहायता भी माँग ली जाए।

"पुत्र,

चिरंजीव भव, हालाँकि तुम्हारी कीर्ति समस्त आर्यावर्त के जनमानस के मन में ईश्वरावतार के रूप में है, फिर भी तुमको आशीर्वाद तुमसे पहले धरती पर जन्म लेने के अधिकार से दे रहा हूँ, तुम्हारे पिता के मित्र होने के अधिकार से दे रहा हूँ। यह प्रथम अवसर है, अतः तुम्हारे आचार-विचार से परिचित नहीं हूँ।

हस्तिनापुर राज्य राजकुल एवं नागरिकों के साथ तुम्हारा स्वागत करने को आकुल है। मैं चाहता हूँ कि जल्द ही तुम हस्तिनापुर आओ एवं यादवों एवं हस्तिनापुर राज्य के मध्य एक नई मित्रता का सूत्रपात हो। शत्रुजित की सभी बातों को सत्य मानना। शत्रुजित का नामांकन प्रमाणित कर रहा हूँ।

पुनः आशीष!"

शत्रुजित संदेश लेकर चला गया। उसी समय मैंने एक मंत्री चारुक को बुलवाकर शत्रुजित के पुत्र के विवाह की सारी जिम्मेदारी दे दी एवं राजकोष प्रभारी को भी इस संबंध में अवगत करवा दिया। गरुण संदेशवाहक शत्रुजित की अति उत्तम व्यवस्था थी। इसके अंतर्गत शत्रुजित ने हस्तिनापुर से द्वारका के बीच में पहले से चिह्नित जगहों पर अपने गरुण वाहक नियुक्त कर दिए थे। हस्तिनापुर से द्वारका के बीच में 11 स्थानों पर संदेशवाहक तैनात थे। एक से दूसरे, दूसरे से तीसरे व्यक्ति तक संदेशों के आदान-प्रदान की कला से संदेश अतिशीघ्र गंतव्य तक पहुँच जाता था। शत्रुजित का दावा था, उसके गरुण संदेशवाहकों द्वारा हस्तिनापुर से 2 दिन में संदेश उस तक द्वारका पहुँच जाना था।

शत्रुजित के जाने के तेरहवें दिन ही कृष्ण के अतिप्रिय, परम सखा उद्धव हस्तिनापुर आ गए। उनके पीछे-पीछे ही शत्रुजित भी वापस आया। शत्रुजित ने बताया कि श्रीकृष्ण ने द्वारका के उद्धार के बाद अतिशीघ्र हस्तिनापुर आने को कहा है एवं इस बीच पांडवों की सहायता हेतु अपने अतिप्रिय सखा उद्धव को भेजा है।

अधिक समय नहीं व्यतीत हुआ था कि ज्ञात हुआ कि धृतराष्ट्र की आज्ञा से

युधिष्ठिर ने अपने सभी भाइयों एवं माता के साथ वारणावत जाना स्वीकार किया है। मैंने इस बारे में धृतराष्ट्र से बात करने का निश्चय किया। मैं जब राजभवन पहुँचा, तब धृतराष्ट्र कणिक के साथ बैठा कुछ मंत्रणा कर रहा था। मेरे पहुँचते ही दोनों ने मुझे प्रणाम किया।

"पुत्र, मुझे तुमसे कुछ मंत्रणा करनी है।" मैंने कहा, कणिक ने इशारा समझा, वह तुरंत ही आज्ञा लेकर चला गया।

"आदेश करें पितृव्य!"

"क्या तुमने पांडु पुत्रों को देश-निकाला दे दिया है।"

मेरे इतना कहते ही धृतराष्ट्र की आँखों में अश्रु भर आए। वह बोला, "पितृव्य, आखिर क्या दोष है मेरा। मैं सदा ही पांडवों के हित की सोचता हूँ, फिर भी सदा मुझे संदेह की दृष्टि से देखा जाता है। मैंने पांडवों को वारणावत सिर्फ इसलिए भेजा है, ताकि उनका कुछ मन बहल सके एवं उनकी देखरेख में वारणावत में शिवधाम पर लगनेवाला विशाल मेला भव्य रूप से संपन्न हो, इसके अलावा हस्तिनापुर राज्य का युवराज हस्तिनापुर नगर से बाहर जाकर अन्य नगरों में स्थित अपनी प्रजा से मिले, यह भी तो आवश्यक है और हमारी प्रथा भी है कि युवराज को नियुक्ति के बाद संपूर्ण राज्य का भ्रमण करना ही पड़ता है।"

"युवराज?"

"जी पितृव्य, कल राजसभा में युधिष्ठिर का युवराज्याभिषेक होगा, उसके बाद ही युवराज युधिष्ठिर अपनी माता के साथ वारणावत को प्रस्थान करेंगे।" अब मुझे पक्का विश्वास हो गया था कि वारणावत में निश्चय ही पांडवों की प्रतीक्षा कोई दुर्घटना कर रही थी, इसलिए धृतराष्ट्र इतनी आसानी से युधिष्ठिर को युवराज बनाने को प्रस्तुत हुआ था। मैं जब गंगभवन पहुँचा तो विदुर को प्रतीक्षारत पाया। हम दोनों गुप्त मंत्रणा कक्ष में पहुँचे। विदुर को मेरे द्वारा किए गए समस्त कार्यों की जानकारी थी।

"स्थिति विकट है पुत्र!"

"हम सबकी आशा से अधिक विकट है पितृव्य! जो समाचार हाल में ही प्राप्त हुआ है, उसके अनुसार वारणावत में जो महल पांडवों के निवास हेतु

निर्मित किया गया है, उसका निर्माण अत्यंत ज्वलनशील पदार्थों से हुआ है। पांडवों को वारणावत में भस्म करने की योजना स्पष्ट है।"

अब युधिष्ठिर के युवराज्याभिषेक का भेद भी स्पष्ट हो गया। साफ था कि दुर्योधन को अपने कुकृत्यों में धृतराष्ट्र का पूरा सहयोग प्राप्त था। "क्या उपाय है पुत्र? अब पांडवों को इस संकट से कैसे बचाया जाए?"

"मुझे कुछ नहीं सूझ रहा है, पितृव्य!"

"पर मुझे सूझ रहा है, कल जब युधिष्ठिर के युवराज्याभिषेक के बाद पांडव अवश्य मेरा आशीर्वाद लेने गंगभवन आएँगे, तब मैं चाहता हूँ कि तुम भी वहीं रहो।"

"अवश्य पितृव्य!"

विदुर के जाने के बाद मैंने शत्रुजित को बुलवा भेजा। शत्रुजित के आते ही मैंने संपूर्ण यथास्थिति शत्रुजित को समझाई एवं उसका कार्य भी उसको समझाया एवं अगले दिन तय समय पर आने को कहा।

अगले दिन पाँचों पांडव अपनी माता के साथ मेरा आशीर्वाद लेने एवं वारणावत जाने की आज्ञा माँगने आए, जब पांडवों ने वारणावत की ओर प्रस्थान किया, तब विदुर उनके साथ कुछ दूर तक गए एवं गूढ़ भाषा में युधिष्ठिर को आकस्मिक रूप से आग लगने को लेकर सचेत भी कर आए। पांडवों के आशीर्वाद लेकर जाते ही शत्रुजित को मैंने उनके पीछे कर दिया। मैंने शत्रुजित को युधिष्ठिर के नाम से संबोधित एक पत्र भी दिया, जिससे अत्यावश्यक होने पर वह पांडवों के समक्ष स्वयं को प्रकट कर सके।

उद्धव भी पांडवों के वारणावत जाने का समाचार लेकर द्वारका लौट गए थे।

शत्रुजित के संदेश मुझे लगातार प्राप्त होते रहे। ज्ञात हुआ कि पांडवों के वारणावत पहुँचने के कुछ समय बाद ही विदुर ने एक खनिक को भेज दिया था और वह तभी से ही शिवभवन से एक सुरंग खोदने के कार्य में व्यस्त है। उसकी सहायता पाँचों भाई करते हैं, किसी को इस बारे में ज्ञात न हो, इसके लिए कुंती ने महल के उस भाग को अपना पूजा-गृह घोषित किया हुआ है एवं किसी भी व्यक्ति के वहाँ जाने पर रोक है, फिर समाचार मिला कि इसी कृष्ण पक्ष की

चतुर्दशी को पुरोचन महल में आग लगाएगा, यह बात पांडवों को ज्ञात है एवं उन्होंने अपने बचाव का समस्त प्रबंध किया हुआ है। कृष्ण पक्ष की चतुर्दशी के अगले दिन धृतराष्ट्र विलाप करते हुए मेरे पास आया।

"पितृव्य, गजब हो गया! गजब हो गया, पितृव्य! मैं कहीं का नहीं रहा, हस्तिनापुर कहीं का नहीं रहा!" बार-बार इस प्रकार से विलाप करते हुए धृतराष्ट्र मूर्च्छित हुआ जा रहा था।

"पुत्र, जरा स्थिर भाव से बैठकर क्या हुआ है, स्पष्ट करो।"

"पितृव्य, कल रात्रि में वारणावत के शिव भवन में आग लग गई। कुंती एवं पाँचों पांडव वहीं ठहरे हुए थे, वे भी उस अग्निराशि में भस्म हो गए। पितृव्य, हस्तिनापुर को अब यही दुर्दिन देखने बाकी थे। उनकी मिट्टी की भी दुर्दशा हो गई, पितृव्य, बुरी तरह से जली हुई हालत में सभी के शव मिले हैं। हाय! मेरे दुर्भाग्य ने आज यह दिन दिखाया मुझे।"

धृतराष्ट्र की इस बात से मेरे मन में संशय उत्पन्न हो गया। पाँचों पांडव पूर्ण जानकारी के बाद भी अग्नि में भस्मीभूत हो जाएँ, ऐसा कैसे संभव था और फिर उनके साथ शत्रुजित जैसा चतुर व्यक्ति था! विदुर द्वारा भेजा गया खनिक उनके लिए सुरंग का निर्माण करके आया था, फिर कैसे संभव था यह!

"कहाँ हैं उनके शव? मुझे जल्दी ले चलो वहाँ।" मैंने उद्वेग से कहा।

"पितृव्य, दुर्योधन अन्य राजकर्मियों के साथ कुंती एवं पाँचों पांडवों के शवों को लेने गया है। हाय पितृव्य!"

कुंती एवं पाँच पांडवों के शव! क्या सच में पांडवों की मृत्यु हो गई। क्या सच में संसार से धर्म का लोप हो गया! मुझे लगा कि मुझ पर अजीब सी तंद्रा आरोहित हो रही है। मेरा अंतर्मन यह स्वीकार करने को तैयार नहीं था कि पांडवों की मृत्यु हो गई, परंतु धृतराष्ट्र की बातें मेरे विश्वास को डिगा रही थीं।

मैंने क्रोध में भरकर धृतराष्ट्र को बाँह पकड़कर खड़ा किया एवं बोला, "मूर्ख, यह सब तेरे अपने पुत्र को दिए गए अनुचित प्रश्रय का नतीजा है और तू इस कार्य में बराबर का भागीदार है। मैं तो प्रतिज्ञाबद्ध होने के कारण कुरुओं पर अस्त्र नहीं उठाऊँगा, परंतु ध्यान रख, यशोदानंदन यादव कुलभूषण कृष्ण अपने फुफेरे भाइयों की इस घृणित हत्या को नहीं भूलेंगे एवं तेरे पुत्रों का सर्वनाश कर

देंगे और तू मेरी एक प्रतिज्ञा और सुन, यदि यशोदानंदन तेरे पुत्रों के विरुद्ध अस्त्र उठाते हैं तो मैं इस युद्ध से स्वयं को पूर्णतः पृथक् रखूँगा।" अब धृतराष्ट्र का रुदन एकदम शांत पड़ गया था। वह एकदम चुप होकर काँपते हुए मेरी बात सुन रहा था। मैंने धृतराष्ट्र का हाथ छोड़ दिया, वह डगमगाकर पृथ्वी पर गिर पड़ा। मैं उसे वहीं छोड़कर विदुर के निवास की तरफ चल पड़ा। मैं जिस हाल में विदुर के यहाँ पहुँचा था, विदुर तुरंत ही मेरी स्थिति भाँप गया एवं मुझे लेकर भवन के आंतरिक कक्ष में पहुँचा।

"प्रणाम पितृव्य, मैं आपकी स्थिति समझ सकता हूँ और स्वयं भी अचंभित हूँ, अब स्थिति की सही जानकारी तभी हो सकती है, जब पांडवों को गंगा पार करवाने के लिए भेजा गया मेरा नाविक लौटकर आए।"

"तुमको क्या प्रतीत होता है, वत्स!"

"पितृव्य, मेरी प्रतीत नहीं, अपितु परम विश्वास है कि पांडव जैसे योद्धा सारी स्थिति को जानते हुए इस प्रकार से नहीं मारे जा सकते, अब वे सही समय की प्रतीक्षा करेंगे एवं सही एवं अनुकूल समय आने पर ही संसार के सम्मुख प्रकट होंगे।"

मैं खुद कृष्ण के भरोसे होकर बैठ गया था, बिना यह जाँचे कि कृष्ण किस स्तर तक पांडवों का सुहृदय है, यदि सत्य ही पांडवों की मृत्यु हुई है तो मैं स्वयं भी इसका उतना ही दोषी था, जितना कि धृतराष्ट्र, बल्कि यदि सही अर्थों में कहा जाए तो मैं ही अधिक दोषी था। माना कि धृतराष्ट्र के पास राजदंड था, परंतु उस राजदंड की असली दंडशक्ति मैं ही था। यदि मैं स्वयं दुर्योधन एवं अन्य कौरव राजकुमारों पर सख्ती करता तो संभव था, आज की स्थिति उत्पन्न ही न होती, परंतु मैं तटस्थ रहने के आवेग में इतना अधिक आगे निकल आया कि सत्य और शायद धर्म से भी पीछे हट गया, तीसरे दिन नाविक लौटकर आया, जिससे सर्वप्रथम विदुर को एवं फिर विदुर के माध्यम से मुझे शुभ समाचार प्राप्त हुआ। पांडव जीवित थे एवं गंगा पार कर राक्षस वन की तरफ चले गए थे।

पांडवों के सारे शोक कर्म विधि-विधान से संपन्न हुए और फिर हस्तिनापुर में कृष्ण का आगमन हुआ। मैंने आचार्य द्रोणाचार्य, विदुर, दुर्योधन, शकुनि

एवं अन्य गण्यमान्य व्यक्तियों के साथ कृष्ण का नगरद्वार पर स्वागत किया। एक वर्ष का राजशोक घोषित था, अतः कोई विशेष आयोजन नहीं था। हम सब भी धवल वस्त्रों में थे, सभी ने मुकुट एवं अन्य जवाहरातों का पूर्णतः त्याग किया हुआ था। कृष्ण के साथ उद्धव, सात्यकि एवं अन्य कई यादव योद्धा आए हुए थे। हस्तिनापुर के वर्धमान द्वार के समीप आते ही कृष्ण सहित सभी यादव योद्धाओं ने अस्त्र-शस्त्रों एवं जवाहरातों का त्याग कर दिया। कृष्ण एवं अन्य सभी रथ से उतरकर हमारे समीप आ गए। कृष्ण ने सभी का यथोचित वंदन किया, फिर मैं उनको अपने रथ पर ही लेकर राजभवन की तरफ चला। प्रजा व्यग्र थी, असीम शोकाकुल थी एवं धृतराष्ट्र एवं दुर्योधन के प्रति असीम असंतोष से ग्रस्त थी, फिर भी कृष्ण की आर्यावर्त में ऐसी ख्याति हो गई थी कि राजपथ पर दूर-दूर तक सिर्फ जनसैलाब दिखता था। मैंने देखा कि जनता अपनी आँखों में श्रद्धा लिये अत्यधिक अनुराग एवं आशा से कृष्ण को देख रही थी, मानो कृष्ण उनके प्रिय पांडवों को पुनरुज्जीवित करने आए हैं। राजभवन के बाहर धृतराष्ट्र एवं गांधारी ने बाहर आकर कृष्ण का स्वागत किया। इस दौरान मैंने गौर किया कि दुर्योधन एवं शकुनि कृष्ण की बहुत अधिक आवभगत में लगे थे, जो कि दुर्योधन के अहंकारी स्वभाव के पूर्णतः विरुद्ध था, शायद शकुनि की राय पर दुर्योधन आर्यावर्त की एक प्रमुख शक्ति को अपने पक्ष में करने का प्रयास कर रहा था, कुछ समय पहले दुर्योधन द्वारका में रहकर कृष्ण के बड़े भाई बलराम से गदायुद्ध का प्रशिक्षण लेकर आया था। कृष्ण ने सर्वप्रथम तो अपने फुफेरे भाइयों को नियमानुसार गंगाजल अर्पण किया तथैव उनको राजभवन में स्थित भव्य अतिथिगृह में ठहराया गया।

कृष्ण राजभवन में स्थित अतिथि कक्ष से गंगभवन की तरफ आ रहे हैं, संध्याकाल में मुझे ऐसी सूचना मिली। मैंने निश्चय किया कि कृष्ण की आवभगत को मैं स्वयं गंगभवन के द्वार पर उपस्थित रहूँगा। मैं अपने पूर्ववर्ती जीवन की तरफ देखता हूँ तो पाता हूँ कि यह सम्मान मैंने आज तक किसी को नहीं दिया, फिर कृष्ण में ऐसी क्या बात थी! कृष्ण न आर्यावर्त का कोई महत्त्वपूर्ण राजा था, न कोई नामवर ऋषि, फिर भी ऐसा क्यों? मैंने स्वयं से सवाल किया। कृष्ण को लोग भगवान् विष्णु का अवतार एवं चमत्कारी पुरुष

कहते थे, मैं नहीं जानता इन बातों में कितनी सच्चाई है, परंतु कुछ तो था इस ग्वाले में, जो अन्य व्यक्तियों से अलग था। कृष्ण की मोहक मुसकान सहसा ही हृदय को अपनी तरफ खींचती थी, उसकी बड़ी आँखों में आँखें डाल दो तो लगता था, सदा के लिए इनके ही हो जाओ, वाणी में इतनी मिठास थी कि प्रतीत होता था कि यह व्यक्ति अगर इसी भाषा-शैली से प्राण भी माँग ले तो सहर्ष अर्पित कर दिए जाएँ। साँवला वर्ण इस प्रकार फलित होता था कृष्ण पर जिस प्रकार ग्रीष्म ऋतु की संध्या का पूर्ण सूर्य आकाश पर फलित होता था। घुटने तक पहुँचते विशाल बाहु यह दर्शित करते थे कि इस व्यक्ति को युद्ध में पराजित करना प्रायः असंभव है।

कृष्ण को मैं ससम्मान विशेष रूप से सजाए गए अतिथिकक्ष में लेकर आया। कृष्ण ने मेरे आसन ग्रहण करने के पश्चात् स्वयं आसन ग्रहण किया। इस समय तक परिचारिका अल्पाहार के रूप में कुछ फल, मिष्टान्न, दुग्ध एवं जल रखकर चली गई।

"पुत्र, तुम्हारा गंगभवन में स्वागत है, शोककाल में तुम्हारा आगमन हस्तिनापुर में हुआ है तथैव मैं आशा करता हूँ कि हस्तिनापुर का तुम्हारा प्रवास अनुकूल रहा होगा।"

"अवश्य पितामह, मेरा हस्तिनापुर का प्रवास उतना ही अनुकूल है, जितना हस्तिनापुर के सूर्य का हस्तिनापुर में प्रवास अनुकूल रहा होगा एवं जहाँ तक शोक का प्रश्न है तो हे दीनदयाल, मुझे यहाँ रिवाजों में तो शोक प्रतीत हो रहा है, परंतु किसी भी राजपुरुष की आँखों में नहीं।" कृष्ण बोले। मुझे समझ नहीं आया कि कृष्ण ने हस्तिनापुर के सूर्य का संबोधन करके मेरा सम्मान बढ़ाया है अथवा मेरा उपहास किया है। कृष्ण के कहने का आशय क्या था? क्या कृष्ण आरोप लगाना चाहते थे कि मैंने अपना स्नेह धृतराष्ट्र पुत्रों एवं पांडु पुत्रों में समान रूप से विभाजित नहीं किया अथवा कृष्ण संपूर्ण हस्तिनापुर पर आरोप लगा रहे थे कि उसने अपने सूर्य समान बुजुर्ग, अर्थात् मुझे नगर के भीतर स्थान नहीं दिया, जिससे कि मुझे नगर के बाहर आकर गंगभवन में रहना पड़ा। कृष्ण की बातें सचमुच अद्भुत थीं,। जब मैं कुछ समय तक सोच में ही डूबा रह गया तो कृष्ण फिर बोले, "यदि मैंने कोई अनुचित कथन किया होगा तो पितामह

मुझे अवश्य माफ करेंगे, परंतु यह सत्य है कि मुझे हस्तिनापुर के किसी भी राजपरिवार के सदस्य की आँखों में शोक का लक्षण नहीं दिखाई देता। न उनके जिनको पांडवों का शत्रु कहा जाता था एवं न ही उनके जिनको पांडवों का हितैषी समझा जाता था!"

अतिथिकक्ष में इस समय सिर्फ मैं और कृष्ण थे, मैंने पहले ही इसका प्रबंध किया हुआ था, हालाँकि सभी गोपनीय वार्त्तालाप मैं मंत्रणाकक्ष में करता था, परंतु मंत्रणाकक्ष को कृष्ण की प्रतिष्ठा के अनुरूप सुरुचिपूर्ण तरीके से व्यवस्थित करना संभव नहीं था, अत: अतिथिकक्ष में मिलना ही निश्चित हुआ था। "क्या तुमसे कुछ छुप सकता है कृष्ण!" मैंने किंचित् हास्य के साथ पूछा।

"धर्म का ऐसा रूप, जिसकी प्रतिष्ठा पुरातनकाल से स्थापित है, उसके वाहक मेरे पितामह मुझसे कहाँ कुछ छुपाएँगे!" कृष्ण ने अपनी मनोहर वाणी से पूछा। उनकी आँखों की मोहिनी मुझ पर चल चुकी थी, मैंने गवाक्ष से बाहर किल्लोल करती माँ गंगा की लहरों को देखा, मुझे पुन: होश आया।

"पुत्र, तुमने कहा कि धर्म का प्राचीन रूप! तुम्हारी नजरों में धर्म का वर्तमान रूप क्या कुछ अलग है?" मैंने वार्त्तालाप को दूसरी दिशा दी।

"पितामह, अपने पुत्र की परीक्षा लेना चाहते हैं!" कृष्ण ने अपनी त्रिभुवन को मोहनेवाली मुसकान के साथ कहा।

"नहीं, बस पितामह अपने पुत्र के ज्ञान-सागर से कुछ बूँदें समेटना चाहते हैं। पितामह प्राचीन हैं, सो प्राचीन धर्म का पालन करते हैं, वे अपने पुत्र से धर्म के नए स्वरूप को जानना चाहते हैं।" मैंने कहा।

"पितामह, धर्म का प्राचीन स्वरूप उस समय के सामाजिक एवं राजनीतिक ढाँचे पर आधारित था। उस समय जब राजनीति भोग एवं विलास का माध्यम न होकर सेवा का माध्यम थी। उस समय का जब राजनीति अधिकार का रूप नहीं थी, कर्तव्य का रूप थी। वर्तमान समय में धर्म की रक्षा हेतु कूटनीति आवश्यक है। शक्ति एवं धर्म को एक-दूसरे का पर्यायवाची होना चाहिए। जहाँ धर्म है, वहीं शक्ति है, यह आवश्यक है, परंतु जहाँ शक्ति है, वहाँ धर्म भी हो, वर्तमान में यह आवश्यक नहीं रह गया है। जब सामने खड़ा शत्रु किसी भी प्रकार से धर्मयुद्ध करने को प्रस्तुत नहीं है, जब सामने खड़ा शत्रु तैयार है कि कब शाम

हो, कब धर्मयुद्ध करनेवाला व्यक्ति पीठ फेरे और उसी वक्त वार किया जाए, ऐसे में शत्रु की मंशा को पहचानकर धर्मयुद्ध की भाँति सूर्य अस्त होते ही युद्ध रोकने की घोषणा नहीं करनी चाहिए, अपितु स्वयं को मायायुद्ध में भी इतना पारंगत बनाना चाहिए कि शत्रु को इस मोर्चे पर भी धूल चटाई जा सके। धर्म की रक्षा हेतु ही यदि धर्म में कूटनीति का मिश्रण किया जाए तो वह प्रभु की आज्ञा है, सत्य है, सही है।" कृष्ण ने कहा। जब वे अंतिम तीन शब्द बोल रहे थे तो ऐसा लगा, जैसे ये शब्द सर्वत्र विराजमान हैं, आकाश में, पाताल में, सभी दिशाओं में।

"परंतु क्या यह धर्म से विचलन नहीं? हम किसी अन्य के व्यवहार के लिए उत्तरदायी नहीं हैं, न ही हो सकते हैं, परंतु स्वयं के व्यवहार के लिए तो हमें पूर्ण रूप से उत्तरदायी होना ही होगा।" मैंने कहा।

"नहीं पितामह, मैं कहता हूँ, यह धर्म से विचलन नहीं, बल्कि धर्म-पालन है। प्रकृति निर्धारित सबसे बड़ा धर्म मानव के लिए धर्मरक्षा, राष्ट्ररक्षा, फिर स्वरक्षा है। यदि अधर्मी धर्म पर चलनेवालों की अधर्म युद्ध द्वारा हत्या कर देंगे तो कौन धर्म स्थापना करेगा! धर्म की रक्षा हेतु धार्मिक राष्ट्र की, धार्मिक राजा की, धार्मिक व्यक्ति की महती आवश्यकता है।"

"अर्थात् तुम प्राचीन धर्म की मान्यताओं को अस्वीकार करते हो?"

"नहीं पितामह, मैं प्राचीन धार्मिक मान्यताओं का अतीव सम्मान करता हूँ। वास्तव में वही सर्वथा सत्य एवं व्यक्ति को आध्यात्मिक उन्नति के मार्ग पर ले जानेवाली जीवन-शैली है। मैं ऐसे समाज में, जहाँ सभी मुझसे सहमत हों, अपनी प्राचीन धार्मिक मान्यताओं को ही आगे प्रेषित करूँगा, परंतु ऐसे समाज में जहाँ एक बड़ा भाग किसी भी धर्म को न मानता हो, वहाँ क्या किया जाए, यह भी एक बड़ा प्रश्न है? समय के साथ-साथ भोगी राजा अपना आत्मबल खोकर युद्ध-विजय हेतु पूर्णतः दूसरों पर निर्भर है एवं ऐसे मातहत कर्मचारी, जिनका सिर्फ एक धर्म है विजय, उनके साथ किस धर्म का पालन किया जाए। ऐसे लोग जब असफलता की तरफ बढ़ते हैं तो हमारे धार्मिक व्यवहार को ही हमारे विरुद्ध अस्त्र की तरह इस्तेमाल करने लगते हैं, सो ऐसे लोगों से विजय-प्राप्ति हेतु यदि धर्म के साथ कूटनीति का मिश्रण किया जाए

तो वह पूर्णत: धर्मसंगत है। हाँ, ऐसे किसी भी कार्य के मूल में धर्म स्थापना ही होनी चाहिए।"

"यदि ऐसा प्रचलन में आया तो आम जनमानस, जिसमें असाधारण आत्मबल नहीं होता, जो उनकी परिस्थिति के अनुसार निर्णय लेने में सहायता करे, वे इसी धर्म के नए प्रकार का सहारा लेकर पापकर्मों में लिप्त हो जाएँगे।"

"पितामह, मैंने अभी कहा कि यदि धर्म का मिश्रण कूटनीति के साथ किया भी जाता है, तब भी मूल में धर्म ही रहना चाहिए, हमें इस बारे में सचेत रहना होगा। धर्म सृष्टि का मूलाधार है, धर्म पर ही सृष्टि एवं मानव विकास टिका है तो किसी भी कार्य के मूल में धर्म हो, इसका सदैव ध्यान रखना होगा। इस प्रकार हम भटकाव को रोक सकते हैं।"

"नियम व्यवहार के बारे में तुम्हारा क्या विचार है?" मैंने पूछा। मुझे आश्चर्य हो रहा था कि इतनी कम वय का गोपालों के साथ पला-बढ़ा युवक किस सहजता एवं सरलता से धर्म की एक नई व्याख्या न सिर्फ दे रहा था, बल्कि उसे मजबूत तर्कों के साथ स्थापित भी कर रहा था।

"नियम व्यवहार में भी हमको कुछ बदलाव करना होगा एवं उन्हें इस प्रकार बनाना होगा, जिससे आम जनमानस न सिर्फ उनसे जुड़ सके, बल्कि उनको सहजता से अपने जीवन में उतार सके। हमको समय ने पर्याप्त अपभ्रंशित किया है, हैहय नरेश सहस्रार्जुन एवं मगधराज जरासंध ने सिर्फ मानवीय रूप से ही हमारा पतन नहीं किया है, बल्कि सांस्कृतिक रूप से भी हमारा पतन हुआ है, अत: हमको धीरे-धीरे आम जनमानस में अपनी पुरातन जीवन-शैली के लिए रुचि पुन: जाग्रत् करनी पड़ेगी, जो कि धीरे-धीरे ही संभव है, जैसे आपके मातृ भ्राता एवं संपूर्ण आर्यावर्त के पूजनीय महामुनि वेदव्यास ने आश्रम संस्कृति एवं धर्मक्षेत्र की स्थापना की।" कृष्ण ने अपने चिर-परिचित अंदाज में उत्तर दिया।

मैं कृष्ण से अभी काफी कुछ पूछना चाहता था, परंतु पहली ही मुलाकात में सामान्य वार्त्तालाप से आगे बढ़कर व्यक्ति विषयक हो जाना शिष्टाचार के विरुद्ध था।

"पितामह, अब मैं आज्ञा चाहूँगा, आपने मेरी धर्म की पुनर्स्थापना की आशाओं को नई ऊर्जा दी है, मेरे लगभग हारे हुए मन को नया आसरा दिया है।

यदि मैं सत्य ही आर्यावर्त में धर्म स्थापना का पर्याय बना तो आप द्वारा आज दिए गए दिशा-निर्देश का महत्त्व सर्वोपरि रहेगा। आपने मुझे धर्म स्थापना का वह अचूक अस्त्र पुनः उपलब्ध करवाया है, जिसको मैं नष्टप्राय समझ रहा था।" कहकर कृष्ण ने मुझे प्रणाम किया।

"आयुष्मान भव पुत्र! तुमने मेरी सोच को आज नई दिशा दी है। मुझे नहीं पता तुम्हारे विचारों से मैं कितना सहमत हूँ, परंतु यह अवश्य है कि तुम्हारे विचारों ने एक नई दिशा अवश्य दी है मुझे विचार करने को। तुम्हारे विचार नए हैं एवं समग्र रूप से धर्महित में हैं, परंतु मैं जन्म से धर्म के जिस रूप का पालन करता आया हूँ, उसको सहसा ही अप्रासंगिक नहीं घोषित कर सकता। मुझे तुमसे पुनः मिलने की प्रतीक्षा रहेगी।" मैंने कहा। कृष्ण ने मंद स्मित के साथ मेरे वचन को सुना एवं प्रणामित मुद्रा में ही प्रस्थान कर गए।

कृष्ण गंगभवन से चले गए, परंतु मुझे विचारमग्न छोड़ गए। यह तो साफ था कि आरंभिक वार्त्ता से एवं अन्य किसी साधन से कृष्ण को ज्ञात हो चुका था कि पांडव जीवित हैं। पांडवों के आगामी जीवन हेतु यह उचित भी था एवं मेरी योजनानुसार ही था। पांडवों की रक्षा एवं मार्गदर्शन कृष्ण ही कर सकते थे, मुझे सहसा महसूस हुआ कि कृष्ण तो समस्त जगत् का मार्गदर्शन कर सकते हैं। कितनी तर्कपूर्ण बातें थी उनकी, समस्त रूढ़ियों को तोड़तीं, धर्म स्थापना की अद्‌भुत ललक लिये हुए। यह धर्म स्थापना की अदम्य इच्छा ही तो थी, जो कृष्ण को प्रभास एवं द्वारका के समृद्ध एवं ऐश्वर्यशाली राज्य से इतनी दूर भ्रमण करवा रही थी अन्यथा अब श्रीकृष्ण एवं उनकी नगरी द्वारका पूर्ण सुरक्षित थी, जरासंध इतनी दूर जाकर आक्रमण करने का साहस नहीं कर सकता था, पड़ोसी शत्रु शाल्व का दमन सफलतापूर्वक श्रीकृष्ण कर चुके थे। अद्‌भुत जिजीविषा, आत्मबल एवं मोहिनी के धनी थे कृष्ण। मुझे अनुभव हुआ कि कृष्ण के बारे में जो भी जनश्रुति प्रसिद्ध हैं, सही ही तो हैं।

लगभग एक वर्ष का समय व्यतीत हुआ, इस बीच आर्यावर्त में दो बड़ी घटनाएँ हुईं। दुर्योधन को हस्तिनापुर का नया युवराज घोषित किया गया एवं पांचाल नरेश ने अपनी पुत्री का स्वयंवर आयोजित किया, जिसमें कि हस्तिनापुर से दुर्योधन ने भाग लिया।

पांचाल में स्वयंवर आयोजनवाले दिन के व्यतीत होते ही रात्रि के द्वितीय पहर में शत्रुजित का आगमन गंगभवन में हुआ। शत्रुजित रात्रिकाल में ही मेरे सम्मुख उपस्थित हुआ। मैं शयनकक्ष में ही शत्रुजित से मिला। उसने मुझे प्रणाम करके वारणावत से आरंभ कर अर्जुन द्वारा स्वयंवर की शर्त पूर्ण कर द्रौपदी के पाणिग्रहण तक के संपूर्ण घटनाक्रम से अवगत करवाया। शत्रुजित ने स्वयं के पांडवों के समक्ष प्रकट होने की घटना का विवरण देते हुए बताया।

"पांडव शिवभवन से निकलकर राक्षसावर्त में प्रवेश कर चुके थे। मैं भी पांडवों के पीछे ही था, तभी मेरे ऊपर पेड़ से कोई कूदा। जब तक मैं खुद को सँभालता, तब तक चार व्यक्ति या कहें राक्षस मुझे अपने शिकंजे में ले चुके थे, उनकी बनावट विशाल थी, उन्होंने अपने पूरे शरीर को काले रंग से रँगा हुआ था। मुँह को विभिन्न रंगों से रँगकर भयानक रूप दिया हुआ था। सभी के वक्षस्थल पर एक बीभत्स-सा दिखता चेहरा अंकित था, जो किसी प्रकार का पहचान चिह्न लग रहा था। वस्त्र के नाम पर उन्होंने सिर्फ अपने नीचे के भाग पर पत्ते लपेटे हुए थे। उनका आक्रमण इतना अप्रत्याशित था कि मुझे कुछ समझने-बूझने का अवसर ही नहीं मिला, अब उन नरभक्षियों से बचाव का एक ही उपाय था मेरे पास, मैंने वही अपनाया, मैं तीव्रता से चिल्लाया—हे हस्तिनापुर के युवराज धर्मराज युधिष्ठिर! मेरी रक्षा करें, रक्षा करें। सहदेव की ऐंद्रिय शक्ति सर्वश्रेष्ठ थी, सर्वप्रथम उन्होंने ही मेरी आवाज सुनी एवं अपने भाइयों को बताया, अब तक राक्षसों ने भी उन्हें देख लिया था। कुछ ही क्षणों में पाँचों भाई मेरे समीप पहुँच गए। माता कुंती उस समय राजकुमार भीम के कंधों पर बैठी हुई थीं। समीप पहुँचकर युवराज युधिष्ठिर ने मुझसे मेरा परिचय पूछा, मैं कुछ बताता, इससे पहले ही चारों राक्षस पांडवों पर हमला करने आगे बढ़े, परंतु भीम ने बात-की-बात में आसानी से चारों राक्षसों को मौत के घाट उतार दिया, फिर मैंने अपना परिचय देते हुए बताया कि किस प्रकार आपने मुझे पांडवों की रक्षा एवं किसी आकस्मिक मुसीबत से बचाव हेतु भेजा था। मैंने उनको आप द्वारा प्रदत्त पत्र भी दिखाया। हुआ एकदम उलटा ही, पांडवों को तो मेरी सहायता की आवश्यकता नहीं पड़ी, अपितु मुझे ही पांडवों की आवश्यकता पड़ गई। यह सुनकर राजकुमार भीम बहुत देर तक हँसते रहे, फिर आगे मैं पांडवों के

साथ ही चलता रहा। कुछ आगे चलने पर भीम ने राक्षसों के राजा हिडिंब का वध किया, जिसके उपरांत हिडिंब की बहन ने भीम से राक्षस रीति से विवाह किया एवं भीम, वृकोदर के नाम से, राक्षसावर्त के राजा बन के रहे। कालांतर में हिडिंबा से भीम को एक पुत्र भी प्राप्त हुआ, जिसका नाम घटोत्कच रखा गया। लगभग एक साल व्यतीत होने पर महामुनि वेदव्यास राक्षसावर्त आए एवं उनके समझाने पर पांडवों ने एकचक्रा नगरी में निवास किया और बकासुर का वध किया। तत्पश्चात् पांचालों की राजधानी में, जब सभी प्रमुख राजागण शर्त पूरी करने में असफल रहे एवं अंगराज को पौरुष प्रदर्शन का अवसर नहीं दिया गया, तब मध्यम पांडव अर्जुन ने स्वयंवर की शर्त पूर्ण कर एवं वहाँ उपस्थित सभी राजाओं को पराजित कर राजकुमारी द्रौपदी का पाणिग्रहण किया, अब चूँकि पांडव प्रकट हो चुके थे, अतः मैं अपना कार्य समाप्त जानकर आपको सूचना देने चला आया।"

मैं अपने कुल के नए अंकुर के जन्म की सूचना पाकर भाव-विह्वल हो रहा था। मैंने कहा, "उत्तम वत्स, तुमने अपने कार्य को अति उत्तम रूप से पूर्ण किया है। तुमने मुझे हस्तिनापुर के भविष्य के उत्तराधिकारी के बारे में सूचना दी है, मैं तुमसे अतिप्रसन्न हूँ। अच्छा यह बताओ कि यदि पांडव वहाँ से सकुशल निकल आए थे तो शिव भवन में पाए गए 5 पुरुषों एवं 1 स्त्री के शव किसके थे?"

"वे शव एक भीलनी एवं उसके पाँच पुत्रों के थे। उन्होंने उसी दिन कुंती द्वारा आयोजित जनभोज में भोजन एवं दक्षिणा प्राप्त की, फिर उसी दक्षिणा से मदिरा क्रय करके पूर्ण रूप से नशे के हवाले होकर शिव भवन में ही सो रहे। मेरा अनुमान है कि पांडवों की दृष्टि उन पर शिव भवन को अग्नि के हवाले करने के उपरांत गई होगी। तत्पश्चात् पांडवों ने स्थिति का लाभ उठाते हुए उनके पास अपने शस्त्र रख दिए होंगे, जिससे कि शिव भवन में लगी अग्नि में उनके भस्म होने की बात सत्य सिद्ध हो।" शत्रुजित ने बताया।

पांडव कांपिल्य के अतिथि बनकर रह रहे थे, इसी बीच मेरे सहोदर महामुनि वेदव्यास हस्तिनापुर पधारे। मुझे ज्ञात था कि महामुनि कांपिल्य से हस्तिनापुर की तरफ आ रहे हैं, सो मैं अति उत्सुक था, इसलिए मैं सूचना मिलते

ही उनके पिछले पड़ाव पर रथारूढ़ हो जा पहुँचा। महामुनि अपनी यात्राओं के क्रम में जहाँ भी विश्राम हेतु रुकते थे, वहाँ एक छोटा सा गुरुकुल स्थापित हो जाता, आसपास के सभी नागरिक आकर यज्ञ के नियमों, गृहस्थ आचार-विचार सीखते थे। यज्ञ एवं शिक्षण कार्यों के बाद सभी पधारे हुए नागरिक भोजन करते। मिली हुई भिक्षा में से ही समन्वयित रूप से महामुनि एवं उनके शिष्य उनको भोजन परोसते। उसके बाद आश्रमवासी एवं अंत में महामुनि स्वयं भोजन करते। इसके पश्चात् सभी अश्विनीकुमारों का ध्यान करते, उनसे अक्षय स्वास्थ्य का वरदान माँगते, तदुपरांत महामुनि अपने हाथ से सभी को प्रसाद वितरण करते। प्रसाद वितरण के बाद जब सभी उठकर अपने-अपने घरों को जाने को होते तो अपने में नई ऊर्जा का अनुभव करते, कई बीमार एवं अपंग पूर्णतः स्वस्थ हो जाते, फिर सब महामुनि का गुणगान करते हुए प्रस्थान करते। महामुनि के अथर्ववेद को स्थापित करने, आश्रम पद्धति को संपूर्ण आर्यावर्त में पुनः स्थापित करने, धर्मक्षेत्र की स्थापना जैसे अभूतपूर्व कार्यों की वजह से आर्यावर्त में ईश्वर के अवतार-सा सम्मान था, लगभग समाप्तप्राय आर्यावर्त की नियम एवं संयम से परिपूर्ण संस्कृति एवं परंपराओं को एक तरह से महामुनि ने जीवनदान दिया था।

महामुनि अपनी दैनिक क्रियाओं से निपटकर सभी आगंतुकों को विदा कर मुझे साथ ले अपनी कुटिया में पहुँचे एवं मंद स्मित के साथ बोले, "ऐसी व्यग्रता!"

"मैं अपनी समस्त चेष्टाओं के बाद भी अपनी इंद्रियों पर पूर्ण नियंत्रण नहीं पा सका हूँ, मैं इस विषय में अपनी पराजय स्वीकार करता हूँ।" मैंने भी तनिक हास्य के साथ कहा।

"इंद्रियों पर विजय पाना कोई उपाय भी नहीं है भ्राता, इंद्रियों के देदीप्यमान तेज की बस दिशा परिवर्तित की जा सकती है।"

"मैं समझा नहीं।" मैंने नम्रता के साथ कहा।

"इंद्रियों का तेज एक देदीप्यमान अग्नि स्रोत के समान है। उसको प्रतिबंधित नहीं किया जा सकता, हाँ, उसका रूप अवश्य परिवर्तित किया जा सकता है। हम इंद्राग्नि के रूप को नाशाग्नि बनाते हैं या यह यज्ञाग्नि हमारे ऊपर है।"

"उचित है, परंतु इसके माध्यम के बारे में आपका क्या विचार है?" मैंने पूछा।

"भ्राता, इसके लिए आवश्यक है ध्येय। जीवन का एक ध्येय अवश्य होना चाहिए, तभी इंद्रिय संयम संभव है, जो भी ब्रह्मचारी होते हैं, उनका संकल्प ही उनका सहारा, उनकी शक्ति होता है एवं यही संकल्प पल्लवित होकर जीवन ध्येय में परिणत होता है। इसी प्रकार यदि जीवन का एक ध्येय बना लिया जाए एवं संपूर्ण जीवन को इस ध्येय प्राप्ति हेतु समर्पित कर दिया जाए, तब समस्त इंद्रियाँ आपके ध्येय प्राप्ति हेतु अग्रसर होती हैं, इसी से व्यक्ति के संकल्प की भी रक्षा होती है।"

"जी, परंतु यदि ध्येय निश्चित होने के बाद भी इंद्रियों पर पूर्ण नियंत्रण न हो तब क्या हो?"

"यदि ऐसी स्थिति उत्पन्न होती है तो इसका अर्थ है कि जो भी ध्येय हमारे द्वारा निश्चित किया गया है, वह आध्यात्मिक कम और सांसारिक अधिक है एवं सांसारिक ध्येय की पूर्ति में तो इंद्रियाँ साधन हैं, न कि व्यवधान। मान लो कि कोई मदिरापान का अभ्यस्त व्यक्ति मदिरापान को ही ध्येय बनाए बैठा है अथवा कोई राजपुरुष ध्येय बनाए बैठा है कि उसका राज्य प्रलयकाल तक बना रहे, तब इंद्रियों से विग्रह कैसे संभव है! ध्येय ऐसा होना चाहिए जिसमें सांसारिकता का लोप हो एवं आध्यात्मिकता की प्राथमिकता हो तभी संयमित इंद्रियबल का विकास होगा।" महामुनि ने कहा।

स्वयं मैं! एक तरफ मैं जीवन भर हस्तिनापुर एवं सत्तासीन कुरुकुल के संरक्षण की प्रतिज्ञा किए बैठा था, वहीं दूसरी तरफ मैं अपनी इंद्रियों पर संयम भी चाहता था। क्या किसी राज्य का संरक्षण बिना युद्ध के संभव है? क्या किसी युद्ध में शत्रु का संहार बिना क्रोध किए संभव है? और जहाँ क्रोध है, वहाँ इंद्रिय संयम कहाँ! मेरे कुछ देर चुप रहने पर महामुनि मेरे मन का संकोच समझ गए एवं वार्त्ता को दूसरी दिशा देते हुए बोले, "तुम्हें ज्ञात ही है कि मैं कांपिल्य से ही यहाँ आ रहा हूँ। कांपिल्य में कुछ अनोखा घटित हुआ। मैं समझता हूँ, पांडवों के प्रकट होने एवं स्वयंवर की शर्त पूरी करने की जानकारी तुमको अवश्य प्राप्त हो गई होगी।"

"जी, परंतु उसके बाद की जानकारी के लिए मैं आप पर आश्रित हूँ।"

महामुनि हँसते हुए बोले, "तुम्हारे लिए शुभ समाचार है। कांपिल्य में निश्चय करके द्रौपदी ने पाँचों भाइयों से विवाह किया है।"

महामुनि द्वारा यह आश्चर्यजनक समाचार मिलते ही मैं अपने स्थान से उठकर खड़ा हो गया एवं बोला, "आपके वहाँ वर्तमान रहते यह अधर्म कैसे संभव हुआ? एक स्त्री पाँच भाइयों की पत्नी! बड़ा भाई अपने छोटे भ्राता के जीवित रहते हुए उसकी पत्नी से सहवास करे! नहीं, कुरुकुल में ऐसा अधर्म संभव नहीं।"

"भ्राता, अभी हम इंद्रिय संयम की चर्चा कर रहे थे, फिर इतनी जल्दी संयम खोना उचित नहीं। आप मेरी बात ध्यान से सुनें।"

मैं कुछ बोला नहीं, परंतु अपने स्थान पर पूर्ववत् बैठ गया, तब महामुनि आगे बोले, "तुम यह क्यों उम्मीदं करते हो कि तुम्हारा एवं सृष्टिकर्ता का संकल्प एक ही हो! तुम प्रतिज्ञ हो किसी भी हाल में हस्तिनापुर एवं उससे अधिक माता सत्यवती से उत्पन्न कुरुकुल की रक्षार्थ, परंतु स्रष्टा तो धर्मरक्षा हेतु दृढ़ प्रतिज्ञ है। क्या तुम पांडवों की सुरक्षा सुनिश्चित कर सकते हो?"

"आपका अंदेशा सत्य है भगवन्!" मैंने प्रथम बार वेदव्यास को भगवन् कहकर संबोधित किया। मुझे प्रथम बार ही अनुभव हुआ कि मेरे भ्राता वेदव्यास की दृष्टि कितनी सम्यक् एवं विस्तृत है एवं तर्क क्षमता कितनी गूढ़।

"तो धर्म की गति पांडवों के उद्धार एवं दुर्योधन की अवगति में ही है। संसार के लिए न हस्तिनापुर महत्त्वपूर्ण है, न कुरुकुल। संसार के लिए प्रक्रिया, नियम एवं सबसे महत्त्वपूर्ण धर्म की रक्षा है। हस्तिनापुर, कुरुकुल आदि समस्त नष्टप्राय हैं, परंतु धर्म शाश्वत है। पांडव धर्म की स्थापना एवं रक्षा हेतु निमित्त हैं। पांडवों की सबसे बड़ी शक्ति है उनकी एकजुटता। यदि वे पाँचों भाई एकजुट रहें तो उनको स्वयं इंद्र भी पराजित नहीं कर सकते, परंतु यही पाँच यदि पृथक् हो गए तो दुर्योधन बात-की-बात में सभी का नाश कर देगा। द्वितीय युधिष्ठिर के अविवाहित रहते एवं रक्ष संस्कृत के विवाह को छोड़ दें तो भीम के भी अविवाहित रहते अर्जुन विवाह करके परिवेदन के पापी बनते, जो कि अर्जुन को बिल्कुल भी स्वीकार नहीं था। तृतीय एवं सबसे महत्त्वपूर्ण मैंने पाँचों भाइयों की

आँखों में द्रौपदी के प्रति लालसा एवं काम के भाव का अनुभव किया। मुझे तभी प्रतीत हुआ कि द्रौपदी ही है, जो कि पाँचों भाइयों में कलह का कारण बन सकती है और वही पाँचों भाइयों की एकजुटता का भी कारण बन सकती है। ऐसे में पाँचों भाइयों की एकजुटता के लिए, उनके अधिकारों की रक्षा के लिए, आर्यावर्त में धर्म की स्थापना के लिए, कुरुकुल के संवर्धन हेतु यह विवाह आवश्यक था।"

"मैं कूटनीतिक एवं राजनीतिक रूप से आपकी बात समझ गया, परंतु धर्म इस विषय में क्या कहता है?" मैंने प्रश्न किया।

"मेरी सभी क्रियाओं का धर्म ही आधार है। मैंने उपरोक्त सिर्फ तुम्हारी जिज्ञासा एवं इस संबंध से राजनीतिक आवश्यकता की किस प्रकार पूर्ति हो सकती है, इसके वर्णन हेतु तुमको बताया है, अब इसका धार्मिक पक्ष भी सुनो, यदि पूर्व में विचारित किया जाए तो धर्मात्माओं में श्रेष्ठ जटिला नामक गौतम गोत्र की स्त्री ने सात ऋषियों से विवाह किया था, इसी प्रकार कंडु मुनि की पुत्री वार्क्षी ने तपस्या से पवित्र अंतःकरणवाले दस प्रचेताओं के साथ, जिनका एक ही नाम था और जो आपस में भाई-भाई थे, विवाह संबंध स्थापित किया था, अतः यह पूर्व में सुविचारित रूप से घटित घटना है। तुम यदि इस घटना का सम्यक् रूप से विचार करोगे तो पाओगे कि यह एकदम सत्य एवं धर्म के उसी प्रकार अनुकूल है, जिस प्रकार कई राजाओं का एक से अधिक पत्नियाँ रखना धर्मानुकूल है। तुम स्वयं ही अपने भ्राता विचित्रवीर्य के लिए तीन कन्याओं का काशी से हरण करके लाए थे।"

"परंतु बहुपत्नीवाद की आज्ञा तो सिर्फ ऐसे समर्थ पुरुषों को है, जो एक से अधिक पत्नियों एवं उनसे उत्पन्न संतति का समुचित पालन-पोषण कर सकें।"

"तो भ्राता, मेरा विश्वास करो, इस समय धरा पर द्रौपदी से समर्थ नारी कोई दूसरी नहीं है।"

महामुनि के तर्क अकाट्य थे, सत्य थे, अतः मुझे स्वीकार्य थे। मैंने आगे पूछा, "पांडवों के हस्तिनापुर पधारने की कब योजना है? संपूर्ण हस्तिनापुर उनके पुनः आगमन की बाट जोह रहा है।"

"तुम सर्वथा विस्मृत कर गए हो भ्राता कि उन राजकुमारों में एक हस्तिनापुर का युवराज भी है।"

"यह भी एक समस्या है भ्राता, पिछले वर्ष युधिष्ठिर समेत सभी पांडवों की मृत्यु की सूचना प्रसारित होने के बाद युवराज की पदवी दुर्योधन को प्रदान कर दी गई है, अब युधिष्ठिर के पुनःआगमन के अवसर पर दुविधा उत्पन्न होगी।"

"अधिकारी को अधिकार प्रदान करने में दुविधा ? जब ऐसी दुविधा उत्पन्न हो तो समझो धर्म का लोप है वहाँ।"

क्या यह मुझ पर आरोप था! "भगवन्, मुझे युधिष्ठिर के धर्मसंगत अधिकार को लेकर कोई दुविधा नहीं है। राज्य धर्मानुसार पुत्र एवं सम्राट् पांडु के बड़े पुत्र युधिष्ठिर का ही है, परंतु एक बार जिसको कोई अधिकार प्रदान कर दिया जाए, उससे वह अधिकार छीनकर दूसरे को देना भी कालांतर में आपसी कलह का कारण बनता है। मैं नहीं चाहता कि कुरुकुल पारिवारिक कलह में उलझकर रह जाए एवं भविष्य में पतन का शिकार हो, अब आप ही एक बार पुनः इस संकट से मुक्ति का मार्ग विचारें।"

"एक ही साधन दृष्टिगोचर है, दिल कड़ा करके सुनो गंगापुत्र! हस्तिनापुर राज्य का विभाजन ही एकमात्र उपाय है, जिससे कुरुकुल की आंतरिक कलह टाली जा सकती है। मेरा मत अभी भी यही है कि हस्तिनापुर राज्य के धर्माधिकारी युवराज युधिष्ठिर ही हैं एवं राज्य उन्हीं को मिलना चाहिए, हस्तिनापुर राज्य का विभाजन करना भी एक तरह से युधिष्ठिर के साथ अन्याय है, उस प्रजा के साथ अन्याय है, जो दुर्योधन के राज्य में रहकर अधर्म को झेलेगी, परंतु यदि तुम्हारा उद्देश्य सिर्फ कुरुकुल की कलह को टालना ही है तो मुझे तो यही एक साधन प्रतीत होता है।"

"हस्तिनापुर का विभाजन, परंतु यह कैसे संभव है! ऐसे तो मैं स्वयं ही अपनी प्रतिज्ञा से च्युत हुआ, जब हस्तिनापुर राज्य का विभाजन, अर्थात् मेरे हृदय का विभाजन।"

"कुरुकुलश्रेष्ठ, आपके सम्मुख वर्तमान में दो ही मार्ग हैं, प्रथम, आप तैयार रहें, युधिष्ठिर एवं दुर्योधन के मध्य होनेवाले संघर्ष के लिए एवं पूर्ण प्राणपण से धर्म का साथ दें। द्वितीय मार्ग है कि हस्तिनापुर राज्य का विभाजन करके इस संघर्ष को कुछ समय के लिए टाल दें और फिर मुझे इसमें भी कुछ लाभ ही प्रतीत हो रहा है।"

"वह कैसे?"

"हस्तिनापुर राज्य का ही एक अंग खांडवप्रस्थ है। पूर्व में खांडवप्रस्थ हस्तिनापुर के शासकों का निवास स्थान रहा है एवं खांडवप्रस्थ से ही कई पीढ़ियों तक कुरुकुल ने शासन किया। वर्तमान में उचित देखरेख के अभाव में हस्तिनापुर राज्य का वह हिस्सा घनघोर वन में परिवर्तित हो चुका है, जहाँ पर राक्षसों एवं लुटेरों का साम्राज्य है। इस वन को सुंदर नगर का रूप देने का कार्य सिर्फ पांडव ही कर सकते हैं। इस प्रकार जो भूमि हस्तिनापुर के लिए व्यर्थ है एवं जहाँ धर्मशत्रु पल्लवित हो रहे हैं, वह स्थान रमणीय एवं धर्म के प्रसार का स्थल बनेगा।"

"हूँ," मैं सहसा इस विषय में कुछ कह नहीं सका।

महामुनि वेदव्यास कुछ समय तक वैसे ही बैठे रहे, फिर बोले, "संसार में कर्म ही नित्य है, बाकी सभी कुछ अनित्य है। व्यक्ति को धर्म मार्ग पर अग्रसर होकर सदैव कर्म करते रहना चाहिए, पूर्ण रूप से अच्छा या बुरा कुछ भी नहीं होता, सभी सापेक्षित हैं, जैसे कुरुकुल कभी भी हस्तिनापुर के राज्य विभाजन को स्वीकार नहीं कर सकता था, परंतु वर्तमान समय में आसन्न संघर्ष को टालने का यही एक उपाय है, अतः इस पर चलना चाहिए। ऐसा मेरा मत है। ईश्वर ने सभी कुछ निश्चित कर रखा है।" यह कहकर महामुनि अपने स्थान से उठकर खड़े हो गए। मैं उनका मंतव्य समझकर उनसे विदा लेकर हस्तिनापुर वापस आ गया।

मैं जितना महामुनि की बातों पर विचार करता, उतना ही मुझे लगता कि महामुनि द्वारा सुझाया गया मार्ग ही अंतिम है। दुर्योधन सभी प्रकार के समझाने के बंधनों से ऊपर उठ चुका है, उस पर सिर्फ चतुर शिरोमणि धूर्त शकुनि की बातों का असर होता था। मैं प्रतिज्ञाबद्ध था, आचार्य को अपने राज्य, अहिच्छत्र, की सुरक्षा के लिए हस्तिनापुर की राजसभा पर निर्भर रहना ही था। ऐसे में दुर्योधन को समझाने का कोई मार्ग नहीं था। मुझे संदेह था कि दुर्योधन राज्य के बँटवारे के लिए भी कभी तैयार नहीं होगा। दुर्योधन अपने अन्यायपूर्ण अधिकार को ही सर्वोत्तम मानता था एवं उसके विरुद्ध कुछ भी न समझ सकता था, न सुन सकता था। आज समय का चक्र घूमकर फिर वहीं आ गया था, जहाँ एक बार

यमुना तट पर किसी देवव्रत ने बिना आगा-पीछा देखे एक दुरूह प्रतिज्ञा की थी। उस प्रतिज्ञा ने देवव्रत को तो भीष्म बना दिया, परंतु संपूर्ण हस्तिनापुर को एक अनचाही अस्थिरता की तरफ धकेल दिया। आज भी मुझे प्रतीत होता था कि मेरा कोई अधिकार नहीं था, इस प्रकार की प्रतिज्ञा कर संपूर्ण कुरुकुल एवं हस्तिनापुर के भाग्य को अनिश्चितता की तरफ मोड़ दूँ, अब मुझे उपाय ढूँढ़ना था, आज नहीं तो कुछ दिनों में पांडव वापस आएँगे ही। उनके वापस आने पर सहसा तो तमाम तरह के उत्सव आयोजित किए जाएँगे, पर उन्हीं उत्सवों की रोशनी में छुपकर, फिर किसी वारणावत जैसी घटनाओं की योजना रची जाएगी, इस बार और ज्यादा सावधानी से। कब तक बचेंगे पांडव इस प्रकार! अब कुछ तो करना ही होगा, कुछ तो भय दिखाना होगा दुर्योधन को, वरना वह तो पांडवों हेतु आधे राज्य का बँटवारा करने को भी तैयार नहीं होगा। कुछ तो करना ही होगा, अब मुझे पुनः शत्रुजित की आवश्यकता थी। शत्रुजित अविलंब उपस्थित हुआ और जैसी मुझे आशा थी, कुछ ही देर में उसने मेरी समस्या का उपाय बता दिया, अब सारा दारोमदार योजना की सफलता को लेकर था। सबसे महत्त्वपूर्ण था दुर्योधन के कपटगुरु शकुनि पर काबू पाना एवं दुर्योधन को उसकी विनाशकारी सलाह से मुक्त करना। दुर्योधन, दुःशासन, कर्ण एवं शकुनि की चौकड़ी मध्य रात्रि तक चौपड़, मदिरा एवं रास-रंग का सेवन करते थे। इसके बाद चारों गहरे नशे में भोजन करके अपने-अपने निवास को निकलते थे। दुर्योधन एवं दुःशासन का निवास तो राजभवन में ही था, अतः वे रंगशाला से सीधे अपने भवन चले जाते। कर्ण का निवास राधागृह था, जो कि राजभवन से कुछ दूरी पर स्थित था। शकुनि ने भी अपना निवास राजभवन से कुछ दूरी पर स्थित विशेष अतिथिगृह में बनाया हुआ था। यह अतिथिगृह मूल रूप से विशिष्ट राज अतिथियों के निवास हेतु बनवाया गया था, परंतु कालांतर में राजपरिवार में अपनी निकटता एवं दुर्योधन की कृपा से यह भवन शकुनि को निवास हेतु प्राप्त था। मध्य रात्रि में मदिरा के आवेश में शकुनि अपने रथ पर लगभग बेहोश-सा बैठा हुआ था, अभी आधा मार्ग ही पार हुआ था कि एक तीर सनसनाता हुआ आया और सारथी के बाएँ कंधे में गड़ गया आकर, रथ असंतुलित हुआ एवं घोड़े राजमार्ग से बाईं ओर उतरकर रुक गए। इससे पहले कि सारथी कुछ समझ

पाता, वह चार मजबूत बाँहों के घेरे में था, शकुनि को जरा भी होश नहीं था कि क्या हो रहा है, वह पूर्ण शांति से निद्रामग्न था। शत्रुजित शकुनि को इसी अवस्था में अपने कंधे पर लादकर एक ओर चला गया, कुछ और व्यक्ति शकुनि का रथ एवं उसके सारथी को लेकर अन्य दिशा में चले गए। योजना का एक कदम पूरा हो चुका था।

योजना के द्वितीय चरण के रूप में सुबह होते ही मैंने कणिक को गंगभवन में बुलाया। कुछ ही समय में कणिक मेरे समक्ष उपस्थित था। मैंने उसको बातों-ही-बातों में संकेत दिया कि यदि पांडवों एवं कौरवों में से कोई भी धर्मसंगत व्यवहार से एक-दूसरे के अधिकार का अधिग्रहण करता है तो अन्य कोई उपाय न पाकर मैं अपनी प्रतिज्ञा तोड़कर राज्य का अधिग्रहण कर सकता हूँ। मैंने कुछ भी कणिक से स्पष्ट नहीं कहा, परंतु मेरा अभिप्राय कणिक जैसे चतुर मंत्री की समझ में अवश्य आ गया था, यह उसकी भाव-भंगिमा से स्पष्ट था।

मुझे पूर्ण अनुमान था कि कणिक इस बात की चर्चा धृतराष्ट्र से अवश्य करेगा। राजा को किसी भी प्रकार की संदेहजनक बात से अवगत करवाना मंत्री का कर्तव्य है एवं कणिक अत्यंत ही कर्तव्यनिष्ठ मंत्री है। ऐसा ही हुआ भी।

कुछ ही समय में पांडव कांपिल्य से वापस हस्तिनापुर आए। उनके साथ में धृष्टद्युम्न विशाल सेना के साथ था, कहने को तो वह अपनी बहन को छोड़ने आया था, परंतु अनदेखे रूप से अपने बहनोइयों को उनका अधिकार दिलाने में सहायता करने भी आया था। कई बार अनुरोध करने के बाद भी धृष्टद्युम्न ने हस्तिनापुर में प्रवेश नहीं किया एवं वर्धमान द्वार के बाहर ही उसकी सेना ने पड़ाव डाला। अपने हस्तिनापुर आगमन के अगले दिन पाँचों पांडव राजसभा में उपस्थित हुए। दुर्योधन ने कई प्रकार से राजसभा में उनका विरोध एवं अपमान करने की कोशिश की, परंतु पांडवों ने उसकी प्रत्येक बात का समुचित एवं शांत रहकर उत्तर दिया। वार्त्तालाप के अंत में मैंने स्वयं राज्य को दो भागों में विभाजित करने का प्रस्ताव रखा। जिसपर दुर्योधन बहुत आगबबूला हुआ, परंतु मेरी योजना कार्य कर रही थी, कणिक ने मुझसे हुई वार्त्ता की धृतराष्ट को पहले ही सूचना दे दी थी। धृतराष्ट्र को भय था कि किसी भी अन्यथा की स्थिति में मैं अन्याय के विरोध करने का मन बना रहा था। मुझे

भय था कि कुटिल शकुनि अवश्य मेरी युक्ति को समझ जाएगा एवं पांडवों को कभी भी हस्तिनापुर का भाग प्राप्त नहीं करने देगा। शकुनि को कभी भी विश्वास नहीं होगा कि मैं किसी भी प्रकार से अपनी प्रतिज्ञा तोड़ सकता हूँ, ऐसे में वह कभी भी दुर्योधन को मेरा प्रस्ताव स्वीकार नहीं करने देगा, इसलिए मैंने उसको पहले ही शांतिपूर्ण रूप से कैद करवा लिया था। अब स्थिति दूसरी थी, दुर्योधन सभा में क्रोध के कारण कराल रूप धारण किए हुए था, परंतु कोई भी उसकी बात सुनने को तैयार नहीं था। दुर्योधन के आश्चर्य की सीमा न रही, जब कणिक ने भी मेरे प्रस्ताव का समर्थन किया। कणिक एवं धृतराष्ट्र दोनों समझ रहे थे कि मेरी अनुपस्थिति में पांडवों एवं उनके साथ संपूर्ण पांचाल सेना का मुकाबला किसी भी तरह से संभव नहीं था। हाँ, यदि उनको विश्वास होता कि मैं किसी भी प्रकार से अपनी प्रतिज्ञा नहीं तोड़ूँगा तो अभी ही हस्तिनापुर एवं पांचाल का भयानक युद्ध होता। मैं यह सोच रहा था, तभी साथ में एक अन्य विचारधारा भी मेरे मनोमस्तिष्क में पनप रही थी। धृतराष्ट्र की उपरोक्त प्रतिक्रिया का मंतव्य था कि धृतराष्ट्र से अधिक मैंने दुर्योधन को प्रश्रय दे रखा था। मुझे ग्लानि का भी अनुभव हुआ, कठिन त्याग एवं स्वयं गुरु परशुराम से संघर्ष के बाद भी अभी तक मैं इतना विश्वास नहीं स्थापित कर पाया था कि लोग मेरी प्रतिज्ञा को अंतिम मानें। संभवतः इसका एक कारण धृतराष्ट्र एवं दुर्योधन के मन में स्थित अधर्म भी था। उनको ज्ञात था कि उनकी माँग पूर्णतः गलत है तथा धर्म एवं न्याय के सिद्धांत के पूर्णतः विपरीत है, इसी हेतु उनके हृदय का भय ही था, जो उनको यह मानने को विवश कर रहा था कि मैं अपनी प्रतिज्ञा तोड़कर भी उनके अधर्म एवं अन्याय के विरुद्ध उनका प्रतिकार कर सकता हूँ, अंत में मेरा सुझाव सभी ने स्वीकार किया। पांडव अगले ही दिन हस्तिनापुर से प्रयाण भी कर गए। उनके जाने के साथ ही धृष्टद्युम्न भी अपनी सेना के साथ प्रस्थान कर गया।

समय गुजरता रहा, जीवन एक बार पुनः सरल रेखा में गति कर रहा था। कृष्ण पांडवों के विशेष सहायक बनकर रहे। शत्रुजित के माध्यम से मुझे भी खांडवप्रस्थ की सूचनाएँ प्राप्त होती रहतीं। ज्ञात हुआ कि कृष्ण और अर्जुन ने खांडवप्रस्थ का दहन कर दिया, इसमें खांडवप्रस्थ के ही एक सरदार

अग्नि ने उनकी सहायता की। इस विशेष कार्य हेतु अग्नि ने अर्जुन को गांडीव नामक धनुष एवं कृष्ण को सुदर्शन नामक चक्र प्रदान किया। इसके अलावा खांडवदहन से पांडवों को मय दानव नामक विश्वप्रसिद्ध शिल्पी भी मित्र के रूप में प्राप्त हुआ। इसी बीच सिर्फ एक अतिमहत्त्वपूर्ण घटना हुई कर्ण का जरासंध से मल्लयुद्ध। कर्ण के राज्य अंग से मिलती हुई मगध के अंतर्गत आनेवाली चंपा नगरी की सीमा थी। जरासंध इस समय आर्यावर्त का सबसे शक्तिशाली सम्राट् था एवं उसकी सेनाएँ बार-बार चंपा नगरी की सीमाओं का उल्लंघन करके अंगदेश में प्रवेश करती थीं। एक बार जरासंध मृगया हेतु चंपा नगरी आया हुआ था, कर्ण को जानकारी मिली, उसने अपनी सेना सहित चंपा नगरी पर हमला कर दिया। जरासंध से उसका मल्लयुद्ध हुआ। युद्ध के कई दिन तक चलने के पश्चात् भी कोई समाधान नहीं निकला तो जरासंध ने कर्ण की वीरता से प्रसन्न होकर चंपा नगरी उसको भेंट कर दी। इस प्रकार कर्ण की वीरता का सिक्का दुर्योधन की नजरों में और अधिक जम गया। कुछ दिन बाद संपूर्ण आर्यावर्त एवं विशेषकर कुरुकुल के लिए बहुत बड़ा प्रसन्नतासूचक समाचार प्राप्त हुआ। द्वितीय पांडव ने आर्यावर्त के भय जरासंध को मल्लयुद्ध में पराजित कर वध कर दिया। यह कर्म भीम ने कृष्ण एवं अर्जुन की सहायता से किया, अब पांडव राजसूय यज्ञ की तैयारी करने लगे, अब कोई था भी नहीं संपूर्ण आर्यावर्त में उन समान बलशाली, उनकी शक्ति को टोकनेवाला। विदुर ने ही मुझे बताया कि चार पांडव चारों दिशाएँ बाँटकर विजय को निकले हैं। उन्होंने निश्चय किया है कि द्वारका एवं हस्तिनापुर को छोड़कर समस्त पृथ्वी से कर प्राप्त करेंगे। कुछ ही समय बाद समाचार मिला कि चारों पांडव अकूत धन-संपत्ति एवं यश के साथ वापस लौटे हैं। मुझे मेरे जीवन का ध्येय प्राप्त हुआ। जिस यज्ञ को मैं राजा न होने के कारण नहीं कर सका एवं कई पूर्वज पर्याप्त संसाधन न होने के कारण नहीं कर सके, उसको पांडवों ने लगभग संपूर्ण कर लिया था। संसाधन जुट चुके थे, अब बारी यज्ञ की थी। यज्ञ हेतु हम सबको आमंत्रित करने स्वयं द्वितीय पांडव भीम आए। मैं, विदुर सभी गांधारी पुत्रों एवं सदैव दुर्योधन के साथ रहनेवाले कर्ण एवं शकुनि ने इंद्रप्रस्थ जाने का निर्णय लिया।

यज्ञ का विस्तार भव्य था। पांडवों के पुरोहित ऋषि धौम्य, महामुनि वेदव्यास, देवर्षि नारद आदि सभी महर्षि यज्ञ में मौजूद थे। राजाओं में शिरोमणि द्रुपद, शाल्व, शल्य, शिशुपाल, सूर्यसेन आदि मौजूद थे। दूर-दूर देशों से राजागण अमूल्य रत्न, आभूषण करस्वरूप ला रहे थे और उनको ग्रहण कर रहा था दुर्योधन! युधिष्ठिर का धर्मप्रेम एवं समकक्ष दृष्टि अद्‍भुत थी। दुर्योधन एवं भीम समवयस्क थे, इस प्रकार के यज्ञों में करद राजाओं से कर संग्रहण का कार्य अत्यंत गरिमामय एवं महत्त्वपूर्ण माना जाता था। इस कार्य को अकसर युवराज ही किया करते थे। भीम एवं दुर्योधन का जन्म एक ही दिन हुआ था, ऐसी अवस्था में दुर्योधन को कर संग्रहण का कार्य देकर युधिष्ठिर ने उसको अतीव सम्मान से विभूषित किया था। सारी यज्ञ व्यवस्था सुचारु रूप से हो गई। यज्ञवाले दिन प्रश्न उठा अग्रपूजा का! इतने सारे नरेशों एवं मनीषियों में से किसकी अग्रपूजा की जाए, किसको छोड़ा जाए, बड़ा प्रश्न था। प्रश्न घूमते-घूमते मुझ तक पहुँचा।

मुझे इस प्रश्न में कोई शंका नहीं थी, मैंने खड़े होकर कहा, "महामुनि व्यास, देवर्षि नारद, कुलगुरु धौम्य, पधारे हुए ऋषियो, नरेशो, यह प्रश्न मेरे लिए जरा भी सोचनीय नहीं है, यहाँ पर सिर्फ एक ही व्यक्ति है, जो धर्म के सार्वभौमिक सिद्धांत को जीवन में उतारते हुए सुख-दुःख, मान-सम्मान को समान रूप से ग्रहण करते हुए जीवात्मा के कल्याण में संलग्न है, जिसके लिए धर्म के सिवाय अन्य कुछ न महत्त्वपूर्ण है और न ही ग्राह्य। जो धर्म को अपने तरीके से परिभाषित करता है और आश्चर्य अपने सिद्धांतों से डिग भर न हिलनेवाले मनीषी पुरुष उसका अक्षरशः पालन भी करते हैं। जो गौवें चराता है, फिर एक शक्तिशाली लेकिन अधर्मी राजा का वध करता है। इतने पर भी राज्य, संपदा का मोह उसको नहीं सताता और सभी की सम्मति के बाद भी राज्य स्वीकारने से इनकार कर देता है। जो अपने गुरु के लिए यमराज से उनके पुत्र को छीनकर लाता है, अपने लोगों की सुरक्षा हेतु नए नगर का सृजन करता है। इस यज्ञ के मूल में भी वही व्यक्ति है, वरना जरासंध के वर्तमान रहते धर्म की दिग्विजय कहीं संभव थी! इतने सब पर भी यज्ञ संचालन में वह कार्य क्या लेता है, सभी अतिथियों के पद प्रच्छालन का। सत्य है, इस यज्ञ के लिए यदि कोई

व्यक्ति अग्रपूजा का अधिकारी है तो वह सिर्फ वासुदेव श्रीकृष्ण हैं। बिना कृष्ण तो इंद्रप्रस्थ का भी अस्तित्व नहीं!"

मेरा इतना कहना था कि चेदि नरेश दमघोष का पुत्र शिशुपाल खड़ा होकर कृष्ण को एवं मुझे अपशब्द बकने लगा। कृष्ण ने संपूर्ण सभा को धैर्य रखने को कहा एवं अपनी भुवनमोहिनी मुसकान के साथ शिशुपाल को सुनते रहे, परंतु जैसे ही शिशुपाल के मुख से रुक्मिणी का नाम निकला, बिजली-सी चमकी और शिशुपाल का मस्तक जमीन पर लोट रहा था। कृष्ण की उँगली पर सुदर्शन चक्र विराजमान था एवं उनके मुख पर मोहिनी विराजित थी। श्रीकृष्ण बोले, "भ्राता युधिष्ठिर, पापियों का नाश किसी भी दशा में उचित है। भूमि माँ है और पापियों के वध से माँ का भार कम होता है।" फिर उन्होंने शिशुपाल के शव को उसके मातहतों को सौंप देने की आज्ञा सहदेव को दी। कृष्ण ने सहदेव से यह भी कहा कि शिशुपाल के शव को ससम्मान चेदि भिजवाने की व्यवस्था भी त्वरित रूप से इंद्रप्रस्थ करे। कृष्ण समस्त घटनाओं से निरपेक्ष प्रतीत होते थे। शिशुपाल वध के बाद भी कृष्ण पूर्णतः पूर्व की स्थिति में ही थे, वे लोगों से हँसकर वार्त्ता कर रहे थे, हास-परिहास कर रहे थे, उनके व्यवहार से प्रतीत ही नहीं हो रहा था कि अभी सभा में शिशुपाल वध जैसी बड़ी घटना हुई है। इसके पश्चात् यज्ञ सकुशल संपन्न हुआ।

उसके बाद के कुछ दिन इंद्रप्रस्थ में सुख से कटे, सभी पांडव भाई अकसर हमारे साथ ही रहते। एक दिन शाम को सहभोज का आयोजन किया गया। भोज की संपूर्ण व्यवस्था कुंती एवं द्रौपदी देख रही थीं। भोज के अंत में सभी कौरव एवं पांडव एक साथ बैठे थे। दुर्योधन, जो पूरे यज्ञ में ईर्ष्याग्नि में जलता रहा था, वह भी आज प्रसन्न जान पड़ रहा था। मैंने उचित अवसर देखकर कहा, "दुर्योधन एवं अन्य गांधारीपुत्रो, युधिष्ठिर एवं अन्य पांडवो, मेरी बात ध्यान से सुनो। जिस प्रकार किसी भी दुष्कर उद्यम की सफलता हेतु स्वयं का पूर्ण स्वस्थ होना आवश्यक है, उसी प्रकार किसी भी युद्ध में सफलता हेतु आवश्यक होता है कि रथी पूर्ण सज्ज हो, उसके पास उत्तम अश्व, सारथी एवं चक्ररक्षक हों। इन सबसे ही सफलता निश्चित होती है, जब व्यक्ति अपने अंतर से, अपने संबंधियों से पूर्णतः संतुष्ट एवं रक्षित होता है,

तभी वह सफलता के नवसोपान स्पर्श करता है। भाई यदि भाई के साथ है तो सबसे बड़ा संबल है, सबसे बड़ी सुरक्षा है, परंतु यदि भाई ही भाई के सम्मुख शत्रु भाव से खड़ा है तो वह ही सबसे बड़ा खतरा है। पुत्रो, मैं चाहता हूँ, तुम सभी भाई आपस में आज की ही भाँति सदैव प्रेम से जीवनयापन करो। यदि मेरी बात मानोगे तो हस्तिनापुर एवं इंद्रप्रस्थ देवताओं के लिए भी अजेय हैं और यदि आपसी मनमुटाव बनाए रखोगे तो दोनों ही राज्य सर्वथा अधोगति को प्राप्त होंगे। पुत्रो, राजा को सदैव प्रजा के हित में ही कार्य करना चाहिए, प्रत्येक स्थिति में प्रजा का हित देखकर ही स्वयं की विभिन्न अवस्थाओं का निर्धारण करना चाहिए, अतः पुत्रो, मेरी बात का मर्म समझकर ऐसा कार्य करो, जिससे हस्तिनापुर, इंद्रप्रस्थ एवं कुरुकुल का नाम आर्यावर्त एवं संपूर्ण धरा पर सदैव गुंजायमान रहे। मैं तुम्हारा वृद्ध पितामह तुम सबसे इतनी ही प्रार्थना करता हूँ।"

इसके पश्चात् सभी भाइयों ने मुझे विश्वास दिलाया कि वे सब आपस में मिल-जुलकर रहेंगे। दुर्योधन के व्यवहार में आकस्मिक परिवर्तन मेरी दृष्टि से सर्वथा अचंभित करनेवाला था। अगले दिन हम सभी हस्तिनापुर की ओर प्रस्थान कर गए। कृष्ण से मिलने की इच्छा थी, परंतु ज्ञात हुआ कि वे द्वारका से कोई महत्त्वपूर्ण समाचार पाते ही यज्ञ की समाप्ति पर ही इंद्रप्रस्थ से कूच कर गए थे। दुर्योधन, शकुनि, दुःशासन एवं कर्ण की मंडली कुछ दिनों के लिए इंद्रप्रस्थ में ही रुक गई थी। मुझे यह आश्चर्यजनक भी लगा और सुखद भी, परंतु इसके दुःखद पहलू की तरफ मेरी दृष्टि उस समय नहीं गई। हस्तिनापुर वापस आकर भी कई दिनों तक मेरा मन इंद्रप्रस्थ की वीथियों में ही भटकता रहा। इंद्रप्रस्थ की समृद्धि में एक अलग प्रकार की शांति विराजित थी एवं पांडवों का विनम्र अधिकार भाव भी था, आखिर यह समस्त संपदा पांडवों ने खुद अपने बाहुबल से सहेजी थी, न कि विरासत रूप में प्राप्त की थी। दुर्योधन का यदि अंतिम कुछ दिनों का आश्चर्यजनक रूप से शांत व प्रसन्न व्यवहार छोड़ दें तो वह पूरे कार्यक्रम में ईर्ष्या से व्यथित ही प्रतीत हुआ।

दुर्योधन भी अपने साथियों के साथ तीसरे दिन लौट आया। उसके आने के कुछ ही समय पश्चात् मेरे पास विदुर स्वयं पधारे, "तातश्री प्रणाम! प्रतीत

होता है, हम लोगों की आशंका सत्य सिद्ध हुई है। दुर्योधन अतिशय क्रोध में भरा हुआ इंद्रप्रस्थ से वापस लौटा है एवं आते ही महाराज से मिला। मुझे जो सूचना प्राप्त हुई है, उसके अनुसार इंद्रप्रस्थ के माया महल में भ्रमण के दौरान दुर्योधन एक स्थान पर जल को थल समझकर जल में गिर गया। उसके वहाँ गिरते ही द्रौपदी एवं भीम हँसने लगे एवं द्रौपदी ने कहा, 'अंधों के तो अंधे ही होंगे।' हालाँकि दुर्योधन जब वापस लौटकर महाराज के पास गया तब क्रोध से अत्यंत आगबबूला था, परंतु बाद में शकुनि के साथ न जाने कौन सी मंत्रणा हुई उसकी कि उसने इस विषय पर न ही कोई विशेष सभा का आयोजन किया एवं न ही इस विषय हेतु मुझसे अथवा आपसे भेंट की।"

"भविष्य को टाला नहीं जा सकता विदुर! दुर्योधन को जिस प्रकार से शकुनि ने ढाला है, अब वह सिर्फ लालसा, ईर्ष्या एवं हिंसा की प्रतिमूर्ति बनकर रह गया है। मुझे प्रतीत होता है दुर्योधन के रूप में स्वयं दिवंगत महाराज चित्रांगद धरा पर आए हैं। चित्रांगद ने तो सिर्फ अपनी हिंसक प्रवृत्ति के कारण अपनी बलि दी थी, परंतु दुर्योधन संपूर्ण कुरुकुल की बलि देने पर तुला हुआ है, परंतु द्रौपदी एवं भीम के इस कृत्य को उचित नहीं ठहराया जा सकता। स्पष्ट है, यदि दुर्योधन इस विषय को राजसभा में उठाता तो हस्तिनापुर अपने युवराज एवं सम्राट् के अपमान करने के लिए इंद्रप्रस्थ को क्षमा माँगने हेतु विवश करता।"

"पितृव्य, दुर्योधन को भी इस बात का भान रहा होगा कि यदि वह इस विषय को राजसभा में उठाता है तो क्षमा माँगने पर आकर बात समाप्त हो जाएगी।"

"अर्थात्?"

"मुझे प्रतीत होता है पितृव्य, यह घटना न दुर्योधन विस्मृत कर पाएगा एवं न ही महाराज, इसके परिणाम विभीषक होंगे।" कालांतर में विदुर के मुँह से निकला वाक्य अक्षरश: सत्य सिद्ध हुआ।

कुछ ही समय व्यतीत हुआ था कि ज्ञात हुआ कि मंत्रणा समिति ने फैसला किया है कि हस्तिनापुर को जरासंध की मृत्यु के बाद की आर्यावर्त की राजनीति में स्थान प्राप्त करने हेतु सभी प्रमुख राजाओं का सम्मेलन आयोजित करना

चाहिए। यह प्रस्ताव चूँकि लुभावना था एवं एकरस जीवन से विलगित कुछ विविधता का संचयन कर सकता था, अतः मैंने आयोजन की अनुमति दे दी। हस्तिनापुर में बड़ी-बड़ी यज्ञशालाओं, भवनों, नई राजसभा, राजभवन आदि का निर्माण प्रारंभ हुआ। दुर्योधन अपने सभी भाइयों के साथ बढ़-चढ़कर सभी आयोजनों में लगा था। मैं कारण नहीं समझ पा रहा था। यह मुझे इंद्रप्रस्थ की भाँति ही हस्तिनापुर को राजसमाज में बढ़-चढ़कर दिखाने का उत्साह ही जान पड़ा। पांडवों को निमंत्रण देने हेतु विदुर को भेजा गया। पांडव महाराज धृतराष्ट्र के निमंत्रण को मना कर दें, यह संभव ही नहीं था। विदुर के वापस आने के तीसरे दिन ही पांडव हस्तिनापुर में थे। हस्तिनापुर में पांडवों का अप्रतिम सत्कार हुआ, मैं आश्चर्यचकित था, दुर्योधन तो मानो युधिष्ठिर के चरणों में ही सेवारत था। द्रौपदी को गांधारी अंतःपुर में ले गई। पांडवों को विशेष रूप से बनाए गए अतिथि कक्ष में ठहराया गया। दुर्योधन ने पांडवों को कोई समस्या न हो, इस हेतु अपने दो भ्राताओं को अतिथि कक्ष में ही स्थायी रूप से नियुक्त कर रखा था। दो दिन तक विभिन्न क्रीड़ा एवं आमोद-प्रमोद के कार्यक्रम चलते रहे। तीसरे दिन अचानक से ही विदुर की चिंता सजीव रूप धारण कर प्रस्तुत हुई। मैं जब नवनिर्मित राजसभा में पहुँचा, तब तक सभा में सभी गण्यमान्य सदस्य आ चुके थे। धृतराष्ट्र, विदुर, बाह्लीक आदि कुरुकुलसूर्य विराजमान थे, परंतु आश्चर्य! सभा के मध्य में चौपड़ का विशाल क्रीड़ापट सजा हुआ था, तो अब क्या प्रतीप, शांतनु, पांडु जैसे धर्मवाहकों की राजसभा में द्यूत खेला जाएगा! अचानक से सारी घटनाएँ मेरे मस्तिष्क में घनीभूत होने लगीं। दुर्योधन, शकुनि आदि का हम सबके लौट आने के बाद भी इंद्रप्रस्थ में रुके रहना, वहाँ रहकर क्रीड़ा के नाम पर द्यूत खेलना, दुर्योधन का हारना, युधिष्ठिर का जीतना, दुर्योधन का राजसूय यज्ञ के अंतिम दिनों में प्रसन्न रहना, हस्तिनापुर आगमन पर पांडवों का अतिशय सम्मान, हा! क्षात्रधर्म द्यूत और युद्ध के निमंत्रण को मना भी नहीं कर पाएगा युधिष्ठिर। कुछ ही समय में सभी पांडव और कौरव आकर बैठ गए। संपूर्ण सभाभवन पुष्कर से आयातित विशेष पत्थर से बनाया गया था, आसन विशेष हाथीदाँत से बनाए गए थे। सभाभवन के प्रत्येक भाग से सुरुचिपूर्ण निर्माण दृष्टिगोचर था। सभाभवन के तल पर गांधार से मँगवाया विशेष ऊनी

कालीन बिछा था, उसी कालीन के मध्य में भारवाहक रखी थी, उसपर सिंह के बच्चे की खाल से निर्मित विशेष पोश पड़ा हुआ था, उसी पर हस्तिनापुर को अंधकार में धकेलने का वाहक चौपड़ रखा था। चौपड़ के एक ओर कौरव भ्राता कर्ण एवं शकुनि के साथ विराजमान थे, दूसरी ओर पांडव भ्राता विराजमान थे। सभा की काररवाई आरंभ होने की घोषणा होते ही विदुर बोले, "महाराज, कौरवों की सर्वप्रशंसित राजसभा, ये कैसी तैयारी है! क्या धर्म-कर्म में रत रहनेवाली कुरुसभा में अब पासों की आवाज गूँजेगी। क्या भाई-भाई अब आपस में द्यूत खेलेंगे। मेरा आपसे अनुरोध है कि इस कार्यक्रम को रोक दें।"

परंतु धृतराष्ट्र तो सबकुछ विचारकर आया हुआ प्रतीत हो रहा था। बोला, "विदुर, तुम व्यर्थ चिंतित हो, राजाओं में मृगया एवं द्यूत अवगुण होते ही हैं एवं इनको शास्त्रों के अनुसार बुरा भी नहीं कहा गया है और फिर युधिष्ठिर तो सम्राट् हैं, उनके सामने कौन है दुर्योधन! दुर्योधन के पास है ही क्या जुए में हारने को। तुम व्यर्थ चिंतित मत हो, यह सिर्फ भाइयों के बीच होनेवाला मनोविनोद का कार्यक्रम है, जिससे आनंदित हों।" धृतराष्ट्र फिर युधिष्ठिर एवं दुर्योधन को संबोधित करके बोला, "पुत्रो, तुम दोनों द्यूत धर्म के अनुसार द्यूत का आनंद लो।"

द्यूत आरंभ हुआ। दुर्योधन की तरफ से शकुनि ने पासे फेंकना आरंभ किया। पहला दाँव लगा एक लाख स्वर्ण मुद्राओं का, शकुनि जीता। दाँव-पर-दाँव लगते गए प्रारंभ में दुर्योधन प्रकट रूप से एक लाख स्वर्ण मुद्राओं के साथ ही द्यूत में शामिल हुआ था, वह लगातार जीतता रहा। युधिष्ठिर यमुना तट से सिंधु तट तक एवं जाह्नवी के साथ-साथ कलिंग सागर तक अपने भाइयों द्वारा विजित संपूर्ण धरती एवं कोष हार गए। मुझे अब सर्वथा युधिष्ठिर पर भी क्रोध आ रहा था। द्यूत में इतना सब दाँव पर लगाने की क्या आवश्यकता थी! कौरवों ने किस प्रकार युधिष्ठिर की एकमात्र कमजोरी को अपना शस्त्र बनाया था, इसी पर घृणा हो रही थी मुझे, परंतु अभी तो सिर्फ आरंभ था। युधिष्ठिर पर्याप्त क्रोध में थे। कौरवों के अट्टहास सभा में गूँज रहे थे, तभी युधिष्ठिर बोले, "मैं अपने अद्वितीय मेधा के धनी छोटे भाई माद्रीपुत्र सहदेव को दाँव पर लगाता हूँ।" शकुनि फिर जीता। युधिष्ठिर इसी प्रकार अपने भाइयों सहित

स्वयं को भी हार गए। दुर्योधन, दुःशासन, कर्ण आदि के भयानक अट्टहासों से सभाभवन गूँज रहा था। सभी विस्मित थे, कैसे संभव हुआ, त्रिभुवनजयी योद्धा अर्जुन, महाबली भीम, धर्मराज युधिष्ठिर, अतिरथी नकुल-सहदेव कुछ पासे मात्र फेंकने से कौरवों के सेवक हो गए! आश्चर्य! विदुर एक बार फिर उठकर खड़े हुए, "भ्राता धृतराष्ट्र, मैं कुरुकुल के मंत्री के साथ-साथ आपके छोटे भाई के अधिकार से बोल रहा हूँ, यह द्यूत यहीं रुकवा दें, पांडवों को उनका सर्वस्व अर्पित कर ससम्मान इंद्रप्रस्थ विदा करें, वरना कुरुकुल एवं हस्तिनापुर रक्त की कीमत चुकाने को तैयार रहे। मैं कहता हूँ, इस सभा में कोई द्यूत नहीं हो रहा, अपितु कुरुकुल एवं साथ-साथ अनेकानेक अन्य योद्धाओं की चिता सजाने की तैयारी की जा रही है। महाराज, आपके हाथ में राजदंड है, पितामह व्यग्र हैं। आप राज्यादेश करें महाराज एवं आनेवाले विनाश को रोक लें।" धृतराष्ट्र को मानो कुछ भी सुनाई नहीं पड़ रहा था, वह मंद-मंद मुसकान लिये अपने सिंहासन पर यथावत् बैठा था, तभी शकुनि बोला, "भानजे दुर्योधन, नीति कहती है कि धूल को सिर चढ़ाओगे तो आँखों में घुसेगी। दासीपुत्र को धर्म, नीति का ज्ञान कहाँ! वैसे भी जो व्यक्ति सदैव राजद्रोही बात करे, उसका स्थान उसको दिखाना आवश्यक होता है।"

"मूर्ख शकुनि, तू किस हेतु काल के समान कुरुकुल के सिर पर विराजमान है? तू क्यों गांधार वापस नहीं जाता? तेरे गांधार में होता होगा भाई का द्यूत द्वारा धन हड़पना धर्म! हस्तिनापुर में यह घोर अधर्म की श्रेणी में आता है। कुरुकुल ने सदैव अपने बाहुबल का विश्वास किया है, न कि क्लीवों की भाँति दैवयोग और पासों की चाल का!" विदुर बोले।

"बस विदुर, बस, अब एक भी शब्द पूज्य मामाजी के विरुद्ध मैं नहीं सुनूँगा, चुप होकर अपने स्थान पर बैठ जाओ वरना..." सारी मर्यादाएँ बिसराकर दुर्योधन बोला।

शकुनिरूपी बाण फिर चला, "भानजे, तुम इधर-उधर द्रोहियों पर ध्यान न देकर खेल पर ध्यान केंद्रित करो।"

"अब खेल में क्या रह गया है मामाश्री, ये अधर्मी पांडव तो हमारे दास हैं।"

"नहीं भानजे, अभी इनके पास एक अमूल्य रत्न शेष है, उस रत्न के साथ ही इनकी समस्त संपत्ति शोभा देती है, उसके बिना तो इनका राज, शृंगार सब व्यर्थ है!"

"मामाश्री सत्य कह रहे हैं, युधिष्ठिर के पास सबसे बड़ा रत्न है नारी रत्न द्रौपदी।" दुरात्मा कर्ण बोला।

"क्यों दास युधिष्ठिर, लगाते हो दाँव पर पंचबल्लभा को, दाँव वही रहेगा, तुम जीते तो तुम्हारा राज्य, कोष, पशु, धन सब वापस, दासता से मुक्ति, मैं जीता तो द्रौपदी मेरी दासी, बोलो—स्वीकार है?"

"स्वीकार है।" युधिष्ठिर के मुख से यह शब्द सुनते ही हम सभी पर वज्रपात-सा हुआ। मैं किंकर्तव्यविमूढ़-सा रह गया, यह कैसी शर्त और धर्मराज कहे जानेवाले युधिष्ठिर ने स्वीकार कैसे कर लिया, जब तक हम कुछ अधिक सोचते, शकुनि की आवाज आई, "लो भानजे, मामा की तरफ से एक और उपहार स्वीकार करो। जीत तुम्हारी हुई।" गगनभेदी अट्टहासों से सभा गूँज उठी। दुर्योधन मैरेय के प्रभाव में झूमता बोला, "विदुर जाओ, शीघ्रता से जाओ और दासी द्रौपदी को सभा में उपस्थित करो, वह आज हम सबका मन बहलाएगी।"

"मूर्ख दुर्योधन, काल तेरे सिर पर मँडरा रहा है। तूने आज कुरुकुल की रही-सही मर्यादा का भी नाश कर दिया। तेरे पिता से मैंने तेरे जन्म के समय ही कहा था कि तेरा त्याग करें, यह संपूर्ण कुरुकुल के लिए उत्तम होता, परंतु उन्होंने मेरी बात तब भी नहीं मानी और आज भी नहीं मान रहे हैं एवं असहाय की तरह व्यवहार कर रहे हैं। मैंने सदैव ही कौरवों एवं पांडवों को समदृष्टि से देखा है। आज भी प्रयास रहा कि तुझको घोर नरक से बचा लूँ, पर तू उस अविवेकी पुरुष के समान है, जो झूठे अभिमान में सम्मुख मृत्यु को अनदेखा कर रहा है।" कहकर विदुर सभा से प्रस्थान कर गए। काश, मुझे भी विदुर के समान स्वतंत्रता प्राप्त होती! मैं अभागा वचन से बँधा। दुर्योधन ने प्रतिकामी को भेजा द्रौपदी को लाने, वह वापस आया द्रौपदी के प्रश्न के साथ, "इस सभा में पितामह समेत अनेक धर्मधुरंधर बैठे हैं। कोई मुझे बताए कि स्वयं को द्यूत में हार चुकने के बाद युधिष्ठिर का क्या अधिकार था, जो उन्होंने मुझे दाँव पर

लगाया?" किसी के पास कोई नीति समर्थक जवाब नहीं था। दुर्योधन क्रोध में आगे बढ़ा और प्रतिकामी जैसे वृद्धकर्मी के एक लात जमाई और दुःशासन से बोला, "दुःशासन! जाओ, दासी जिस हाल में हो, उसे यहाँ प्रस्तुत करो, यदि दासी मर्यादा न माने तो उसे अनुशासन सिखाओ।"

"भ्राता, अनुशासन सीखने की जरूरत इस राजसभा को मालूम होती है, क्या द्रौपदी सिर्फ पांडवों की पत्नी हैं! क्या वह हम सबकी भावज नहीं? क्या वह हमारे पिता महाराज एवं पितामह की पुत्रवधू नहीं! भैया, यह पाप मत करें, अभी भी समय है अन्यथा स्वयं ईश्वर हमसे रूठ जाएगा।" विकर्ण बोला। परंतु नशे में डूबते-उतराते दुर्योधन एवं अन्य कौरवों के सामने विकर्ण की आवाज नक्कारखाने में तूती के समान प्रतीत हुई, सिर्फ युयुत्सु विकर्ण से सहमत होकर बोला, "विकर्ण भैया सत्य कह रहे हैं भ्राता दुर्योधन, विचार करके इस कुकृत्य को यहीं विराम दें।"

युयुत्सु की बात सुनकर शकुनि बोला, "प्रिय भानजे, प्रतीत होता है, सभी दासी पुत्र तुम्हारे विरोध में एकजुट हो रहे हैं!" एक बार पुनः पूरी सभा अट्टहासों से गूँज उठी, दुर्योधन बार-बार हाथ अपनी गदा पर रख रहा था। क्रोध आया कि अभी उठकर इस अधर्म सभा को सभाभवन सहित धूल-धूसरित कर दूँ। कितना समय लगना था मुझे दुर्योधन का उसके बंधु-बांधवों, मित्रों के साथ नाश करने में, निमिष मात्र। पर हाय! वह निमिष इस युग ने अपने मस्तक पर लिखा ही नहीं।

गलियारे से आवाज आई, "छोड़ दो मुझे भैया दुःशासन, मैं रजस्वला, मैं एकवस्त्रा, गुरुजनों के सम्मुख इस दशा में कैसे जाऊँ, छोड़ मुझे।" क्रंदन बढ़ता ही जा रहा था। हम सबके कानों में मानो पिघलाकर धातु डाली जा रही हो। दुःशासन द्रौपदी को केश पकड़कर घसीटता हुआ सभा के मध्य ले आया। द्रौपदी ने एक कठोराधिक दृष्टि पांडवों की ओर डाली। सभी गरदन झुकाए बैठे रहे। "हे गदाधारी वृकोदर, मानती हूँ कि धर्मराज के धर्म का लोप हो गया, परंतु क्या तुम्हारी शक्ति भी विलोपित हो गई है, सव्यसाची, क्या तुम्हारा गांडीव चुक गया, नकुल-सहदेव, तुम्हारे खड्ग की धार भी कुंद हो गई अथवा मृत्यु का डर अपमान से अधिक हो गया जो क्लीवों की भाँति बैठे हो!"

"दु:शासन, आगे बढ़ो और इनका आपसी प्रलाप सुनने का समय इस सभा के पास नहीं है। दासों एवं दासी को निर्वस्त्र कर दो, तभी इनका प्रमाद रुकेगा।" दुर्योधन बोला। सभी पांडवों ने स्वत: ही अपने सभी जवाहरात, अधोवस्त्र एवं अस्त्र-शस्त्र त्याग दिए।

"देख क्या रहे हो दु:शासन, आगे बढ़ो और इस दासी को निर्वस्त्र करो।" दु:शासन आगे बढ़ता, उससे पहले ही युयुत्सु एवं विकर्ण सभा छोड़कर चले गए।

दु:शासन आगे बढ़ा, द्रौपदी उससे विपरीत दिशा में बढ़ती हुई चीत्कार कर बोली, "क्या आर्यावर्त में धर्म की धुरी यह सभा अधर्मियों द्वारा पूर्ण अपहृत कर ली गई है?" फिर द्रौपदी मेरे आसन के समीप आकर बोली, "महाबली, इस जग में धर्म एवं बल के आधार पितामह, आप कुछ क्यों नहीं बोलते? आपने धर्मक्षेत्र की स्थापना की? आज भी धर्म की रक्षा हेतु समस्त आर्यावर्त हस्तिनापुर की सभा की ओर देखता है, पितामह, कुछ तो बोलो।"

मैं मानो अपने स्थान पर मूर्त बन गया था। क्यों यह धरती मुझे अपने में समाहित नहीं कर लेती! क्यों मैं धृतराष्ट्र की तरह अंधा नहीं हुआ, क्यों मैंने खुद को प्रतिज्ञाबद्ध किया! इस दिन का जिम्मेदार मैं हूँ, सिर्फ मैं। "पुत्री, धर्म की गति अत्यंत सूक्ष्म है, इसको समझना साधारणत: असंभव है।" मेरे मुख से निकला। द्रौपदी कातर दृष्टि से मुझे देखती हुई द्रोणाचार्य के आसन की तरफ गई और बोली, "आचार्य, आप मेरे पिता के मित्र हैं, मेरे पिता समान हैं। आप जैसे दुर्दम्य योद्धा के सामने उसकी पुत्री का ऐसा अपमान!" आचार्य ने भी लज्जा से दृष्टि झुका लीं, अब कोई आसरा नहीं बचा द्रौपदी के पास इस सभा में। दु:शासन ने पुन: द्रौपदी को बाल पकड़कर सभा के मध्य में घसीट लिया, तभी मध्यम पांडव बोले, "अर्जुन, अग्नि प्रज्वलित करो, मैं इस अधर्मराज के हाथ जलाता हूँ, जिन हाथों से इसने द्रौपदी को दाँव पर लगाया था, वे नहीं रहेंगे।"

"नहीं भानजे भीम, हाथ जलाने की आवश्यकता नहीं है, बस तुम चारों भाई स्वीकार कर लो कि तुम पर तुम्हारे भाई का कोई अधिकार नहीं तो तुम सभी पूर्ण स्वतंत्र हो। मैं दुर्योधन से कहकर तुमको दासत्व से मुक्ति दिलवा दूँगा। बोलो एक बार।" शकुनि ने कहा।

"नहीं भ्राता भीम, हमको विचलित नहीं होना है, यदि हम उचित निर्णयों में साथ थे तो गलत निर्णयों में भी साथ रहेंगे।" अर्जुन ने कहा।

तभी दुर्योधन ने अपने वस्त्र सँभालती द्रौपदी की ओर देखकर अपनी दाईं जंघा को अनावृत कर हाथ से इशारा किया और बोला, "आ दासी, मेरी जंघा पर बैठ, फिर देख किस प्रकार त्रिभुवन स्वामिनी होने का अनुभव करवाता हूँ मैं तुझे।"

"दुष्ट, मैं दसो दिग्पालों एवं छहों दिशारक्षकों को साक्षी मानकर प्रतिज्ञा करता हूँ कि तेरी इसी जाँघ को युद्ध में मैं अपनी गदा से तोड़ दूँगा।" भीम ने प्रतिज्ञा की। सभा काँप उठी। कुरुकुल का नाश आज निश्चित हो गया।

दु:शासन हँसता हुआ सभा के मध्य गठरी की भाँति पड़ी द्रौपदी की तरफ बढ़ा। द्रौपदी ने अन्य कोई मार्ग न पा अपने सखा को पुकारा, "हे जगताधार, हे केशव, हे दीनबंधु, रक्षा करो, हे सर्वशक्तिमान, हे सर्वव्यापी, रक्षा करो, मैं सबकुछ छोड़कर आपकी शरण में आई हूँ, हे दीनदयाल, रक्षा करो, अपने सुदर्शन चक्र से पापियों का संहार करो।" द्रौपदी इसी प्रकार पूर्ण समर्पण की मुद्रा में बोल रही थी। सभा में बस हे केशव, हे नारायण, सुदर्शन चक्र गूँज रहा था, फिर सभी ने चमत्कार देखा। द्रौपदी की ओर बढ़ता दु:शासन अचानक से अपना सिर थामकर एक खाली पड़े आसन पर जा गिरा। जाने वह श्रीकृष्ण का चमत्कार था अथवा सुदर्शन चक्र से शिशुपाल के वध का डर...दु:शासन दुर्योधन द्वारा कई बार पुकारे जाने के बाद भी अपने स्थान से उठा नहीं... प्रतीत होता था कि दु:शासन मृत्युप्राय हो गया है। मैंने हाथ जोड़कर कुरुकुल की लाज बचाने हेतु केशव का बारंबार अभिवादन किया, अब संपूर्ण सभा से इस अत्याचार के विरुद्ध आवाजें उठने लगीं, द्रौपदी अब भी सभा के मध्य में बैठी केशव की पुकार कर रही थी। दुर्योधन, शकुनि व कर्ण के चेहरे ऐसे हो गए मानो उनका संपूर्ण राज्य लूट लिया गया हो। इसी बीच गांधारी भी समाचार मिलने पर सभा में आ गई। वह द्रौपदी के पास पहुँचकर उसको अंक में भरकर बोली, "धिक्कार है इस सभा को, धिक्कार है मेरे शतपुत्रवती होने पर, इससे अच्छा था कि मैंने सिर्फ एक पुत्र विकर्ण को जनमा होता। धिक्कार है हस्तिनापुर के सम्राट् को, जिनके सामने स्त्री पर इतना बड़ा अपराध होता

रहा। तुम सभी को मेरी और अपनी बहन दु:शाला की भी तनिक याद नहीं आई यह अत्याचार करते हुए!"

तभी भीम ने आर्तनाद किया, "दुष्ट दु:शासन, तू आज जिस प्रकार मद के प्रभाव में अच्छे-बुरे का ध्यान नहीं कर रहा है, मैं प्रतिज्ञा करता हूँ, तूने जिन हाथों से द्रौपदी के केश एवं वस्त्रों को छुआ है, उनको मैं युद्ध में तोड़ दूँगा एवं तेरी छाती फाड़कर तेरा रक्त पियूँगा।" अब सभा सिहर उठी। धृतराष्ट्र को भी गांधारी की फटकार एवं भीम की लोमहर्षक प्रतिज्ञा के बाद शायद कुछ होश आया। वह बोला, "पुत्री द्रौपदी, मेरे पुत्रों की बुद्धि फिर गई थी, जो इन्होंने पापकर्म करके कुरुवंश की धवल कीर्ति को आज धूल में मिला दिया है। तुम कोई भी वर माँग लो।"

गांधारी के आँचल में छुपे हुए ही द्रौपदी ने कहा, "आप मुझे वर देना ही चाहते हैं तो युधिष्ठिर को दासत्व से मुक्त कर दें, जिससे मेरा पुत्र अनुविंध दासपुत्र न कहलाए।"

"किया पुत्री, अन्य वर माँगो।"

"मेरे अन्य चारों पतियों को भी दासत्व से मुक्त कर दें एवं इनका समस्त राज्य, कोष, अस्त्र-शस्त्र समेत लौटा दें।"

इससे पहले कि धृतराष्ट्र कुछ कहते, दुर्योधन बोल पड़ा, "पिताश्री! रुकें, इन पांडवों को द्यूत में आपने अथवा हस्तिनापुर राज्य ने नहीं जीता है, इनको मैंने अपना व्यक्तिगत धन दाँव पर लगाकर जीता है, अत: इनको मुक्त करने का अधिकार मुझे है, सिर्फ मुझे, फिर भी चूँकि आप वर देने का वचन दे चुके हैं तो मैं इनको एक शर्त पर मुक्त करने को तैयार हूँ। ये सभी पांडव अपनी पत्नी पंचबल्लभा के साथ द्वादश वर्षों का वनवास एवं एक वर्ष का अज्ञातवास भोगें। यदि अज्ञातवास में पहचाने जाएँ तो पुन: यही प्रक्रिया दोहराई जाए। क्या ये इस शर्त की पूर्ति हेतु प्रस्तुत हैं?"

"मुझे क्षमा करना बच्चो, मैं विवश हूँ, क्या तुम सब इस शर्त की पूर्ति हेतु प्रस्तुत हो?"

"हाँ, दासत्व से मुक्ति हेतु हम इस शर्त की पूर्ति हेतु तैयार हैं।" पांडवों की तरफ से युधिष्ठिर ने कहा।

"ठीक है पुत्री, तुम्हारे पति दासत्व से मुक्त हुए, तेरह साल बाद वनवास एवं अज्ञातवास समाप्त होने पर इनको इनका राज्य एवं ऐश्वर्य भी वापस मिल जाएगा, फिर भी मैं इस वर को व्यर्थ मानता हूँ; और वर माँगो पुत्री!"

"नहीं महाराज, क्षत्रिय कन्या को दो बार ही माँगने की अनुमति है, वह मैंने माँग लिये, आगे मेरे पतियों का पुरुषार्थ उनके साथ रहेगा।" कहकर द्रौपदी पुनः कुंती के साथ अंत:पुर में चली गई।

कालरात्रि-सी सभा समाप्त हुई। मैं सभा से निकलकर सीधा माँ की शरण में पहुँचा, परंतु आज काफी देर तक बैठे रहने के बाद भी हृदय की जलन समाप्त नहीं हुई। आखिर माँ भी तो स्त्री थी, किस प्रकार वह एक स्त्री के अपमान के समय मेरे द्वारा शांत बैठे रहने के अक्षम्य अपराध को क्षमा करती! मेरे सामने से एक यंत्रयुक्त नौका माँ की लहरों पर विचरती हुई तेजी से आगे बढ़ गई, मेरे मस्तिष्क में आया कि क्यों इस नाविक को अपनी नौका में यंत्रसाधन की आवश्यकता पड़ी, क्योंकि पूर्व प्रकार की नौका इसकी तीव्रगामी जरूरतों को पूर्ण नहीं करती, क्या यही सिद्धांत जीवन और धर्म पर लागू नहीं होता? क्या आज जिसने मुझे द्रौपदी की रक्षा को रोका, वह धर्म पुराना नहीं हो गया? दरअसल स्वामी-सेवक का जो धर्म मुझे ज्ञात था, वह उस समय का था, जब स्वामी सेवक को अपने परिवार के सदस्य की भाँति स्वीकार करता था एवं उसकी एवं उसके सम्मान की रक्षा अपना दायित्व समझता था, परंतु अब स्थिति उलट थी, स्वामी भोक्ता था एवं दास सिर्फ उसका भोग्य, अब उनका परिभाषित एवं गुरु बृहस्पति द्वारा प्रदत्त धर्म का स्वरूप पूर्ण रूप से परिवर्तित हो चुका था। आज दुर्योधन ने जो नीच कर्म सफलतापूर्वक किया था, वह धर्म का आश्रय लेकर किया था। धृतराष्ट्र का आदेश, द्यूत धर्म के अनुसार खेलो एवं आनंद लो, द्यूत धर्म यह कि जब तक पास में एक तृणमात्र भी द्यूत में लगाने को है, तब तक फड़ से उठना नहीं, उसपर विषम यह कि युधिष्ठिर जैसा धर्मधुरंधर! सच में आज श्रीकृष्ण के धर्म की महती आवश्यकता है अन्यथा चलने से लाचार शकुनि हाथ में पासे लेकर दिग्विजय कर लेगा। पांडवों एवं कौरवों के बीच ईर्ष्या को वर्तमान रूप में पहुँचाने में बहुत बड़ी भूमिका कर्ण की भी है, परंतु क्या कर्ण स्वयं सामाजिक नियमों का

मारा नहीं है! कुंती पुत्र एवं सभी प्रकार से समर्थ होते हुए भी प्रत्येक प्रकार की अवहेलना झेलता हुआ कर्ण स्वयं में प्रतिहिंसा की साक्षात् मूर्ति बन चुका था। यही सब प्रश्न मेरे मस्तिष्क में रात भर घूमते रहे। युधिष्ठिर, विदुर, मैं सभी धर्म को जस-का-तस बखान करनेवाले थे, अतः मेरे प्रश्नों का समुचित उत्तर सिर्फ और सिर्फ मुरलीधर ही दे सकते थे। मुझे उनसे मिलने की प्रतीक्षा थी। बहुत लंबी प्रतीक्षा रही। मेरी कृष्ण से मुलाकात लगभग 13 वर्ष और 6 माह उपरांत ही हो पाई।

अगले दिन प्रातः मैं जाह्नवी के समीप से स्नान करके लौट रहा था कि पाँचों पांडव कुंती और द्रौपदी समेत मेरे समक्ष उपस्थित थे। उनके पीछे हस्तिनापुर नगर के ब्राह्मणों का विशाल समूह था। इंद्रप्रस्थ से पांडवों के पुरोहित धौम्य साथ चलने को आ गए थे। पांडवों ने मुझे प्रणाम किया, मेरी आँखों में अश्रु भर आए। मैंने द्रौपदी से हाथ जोड़कर कहा, "पुत्री, मुझे कभी क्षमा मत करना। मेरा आशीर्वाद सदैव तुम सबके साथ है।" कोई कुछ न बोला। सभी जैसे आए थे, वैसे ही विदा हो गए।

समय अपनी गति से भागता रहा। मुझे शत्रुजित एवं विदुर के द्वारा ही विभिन्न घटनाओं की जानकारी होती। राजसभा के अधर्म सिंचित होने के बाद से मैंने राजसभा में जाना न्यूनतम कर दिया था, अब बिना किसी खास अवसर या बुलावे के मैं राजसभा में नहीं जाता था। कौरव भाइयों ने इंद्रप्रस्थ के राजभवन पर पूर्ण रूप से अधिकार कर लिया था, अब हस्तिनापुर एवं इंद्रप्रस्थ का राजभवन सिर्फ और सिर्फ नारी एवं मदद भोग का स्थान बनकर रह गया था। चारों तरफ से अनाचार एवं अनुचित भोग की ही लिप्सा पीछा करती-सी मालूम होती थी। मंत्रणा समिति ने अनुचित रूप से जनता पर कर बढ़ा दिए थे...करों से प्राप्त राशि का प्रयोग सिर्फ और सिर्फ भोग हेतु था। इस निराशा की घड़ी में सिर्फ दुर्योधन पुत्र लक्ष्मण दीप की भाँति क्षणिक उम्मीद था। वह अकसर मेरे समीप आकर बैठता एवं धर्म संबंधित जिज्ञासा करता रहता। उसका उद्देश्य था अर्जुन से धनुर्विद्या सीखकर अर्जुन के समान धनुर्धर बनना।

सूचना प्राप्त हुई कि पांडव काम्यक वन में निवास कर रहे हैं। दुर्योधन

ने भी पत्नी भानुमति, भ्राताओं, भ्रातृपत्नियों एवं मित्रों के साथ काम्यक वन जाने एवं अपने ऐश्वर्य से पांडवों को क्षुद्रित करने की योजना बनाई। हुआ विपरीत, उसी समय गंधर्वराज चित्ररथ वन-विहार कर रहे थे, दुर्योधन को भ्राताओं, मित्रों एवं स्त्रियों समेत बंदी बना लिया। कुछ सैनिक भागकर पहुँचे युधिष्ठिर के पास...धर्मात्मा युधिष्ठिर ने धनंजय को भेजकर सभी को मुक्ति दिलाई, परंतु इससे दुर्योधन का मन परिवर्तन होने के स्थान पर पांडवों के प्रति और भी अधिक कालिमा से घिर गया। इसी बीच एक समाचार और मिला कि वनवास के काल में धनंजय अमरावती की यात्रा कर, महादेव की परीक्षा में उत्तीर्ण हो, जो पाशुपत अस्त्र, अनेक दिव्यास्त्र एवं उर्वशी से एक साल के लिए क्लीव होने का शाप लेकर लौटे हैं। सिंधुराज जयद्रथ भी स्वयंवर हेतु निकला, परंतु मार्ग में पांडवों के आश्रम में द्रौपदी को देखकर कामविह्वल हो गुप्त रूप से द्रौपदी के हरण का प्रयास किया, परंतु पांडव सही समय से आ पहुँचे और जयद्रथ से द्रौपदी को छुड़ाकर बहन दुःशाला का विचार कर पंच चोटियों के साथ नग्न सिर करके छोड़ दिया। पांडवों का वनवास अब समाप्ति की ओर था एवं वे अज्ञातवास की ओर प्रस्थान करनेवाले थे। दुर्योधन ने अपने गूढ़ पुरुष समस्त काम्यक वन में फैला रखे थे। पांडवों का उनकी दृष्टि से बचकर वन से बाहर निकलना प्रायः असंभव था। ऐसे में मुझे शत्रुजित की एक बार फिर से याद आई, मैंने शत्रुजित को समस्त स्थिति समझाकर पांडवों के पास भेज दिया।

मैं स्वयं में अत्यंत उलझा व्यक्तित्व बनकर रह गया था। समस्त संसार मुझे मेरी प्रथम प्रतिज्ञा के कारण भीष्म के नाम से पुकारता है, परंतु मुझे अपनी द्वितीय प्रतिज्ञा-पालन में अधिकतम कठिनाई हुई। मेरी प्रथम प्रतिज्ञा कहीं-न-कहीं मेरे अंतर्मन का उदय थी, अंतर की पुकार थी, परंतु द्वितीय प्रतिज्ञा के संदर्भ में ऐसा नहीं था। द्वितीय प्रतिज्ञा माता सत्यवती ने मुझसे ऐसे समय में ली थी, जब मैं इनकार कर ही नहीं सकता था। चित्रांगद की हाल में ही मृत्यु हुई थी, विचित्रवीर्य बालक था। हस्तिनापुर चारों तरफ से शत्रु आक्रमण से भयातुर था, कैसे न होता मैं प्रतिज्ञाबद्ध, मेरी यही प्रतिज्ञा तो हस्तिनापुर की स्वतंत्रता, धर्म की कीमत थी। यदि मैं प्रतिज्ञाबद्ध न होता तो हस्तिनापुर निरंतर रणक्षेत्र में

रहता, पांडु के राज्यभार ग्रहण करने तक बिना नायक के, पांडु की दिग्विजय भी क्या सिर्फ पांडु की दिग्विजय थी! क्या अन्य राज्याध्यक्षों को ज्ञात नहीं था कि पांडु को यदि वे पराजित कर देंगे तो तुरंत हस्तिनापुर से भीष्म का रथ अपने वेग से उनके समूल नाश को निकलेगा, लेकिन समय का चक्र भी कितना विचित्र था, जिस प्रतिज्ञा ने हस्तिनापुर को सदैव एक सुरक्षित आवरण उपलब्ध करवाया था, आज वही प्रतिज्ञा समस्त हस्तिनापुर एवं कुरुकुल के समक्ष विष के समान खड़ी थी। मेरे प्रतिज्ञाबद्ध न होने की स्थिति में क्या देव भी किसी स्त्री का अपमान कर पाते! और वह स्त्री भी कौन, मेरी पुत्रवधू! परंतु जो देव से भी पराजित नहीं होते, वे दैव के सम्मुख पराजित हो जाते हैं। आज दैवयोग ही तो था, जिसने समस्त कुरुकुल को ऐसी विकट परिस्थिति में लाकर खड़ा किया था। एक दिन मैं शाम की दिनचर्या में शामिल भ्रमण के पश्चात् वापस गंगभवन आया तो सूचना मिली कि शत्रुजित वापस आ गया है। मैं अत्यंत हर्ष से शत्रुजित से मिला, "स्वागत है शत्रुजित, मुझे पूरा विश्वास है कि तुम मेरे सम्मुख प्रस्तुत हुए हो तो कोई-न-कोई शुभ समाचार ही होगा।"

"अन्नदाता, सम्राट् युधिष्ठिर, सम्राज्ञी द्रौपदी एवं धर्मपरायण पांडवों की स्थिति देखकर शुभ समाचार तो नहीं कहा जा सकता, हाँ, पांडव सफलतापूर्वक काम्यक वन से गुप्त वास को प्रस्थान अवश्य कर गए हैं।"

"क्या इसमें कुछ कठिनाई हुई?"

"कई प्रकार की कठिनाई मार्ग में थी स्वामी, दुर्योधन ने लगभग समस्त नियुक्त गूढ़ पुरुषों को काम्यक वन में ही तैनात कर रखा था, वन के चप्पे-चप्पे पर दुर्योधन के गूढ़ पुरुष फैले हुए थे, कुछ ऋषि भेस में, कुछ ब्राह्मण भेस में, कुछ अति उत्साही नर तो सम्राट् के साथ उनकी मंडली में भी शामिल थे। मैंने अपने साथ सात व्यक्तियों के दल को लिया। मैं सर्वप्रथम जाकर सम्राट् युधिष्ठिर से मिला, वे मुझको वारणावत से पहचानते हैं एवं आपका अनुचर जान भ्राता के समान प्रेम करते हैं। मैंने इस हेतु उनको अपनी योजना बताई एवं वे सहमत भी हुए। मेरे साथ गए सात गूढ़ पुरुषों में दो उत्तम श्रेणी के भित्तिकार भी थे, मैंने उनसे एकांत कुटी में पांडवों एवं द्रौपदी की यथासंभव सत्य प्रतिमाएँ तैयार करवाईं। आपको ज्ञात ही है कि काम्यक वन में ही हस्तिनापुर का गोधन

एवं उनके पालक के परिवार का निवास है। सभी पांडवों ने एक दिन निश्चित किया एवं अपने जाने के बारे में सिर्फ अपने कुलगुरु धौम्य ऋषि को बताया। प्रस्थानवाले दिन शाम से ही योजना के मुताबिक सभी पांडव भाई एवं द्रौपदी पहले से अपनी निश्चित कुटी की तरफ बढ़े, परंतु मौका देखकर वन में ही छिप गए। कुटी में उनके प्रतिमान निद्रावस्था में विराजमान थे, जो दूर से देखने पर सत्य प्रतीत होते थे। इसी बीच मेरे साथ गए गूढ़ पुरुषों ने वन के एक सीमित हिस्से को आग के हवाले कर दिया एवं कुछ लोगों ने गोपालक को अपने कब्जे में करके समस्त गोधन को पांडवों की कुटी की ओर हाँका, इसी बीच मैं गूढ़ पुरुषों के पास पहुँचा एवं गूढ़ मुद्रिका दिखाई और कहा कि पांडव इसी आगजनी एवं भाग-दौड़ का लाभ उठाकर यहाँ से भाग सकते हैं। इसलिए अग्निशमन एवं गोधन की रक्षा आवश्यक है। राजा दुर्योधन की भी ऐसी ही आज्ञा है कि पांडवों को कोई भी ऐसा मौका न दिया जाए। कई सारे गूढ़ पुरुष इसी झोंक में आ गए, मेरी उच्चमुद्रिका ने भी कार्य किया, निश्चय हुआ कि तीन दल बनाए जाएँगे, प्रथम सात गूढ़ पुरुषों का दल निद्रालीन पांडवों पर दृष्टि रखेगा, दूसरा बड़ा दल अग्निशमन का कार्य करेगा एवं तीसरा दल अनियंत्रित गोधन को सँभालेगा। पांडवों को दृष्टि में रखनेवाले दल में तीन गूढ़ पुरुष मेरे सहयोगी थे, अन्य चार प्रभुधाम को गए एवं पांडव अपने धर्ममार्ग को प्रस्थान कर गए। अगले दिन ऋषि धौम्य भी समस्त ब्राह्मणों एवं मुनियों को लेकर अपने आश्रम की ओर प्रस्थान कर गए, परंतु स्वामी, इस घटना से मेरा भेद खुल चुका है।"

"मुझे तुम पर गर्व है शत्रुजित, तुमने एक बार पुनः अपनी सार्थकता एवं योग्यता सिद्ध की है। वर्तमान धनुष युग में किस प्रकार एक व्यक्ति बिना धनुष उठाए राज्य के लिए धनुषधारी से अधिक उपयोगी हो सकता है, तुम इसका जीवंत उद्धरण हो। मैं तुम्हारी भूरि-भूरि प्रशंसा करता हूँ एवं तुमको एक पत्र लिखकर देता हूँ। तुम आज रात्रि में ही द्वारका की ओर सपरिवार प्रस्थान कर जाओ। वहाँ तुम पूर्ण सुरक्षित रहोगे। वहाँ अपने परिवार की रक्षा की संपूर्ण व्यवस्था करके कुछ समय बाद तुम पुनः मुझसे संपर्क करना। आज से तुम शत्रुजित नहीं, युद्धजय नाम से जाने जाओगे, अगली बार आना तो इस बात का

ध्यान रखना। परंतु जाते-जाते मेरी एक शंका का समाधान करते जाओ, तुम्हारे अनुसार दो दिशाओं में तो दुर्योधन के गूढ़ पुरुष गए हुए थे, फिर बाकी दिशाओं में से पांडवों के गमन का अनुमान लगाना आसान हो जाएगा।"

"नहीं महात्मन, जिन दो दिशाओं में दुर्योधन के गूढ़ पुरुष गए थे, उनमें से एक दिशा वन की है एवं दूसरी राक्षसावर्त की। इन दिशाओं में पांडवों का जाना वैसे भी असंभव था, अतः इस प्रकार से शत्रु की कोई भी मुश्किल हल नहीं हुई है।"

"अच्छा, अनेक आशीर्वाद।" यह कहकर मैंने युद्धजय (शत्रुजित) को एक पत्र कृष्ण के नाम से सौंपकर उसे अपने प्रमुख रक्षक के हवाले कर दिया। प्रमुख रक्षक का कार्य कल सूर्य उगने तक युद्धजय को सपरिवार सुरक्षित पांचाल की सीमा में प्रवेश कराने का था। युद्धजय को प्राप्त सूचनानुसार कांपिल्य से एक व्यापारिक बेड़ा द्वारका की ओर आज से सातवें दिन जानेवाला था। शत्रुजित ने उसी बेड़े के साथ यात्रा करने का निश्चय किया था। अगले दिन शाम तक द्वारपाल अपने कार्य को सफलतापूर्वक समाप्त कर वापस आ गया। मेरा एक और अचूक तीर मेरे पास से प्रस्थान कर गया था, मुझे एक न समाप्त होनेवाली पीड़ा देकर, हालाँकि राजसत्ता ऐसे विषयों पर उदास होने की आज्ञा नहीं देती, परंतु काश! मेरे पास भी धृतराष्ट्र जैसा पाषाण हृदय होता, परंतु उसके लिए आवश्यक था, मेरे पुत्र होता, आखिर धृतराष्ट्र दुर्योधन के लिए तो पुष्पहृदय ही था, क्या सच में पिता होना इतना मधुर होता है कि व्यक्ति उसमें न्याय, अन्याय, धर्म, अधर्म, सत्य, असत्य सब भूल जाए अथवा धृतराष्ट्र अपवाद था!

मैं द्रौपदी के चीरहरण की घटना के 12 साल बाद तक उस घटना को पूर्णतः विस्मृत नहीं कर पाया था, अब भी मेरा राजसभा में जाना लगभग समाप्तप्राय था। मैं रातों को अकसर उठकर बैठ जाता था एवं उठते ही भय से माँ गंगा की तरफ चला जाता। भय! महारथी भीष्म को भय! यह सुनने में कितना भी अविश्वसनीय लगे, परंतु सत्य था। मुझे द्रौपदी की कातर आँखों से भय लगता, मुझे लगता कि अभी द्रौपदी सपने से निकलकर मेरे सम्मुख उपस्थित हो जाएगी और कहेगी कि कैसा जगत्-प्रसिद्ध पराक्रम है आपका!

क्या यह पराक्रम सिर्फ स्त्री-हरण के ही काम आता है अथवा किसी स्त्री की शील की रक्षा हेतु भी। इस दौरान शत्रुजित युद्धजय के नए रूप में वापस आ गया था। दुर्योधन ने इस दौरान क्रुद्ध होकर शत्रुजित को ढूँढ़वाने के कई प्रयास किए थे, परंतु अभी तक असफल ही रहा था, अब शत्रुजित युद्धजय के नए अवतार में फिर से हस्तिनापुर में उपस्थित था। युद्धजय से ही मुझे जानकारी मिली कि दुर्योधन के गुप्तचर युद्धस्तर पर पांडवों की खोज कर रहे हैं। चारों दिशाओं में दुर्योधन के गुप्तचर गए हुए हैं। दुर्योधन का विशेष ध्यान द्वारका एवं पांचाल नगर की तरफ था। दुर्योधन को पूर्ण विश्वास था कि श्रीकृष्ण या पांचाल नरेश द्रुपद ही पांडवों को गुप्त रूप से आश्रय दिए हुए हैं। दुर्योधन की इस हेतु तैयारी कितनी पुरानी थी, यह मुझे युद्धजय से ही पता चला। दुर्योधन ने अपने गूढ़ पुरुष पांडवों के वन जाते ही द्वारका एवं कांपिल्य में विभिन्न पदों पर तैनात करवाए थे। बारह वर्षों में वे प्रगति करते-करते राज्य के महत्त्वपूर्ण पदों पर आसीन थे यथा दुर्योधन का एक गूढ़ पुरुष कांपिल्य के पास स्थित जागीर बैबेर का सरदार बन चुका था एवं उसको राजसभा में आसन प्राप्त था, एक अन्य गूढ़ पुरुष पांचालों की एक सैन्य टुकड़ी का सेनापति था। ऐसी ही स्थिति द्वारका की भी थी, परंतु इतने प्रयत्नों के बाद भी दुर्योधन को पांडवों का कोई सूत्र नहीं मिला। अब दुर्योधन की विशेष परामर्श समिति की रात्रि बैठकें बढ़ गई थीं, परंतु कोई परिणाम नहीं। मैंने युद्धजय को इसी कार्य हेतु लगाया हुआ था कि वह दुर्योधन के पक्ष द्वारा की जा रही खोज की जानकारी मुझे देता रहे। मुझे दुर्योधन की बुद्धि पर सदैव तरस आता था, परंतु कुटिल शकुनि के होते हुए भी दुर्योधन इस प्रकार की गलतियाँ कर रहा था, आश्चर्य! कोई भी बुद्धिमान् व्यक्ति इस बात को आसानी से समझ सकता था कि पांडवों जैसे उद्यमशील, धर्मपरायण एवं स्वाभिमानी व्यक्ति किसी भी स्थिति में अपने पत्नीगृह में आश्रय नहीं लेंगे। दुर्योधन का नहीं पता, परंतु शकुनि जैसा कुटिल व्यक्ति भी इस बात को न भाँप पाए! आश्चर्य! निश्चय ही कोई भेद था, शकुनि के व्यवहार में, सच ही वह अपने भानजे का हितलाभी था अथवा नहीं, मुझे संदेह था।

पांडवों को अज्ञातवास पर गए हुए वर्ष भर गुजर गया था। मेरी गणना के

अनुसार पांडवों को लगभग एक वर्ष चार माह का समय व्यतीत हो चुका था। एक दिन युद्धजय सूचना लेकर आया कि विराटनगर के सेनापति का वध हो गया। आश्चर्य! विराटनगर की शक्ति का आधार कीचक था। महाशक्तिशाली कीचक के भय से ही त्रिगर्तराज सुशर्मा एवं अन्य विराट नगर की ओर टेढ़ी आँख करके देखने का साहस नहीं कर पाते थे, ऐसे पराक्रमी कीचक का वध। वह भी ज्ञात हुआ मल्लयुद्ध में किसी गंदर्भ के द्वारा। असंभव। कीचक का मल्लयुद्ध में वध करने में समर्थ तीन ही योद्धा धरा पर विराजमान हैं। दुर्योधन जो अभी हाल में विराटनगर की ओर गया नहीं और फिर यदि कहीं वो ऐसी वीरता प्रदर्शित करता तो उसका उल्लेख हस्तिनापुर की प्रत्येक शिलापट पर मिलता। द्वितीय शल्य, उसके द्वारा भी विराटनगर प्रस्थान का कोई समाचार नहीं, तृतीय मध्यम पांडव भीम। हाँ, और कोई नहीं हो सकता, यह भीम ही है तो पांडवों ने इस प्रकार स्वयं को प्रस्तुत किया है। दुर्योधन का इस सूचना पर क्या प्रभाव होता है, यह अभी तक समय के गर्भ में था। जल्द ही वह समय भी आ गया, दुर्योधन की सेना के सेनापति के रूप में मैं सेना का नेतृत्व करता हुआ विराटनगर पर चढ़ाई करने जा रहा था। दूसरी तरफ से त्रिगर्तराज ने हमला किया था। हमारी सेना निर्विघ्न विराटनगर तक पहुँच गई। दुःशासन विराट की प्रसिद्ध गोशाला से गौवें हाँककर हस्तिनापुर की तरफ एक सैन्य टुकड़ी के साथ चला, हम सब राजधानी में प्रवेश करते उससे पहले ही देखते हैं कि शहर के बाहर स्थित श्मशान घाट की तरफ से एक रथ हमारी तरफ चला आ रहा है। आश्चर्य! रथ को हाँकनेवाला विराटनगर का कुमार उत्तर है एवं योद्धा के स्थान पर एक स्त्री विराजमान है। इससे पहले कि हम कुछ समझते, तीन तीर आकर मेरे, आचार्य द्रोण एवं कृपाचार्य के पैरों के पास गड़ गए। हमें ज्ञात हो गया कि स्त्री भेस में स्वयं सव्यसाची उपस्थित है। मन ने ढेरों आशीर्वाद दिए। अर्जुन स्त्री भेस में था, अतः शस्त्र संधान का कोई प्रश्न ही नहीं था। मैं शस्त्र त्यागकर रथ पर बैठ गया। आचार्य द्रोण, कृपाचार्य, अश्वत्थामा, कर्ण आदि ने मोर्चा सँभाला, परंतु आज अर्जुन का वेग अविस्मरणीय था। प्रतीत होता था, समस्त संसार एक तरफ होकर भी अर्जुन को परास्त नहीं कर सकता। कुछ ही समय में सभी योद्धा क्षत-विक्षत होकर अपने-अपने रथों में पड़े थे, फिर

अर्जुन ने संज्ञाहरण नामक अस्त्र का प्रयोग किया। कुछ समय के लिए समस्त योद्धा संज्ञाशून्य हो गए, जब होश आया, तब हमने पाया कि उपरिवस्त्र गायब थे। अर्जुन का कहीं नामोनिशान नहीं था। सभी गायें सुरक्षित गोशाला में थीं। हम सब क्लांत मुख वापस हस्तिनापुर लौट आए। ज्ञात हुआ कि त्रिगर्तराज सुशर्मा को भी बंधक बना लिया गया था एवं बाद में महाराज विराट के मित्र एवं अधीनस्थ कंक के कहने पर उनको मुक्त किया गया। आश्चर्य! आज विराटनगर इतना शक्तिशाली हो गया था कि हस्तिनापुर एवं त्रिगर्त जैसे विशाल एवं शक्तिशाली राज्यों की सेना से अकेले ही लोहा ले सकता था, ऐसा विराटनगर देवताओं के लिए भी अपराजेय था।

अर्जुन के पास उस दिन युद्ध में हम सब कौरव योद्धाओं का वध करने का पूरा मौका था, परंतु उसने ऐसा न करके हम सबके अहं पर करारा प्रहार किया था। मानो हम सब उसके लिए कुछ थे ही नहीं, मानो वह जब चाहता हम सबको विजयित कर लेता। वाह! सिर्फ अर्जुन ही था, जिसने मुझे पूर्ण संतुष्ट किया था, जिस योद्धा के लिए कर्ण, द्रोण, अश्वत्थामा जैसे योद्धा तृण भर थे, जिस योद्धा का अपने क्रोध पर पर्याप्त अधिकार था, उसके लिए जग में कुछ भी असंभव नहीं था। ऐसा योद्धा का पितामह होने का गर्व था मुझे, परंतु हाँ, भाग्य ने मुझे मेरे अभिन्न आत्मजों के ही विरुद्ध खड़ा कर दिया। पांडवों ने विराटनगर में ही उपलव्य नगर स्थापित किया हुआ था, पांडवों की तरफ से पांचालों के पुरोहित संदेश लेकर राजसभा में आए कि पांडवों को उनका अधिकार वापस किया जाए, परंतु दुर्योधन को न मानना था, न माना। इस बीच दोनों पक्ष युद्ध की तैयारियाँ आरंभ कर चुके थे। दुर्योधन ने अपनी चतुराई से माद्री के भाई एवं पांडवों के मामा शल्य को अपने पक्ष में कर लिया था एवं अपनी मूढ़ता से नारायणी सेना को लेकर इतराया घूम रहा था। मैं यदि अब तक सिर्फ बल के आधार पर दोनों पक्षों का अवलोकन करता था तो एक क्षीण सी संभावना बनती भी थी दुर्योधन की विजय की, परंतु कृष्ण के पांडवों की तरफ हो जाने से अब युद्ध का निर्णय एकदम साफ था।

सूचना मिली कि युद्ध टालने के अंतिम प्रयास के रूप में मधुसूदन हस्तिनापुर आएँगे। इस सूचना पर सभी ओर हर्ष का वातावरण था। हस्तिनापुर

के प्रत्येक क्षत्रिय गृह में एक आशा जगी कि शायद अब भयंकर रक्तपात रुक जाएगा। शाम को विदुर आचार्य के साथ ही गंगभवन आए। आज विदुर अत्यंत उद्विग्न अवस्था में था, मैंने कम ही उसको इस प्रकार देखा था, समुचित अभिवादन के पश्चात् विदुर बोला, "पितृव्य, दुर्योधन की मंत्रणा समिति में निर्णय हुआ है कि कृष्ण को सर्वप्रथम तो आवभगत करके अपने पक्ष में करने का प्रयास किया जाए और यदि इसमें सफलता न मिले तो बंदी बना लिया जाए।"

मैं और आचार्य दोनों ही आश्चर्य से भर उठे, आचार्य के मुँह से निकला, "क्या दुर्योधन अपने अंत को निकट बुलाना चाहता है! कृष्ण जैसे कूटनीतिज्ञ पर किसी भी प्रकार के प्रलोभन का असर पड़ेगा, यह सोचना भी व्यर्थ है और कृष्ण को दुर्योधन बंदी बना सकता है, यह दुर्योधन जैसा मूढ़मति ही विचार कर सकता है।"

"उचित कहा आचार्य, परंतु विचारणीय है कि ऐसी किसी स्थिति में हमारा पक्ष क्या रहेगा! एक तरफ राजसत्ता है और एक तरफ धर्म।"

"कुरुकुलभानु, यह प्रथम बार तो नहीं कि हम ऐसी दुविधा में पड़े हों।"

"हाँ, आप सत्य कह रहे हैं आचार्य, परंतु इस बार विचार करने का समय उपलब्ध है हमारे पास। तुम्हारा क्या विचार है पुत्र विदुर?"

"आचार्य एवं पितृव्य, मेरे विचार से यह राजसत्ता एवं धर्म के बीच का टकराव न होकर दुर्योधन एवं धर्म के बीच का टकराव है। कृष्ण को बंदी बनाने के प्रस्ताव का किसी भी हाल में सम्राट् समर्थन नहीं कर सकते, इसके पीछे उनका पुत्र-प्रेम ही है। शिशुपाल वध के बाद वे सुदर्शन के भयवश ही सही, कभी भी सम्राट् कृष्ण को बंदी बनाने का आदेश नहीं देंगे। ऐसे में हम अपना निर्णय लेने को स्वतंत्र हैं।"

"उचित है विदुर, तुमने आज एक बार पुनः मुझे बहुत बड़ी दुविधा से निकाल दिया।" मैंने कहा। आचार्य कुछ नहीं बोले। आचार्य अब पूर्णतः सत्ता समर्पित थे, वे अर्थ की शून्यता से व्यथित होकर अपने मित्र के पास गए एवं मित्र से अपमानित होकर हस्तिनापुर आए थे, हस्तिनापुर ने ही उनको खोया हुआ सम्मान एवं अहिच्छत्र राज्य दिया था, आचार्य को ज्ञात था कि वे और द्रौपदी

एक ही स्थान पर नहीं रह सकते, पांडव चाहे गुरु का कितना भी सम्मान करें, परंतु उनके द्वारा द्रौपदी की सदैव अवहेलना संभव नहीं है। ऐसे में आचार्य के पास कौरवों का पूर्ण पक्ष लेने के सिवाय अन्य उपाय था ही नहीं।

अगले दिन दोपहर में कृष्ण हस्तिनापुर पधारे। उनके साथ मात्र सात्यकि एवं कुछ गरुड़ थे। युवराज समेत समस्त राजकुमारों, शकुनि एवं विदुर ने नगरद्वार पर ही मधुसूदन की अगवानी की। संपूर्ण नगर को दुर्योधन के आदेश पर अत्यंत सुरुचिपूर्ण ढंग से सजाया गया था। प्रत्येक घर को बंदनवार से सजाया गया था, घरों की छत से स्त्रियाँ पुष्पवर्षा कर रही थीं। इसके अलावा कृष्ण आर्यावर्त में सर्वप्रिय एवं सर्वपूज्य के रूप में स्थापित थे। जनसाधारण ने उनको विष्णु के अवतार के रूप में स्वीकार किया हुआ था, यथा अपने प्रभु को देखने के लिए मानो समस्त नगर राजमार्ग पर उतर आया था। कृष्ण के रथ को किंचित् भर आगे बढ़ने में समय लग रहा था। कृष्ण भी मानो समस्त प्रजा पर अपना प्रेम बरसाते चले आ रहे थे। मुझे प्रतीत हुआ कि कृष्ण सिर्फ व्यक्ति न होकर विचार, आस्था, श्रद्धा में परिवर्तित हो चुके हैं। आमजन का उनपर जो विश्वास है, वही उनको धर्म को नए सिरे से परिभाषित करने की शक्ति देता है, ऐसे कृष्ण को क्या किन्हीं बंधनों में बाँधना संभव है! मूढ़ दुर्योधन! कृष्ण ने राजभवन के द्वार पर आकर समस्त गुरुजनों एवं सम्राट् को यथोचित नमन किया, फिर दुर्योधन उनको अपने भवन में ले गया। मैं भी वापस गंगभवन में आ गया। कुछ देर बाद भोजन करने के उपरांत कृष्ण विदुर के साथ गंगभवन पधारे। अतिथि कक्ष में समुचित अभिवादन के आदान-प्रदान के बाद हम बैठे।

"पितामह ने भोजन तो ग्रहण कर लिया ना?"

"हाँ पुत्र, तुम्हारे लिए भोजन की व्यवस्था करूँ?"

"नहीं पितामह, आज तो महात्मा विदुर के यहाँ अमृत भोजन का स्वाद चखा है, अतः अब कुछ दिन क्षुधा नहीं सतानेवाली।"

तो कृष्ण ने कौरवों के अधर्म का त्याग किया था अथवा उनको किसी प्रकार का शक हो गया था कौरवों पर तभी उनके यहाँ का अन्न ग्रहण करने से इनकार किया था उन्होंने। कृष्ण से अधिक सम्मानित व्यक्ति वर्तमान में आर्यावर्त

में कोई नहीं था और कृष्ण का दूत के रूप में हस्तिनापुर आकर इस प्रकार का व्यवहार हस्तिनापुर का घोर अपमान था, परंतु यह सब था तो दुर्योधन के कृत्यों का ही परिणाम, जब दुर्योधन स्वयं कृष्ण को बंदी बनाने की योजना बनाए बैठा था तो मैं क्या कह सकता था कृष्ण से।

"पुत्र, तुम समस्त घटनाक्रम से परिचित हो, तुम्हारी धर्मदृष्टि क्या कहती है?"

"पितामह, आपका और मेरा धर्म या आपकी और मेरी धर्मदृष्टि पृथक् नहीं हो सकती। धर्म क्या है! धर्म प्रेम, सत्य, न्याय, समानता, बंधुत्व एवं नियम के आधार पर जीवन व्यतीत करने की शैली ही तो है। मेरे अनुसार धर्म की गति सूक्ष्म न होकर विशाल एवं स्पष्ट है। दास एवं दासी भी मानवमात्र हैं, उनसे अमानवीय व्यवहार नहीं किया जा सकता। यदि वे निर्दिष्ट आज्ञा-पालन में प्रमाद करें, तब उनको अवश्य राज्य के नियम विधान के अनुसार दंडित किया जा सकता है, परंतु दासी को भी भरी सभा में नग्न करने का अधिकार संपूर्ण जगत् के किसी भी राज्य को नहीं। इस प्रकार का कृत्य दैत्यों हेतु भी अशोभनीय है, यदि किसी व्यक्ति का धर्म नारी का अपमान करने या उसको चुपचाप देखने की आज्ञा देता है तो वह धर्म कब अधर्म में परिवर्तित कर दिया गया, नीति नियंत्रकों को पता ही नहीं।"

कृष्ण की बात एवं उनके तर्क अकाट्य थे। मुझे मेरे प्रश्नों का उत्तर मिला तो था, परंतु इस उत्तर ने मेरी अंतर ज्वाला को बढ़ा दिया था। मैं अभी कुछ और कहता कि इससे पहले ही कृष्ण उठ खड़े हुए, "अब मैं आज्ञा चाहूँगा पितृव्य, मुझे कई आवश्यक कार्य करने हैं एवं कल प्रातः राजसभा में भी प्रस्तुत होना है।" मेरे कुछ कहने से पहले ही कृष्ण प्रणाम करके द्वार से निकल चुके थे। मैं अचंभित-सा खड़ा रह गया। कृष्ण क्या मुझे पूर्ण धर्मच्युत घोषित कर चुके थे! नहीं-नहीं, यदि ऐसा होता तो वे मुझसे मिलने ही क्यों आते! इन्हीं विचारों के साथ-साथ रात्रि व्यतीत हुई।

प्रातः जाह्नवी स्नान एवं स्तुति के बाद मैंने राजसभा हेतु प्रस्थान किया। राजसभा में मानो मेरे आगमन की ही प्रतीक्षा हो रही थी, मेरे आसन ग्रहण करते ही राजसभा की कारवाई विदुर द्वारा प्रारंभ की गई।

"सम्राट्, कुरुकुलवृद्ध, युवराज एवं सभा में उपस्थित सभासदो, आज की सभा एक विशेष हेतु से बुलाई गई है। आप सभी को ज्ञात है कि पांडव 12 वर्ष का वनवास एवं 1 वर्ष का अज्ञातवास पूर्ण कर चुके हैं एवं वर्तमान में विराटनगर में बने उपलव्य नगर में वर्तमान हैं। पांडव पूर्व निर्धारित द्यूत की शर्तों के अनुसार अपना राज्य हस्तिनापुर के नियंत्रण से वापस चाहते हैं। इस हेतु उनकी तरफ से पांचालों के राजपुरोहित व हमारी तरफ से मंत्रिवर संजय सुलह प्रस्ताव लेकर जा चुके हैं, परंतु अभी तक कोई समाधान नहीं निकला है। इसी समस्या को दूर करने हेतु और पांडवों एवं कौरवों के मध्य होनेवाले युद्ध से उत्पन्न हुए संभावित विनाश को रोकने हेतु द्वारकाधीश श्रीकृष्ण हमारे बीच में हैं। श्रीकृष्ण द्वारका नगर के अति महत्त्वपूर्ण व्यक्ति होने के साथ ही पांडवों एवं कौरवों दोनों के ही अतिनिकट के संबंधी हैं, अतः मैं एक बार सभी से आग्रह करूँगा कि भविष्य के संभावित भीषण रक्तपात को रोकने हेतु श्रीकृष्ण की बात ध्यान लगाकर सुनी जाए। मैं श्रीकृष्ण का आह्वान करता हूँ कि वे दूतधर्म निभाते हुए पांडवों का संदेश हम सबके सम्मुख प्रस्तुत करें।"

कृष्ण खड़े हुए एवं सभी को समुचित अभिवादन करके बोले, "मैं बिना किसी भूमिका के स्पष्ट कहता हूँ कि पांडव बचपन से ही तिरस्कार, दुर्व्यवहार, अभाव, जानलेवा प्रहारों को झेलते आए हैं। मैं जानलेवा प्रहारों की विस्तृत वार्त्ता नहीं करूँगा, अन्यथा युवराज के क्रोधित हो जाने का संशय है। पांडवों ने अन्यायपूर्वक बँटवारे में मिला खांडवप्रस्थ भी स्वीकार किया एवं उसको अमरावतीतुल्य इंद्रप्रस्थ में परिवर्तित किया। इंद्रप्रस्थ नगरी वस्तुतः पांडवों के पराक्रम का ही परिणाम है। इसके बाद एक बार उनपर पुनः छल का वार किया गया एवं इस बार चूँकि शत्रु डरा हुआ था, अतः छल को धर्म के साथ मिलाकर प्रहार किया गया। द्रौपदी का चीरहरण करनेवाले हाथ भले ही दुःशासन के रहे हों, परंतु उन हाथों के पीछे शक्ति इस सभा में विराजमान प्रत्येक व्यक्ति की है। आह, इस सभा में कभी राजा हस्ती, शांतनु, पांडु विराजमान रहे थे! पांडवों ने वरिष्ठजनों का सम्मान करते हुए इस छल को भी सहा एवं वनवास एवं अज्ञातवास की शर्त पूरी की। अब इस सभा में यदि धर्म का अवशेष भी बचा हो तो पांडवों को उनका राज्य वापस किया जाना चाहिए और यदि यह

सभा पूर्णतः धर्मशून्य हो गई है, उसका भी उपाय पांडवों ने बताया है। पांडव कभी भी युद्ध के पक्ष में नहीं हैं, युद्ध जरूरत तो हो सकता है, मनोरंजन कभी नहीं। ऐसे में पांडवों को यदि सिर्फ स्वर्णप्रस्थ, पांडुप्रस्थ, तिलप्रस्थ, वारणावत एवं एक अन्य कोई ग्राम सम्राट् अपनी इच्छा से दे दें एवं दुर्योधन अपने समस्त भाइयों के साथ इसी सभा में पांचाली से क्षमा-याचना कर ले तब भी पांडव संतुष्ट हो जाएँगे।"

कृष्ण के इतना कहते ही दुर्योधन अपने स्थान से शीघ्रता से उठ खड़ा हुआ, "वासुदेव, प्रतीत होता है, आपका मंतव्य सर्वथा भिन्न है एवं शांति स्थापना इसमें निहित नहीं है। पांडवों ने स्वयं अपनी इच्छा से द्यूत में भाग लिया एवं उसको हारने पर उसकी शर्तों के अनुसार कार्य किया, इसमें छल की बात कहाँ से आ गई? पांडव अपना राज्य, नारी एवं स्वयं को भी मेरे सम्मुख जुए में हार चुके हैं, अतः किसी भी प्रकार के राज्य के अधिकारी हैं ही नहीं। जुए में जीती गई वस्तु पर मेरा अधिकार है एवं मैं उसको किसी भी मूल्य पर नहीं छोड़ सकता। उलटे पांडवों को मेरा आभारी होना चाहिए कि मैं उनपर एवं पांचाली पर अपना अधिकार नहीं जता रहा हूँ।"

"दुष्ट दुर्योधन, तू कुलनाशक है, प्रतीत होता है कि समस्त कुरुकुल के लिए तू दावानल के रूप में उपस्थित हुआ है। मूर्ख, द्यूत क्रीड़ा में किस प्रकार का छल हुआ, क्या तुझको बताने की आवश्यकता है! अतिथि का पासों पर पहला अधिकार होता है, नहीं हुआ, क्यों? क्योंकि तू अपनी अधर्म सभा में बैठकर छल द्यूत का खेल कर रहा था। मूर्ख, क्यों अपने समस्त कुल के लिए घातक बनता है। मैं सम्राट् से आग्रह करूँगा कि इस बारे में अपने विचार बताएँ। राज्य आपका है, अतः निर्णय भी आपका ही होगा। मैं अपनी तरफ से दुर्योधन समेत सभी राजकुमारों द्वारा क्षमा-याचना की शर्त को वापस ले सकता हूँ, परंतु ऐसी दशा में सम्राट् को दुर्योधन को युवराज पद से हटाकर उसका पूर्ण त्याग करना होगा। बोलिए महाराज, यह धर्म निर्णय लीजिए महाराज, समस्त कुरुकुल की एवं धरा के क्षत्रियों की रक्षा करें महाराज!"

कृष्ण के इतना कहते ही सभा में सन्नाटा व्याप्त हो गया, सभी अवाक् खड़े थे, तभी दुर्योधन अपने स्थान से चिल्लाया, "बंदी बना लो इस ग्वाले को।"

सभा भवन में पहले से ही इस आदेश की प्रतीक्षा में खड़े सैनिक निकलकर आए, परंतु श्रीकृष्ण वहाँ कहाँ थे, उनके गरुण उनको कंधों पर उठाए मानो उड़े चले जा रहे थे। राजसभा के द्वार पर वीर सात्यकि खड़ा था, जिसको पार पाना साधारण सैनिकों के वश में नहीं था, तभी समाचार मिला कि कृतवर्मा नारायणी सेना की एक सैन्य टुकड़ी के साथ राजभवन के बाहर खड़ा है। दुर्योधन आज सत्य, धर्म, न्याय, बंधुता एवं वीरता सबसे च्युत हुआ था। चौतरफा कोहराम था। धृतराष्ट्र माथे पर हाथ मार-मारकर कह रहा था, "हा, भाग्य हा! दुर्योधन, तूने स्वयं मृत्यु का वरण कर लिया। कुल, पुत्र, जीवन, ऐश्वर्य, सम्मान सबका काल बन गया तू! भला वायु को कोई बाँध पाया है! भला गगन को कोई समेट पाया है!"

मैं, आचार्य एवं विदुर के साथ राजभवन के बाहर पहुँचा। कृष्ण वहाँ अपने सहज हास्य के साथ उपस्थित थे। कृष्ण हम सबको आता देख धीमे से मुसकराए, फिर प्रणाम निवेदित किया। इसी दौरान कर्ण भी सभाभवन से निकलकर हमारे साथ ही बाहर तक आ गया था। कृष्ण उसकी तरफ भी देखकर मुसकराए, फिर इशारे से कर्ण को अपने समीप बुलाया और देखते-ही-देखते कर्ण को अपने रथ पर बिठाकर बिना किसी औपचारिकता के चल पड़े। उनके रथ के पीछे से उठता हुआ गुबार संपूर्ण हस्तिनापुर को समेटता-सा प्रतीत हुआ। कृष्ण के पीछे ही सात्यकि एवं कृतवर्मा भी सैन्य टुकड़ी के साथ चले गए। मैं वापस गंगभवन लौट आया। कृष्ण ने स्पष्ट कर दिया था कि मेरा मार्ग प्रतिज्ञा-पालन का तो था, परंतु वर्तमान में प्रतिज्ञा-पालन, जिस रूप में मेरे द्वारा किया जा रहा था, वह कहीं से भी धर्म नहीं था और आज दुर्योधन ने अपने कृत्य से इस अवधारणा पर मोहर लगा दी थी। दुर्योधन नहीं समझ रहा था कि अब यदि वह युद्ध जीत भी जाता है तो इतिहास उसको आततायी एवं असुर के रूप में देखेगा, आज के घटनाक्रम के बाद आर्यावर्त का ऋषि-समाज कभी भी दुर्योधन को धार्मिक एवं पुण्यमयी राजा के रूप में नहीं देखेगा। आज निश्चय ही कर्ण के सामने कृष्ण उसके जन्म का रहस्य खोलेंगे, इसलिए वे उसको साथ ले गए हैं। इसके बाद कर्ण और अर्जुन दोनों धनुर्धरों का एक साथ सामना करना जगत् में किसी भी पक्ष के लिए संभव नहीं

है और यदि मित्र धर्म निभाकर कर्ण पांडवों के पक्ष में न भी गया, फिर भी उसके मन में संशय तो उत्पन्न हो ही जाएगा, क्या तब भी इसी उत्साह, क्षमता और शत्रुता से कर्ण अर्जुन का सामना कर पाएगा जैसा वर्तमान में करता। संध्या का समय हो रहा था। मैंने सांध्यकार्य पूर्ण किया, तब तक सेवक संपूर्ण गंगभवन में दीप प्रज्वलित कर गए। माँ गंगा के किनारे भी संपूर्ण हस्तिनापुर के साथ-साथ दीपमालाएँ प्रत्येक दिन संध्या के समय प्रज्वलित की जाती थीं। सेवक शनैः-शनैः दीप प्रज्वलित करते जा रहे थे। मैं अपने कक्ष में खड़ा हुआ गवाक्ष से माँ के सांध्य श्रृंगार को देख रहा था, इसी बीच महामंत्री विदुर कब आकर पीछे खड़े हो गए, मुझे पता नहीं चला, जब मेरी तंद्रा टूटी तब मैंने उनपर दृष्टिपात किया।

"क्षमा करें प्रभु, आप ध्यानमग्न थे, सो ध्यान भंग करने का साहस नहीं हुआ, बस आपके तेज का अवलोकन कर कृतार्थ होता रहा।"

"पुत्र, आज की घटना के बाद भी यदि ईश्वर ने कुछ तेज मेरे पास रहने दिया है तो इसे मैं ईश्वर की दयालुता ही कहूँगा। तुम कैसे हो? कर्ण वापस आ गया होगा! कुछ रहस्योद्घाटन हुआ वासुदेव क्यों उसको साथ ले गए थे?"

"हाँ पितृव्य, कर्ण लौट आया और उसने आकर यही बताया कि उसे कौरवों के पक्ष से डिगाने हेतु वासुदेव ने एक मनगढ़ंत कहानी सुनाई, वह कहानी क्या थी, यह कर्ण द्वारा उद्घाटित नहीं किया गया। दुर्योधन कर्ण के वापस आने तक अत्यंत बेचैन रहा, प्रतीत होता है कि दुर्योधन कर्ण को उसकी सामर्थ्य से अधिक शक्तिशाली मानकर उसपर ही संपूर्ण युद्ध का दारोमदार सौंपे बैठा है। संभव है कि उसका सेनापति भी कर्ण हो। वासुदेव के अनुग्रह को न मानकर दुर्योधन ने आज कुलनाश को मोहरबंद कर दिया है।"

"पुत्र, मैं भी तुम्हारी ही भाँति चिंतन करता हूँ एवं कई स्थानों पर वासुदेव एवं उनकी धर्मनीति को विचित्र पाता हूँ। संभवतः वासुदेव-नीति अति उन्नत है, जो हमारी समझ से परे है। वासुदेव युद्ध नहीं चाहते हैं! मैं इस बात को कभी नहीं मान सकता, इस समय जब दोनों तरफ की सेनाएँ, दोनों पक्ष के राजा पूर्ण सजग एवं युद्ध हेतु सज्ज हैं, उस समय शांतिवार्त्ता कैसे सफल हो सकती थी! यदि वासुदेव सत्य ही युद्ध रुकवाना चाहते तो अर्जुन एवं दुर्योधन को उस

समय समझाते, जब वे उनसे युद्ध सहायता माँगने गए थे, उस समय तो वासुदेव ने अपनी जगज्जयी नारायणी सेना दुर्योधन को देकर उसके मनोबल को अति तक पहुँचा दिया, अब दुर्योधन शांति की बात कैसे सुनेगा! ज्ञातानुसार पांडवों की तरफ सात अक्षौहिणी सेना है तो कौरवों की तरफ ग्यारह अक्षौहिणी सेना। दुर्योधन को अपनी जय सम्मुख प्रतीत हो रही है, ऐसे में वह शांति की वार्त्ता क्योंकर करेगा! रही बात कर्ण को सेनापति बनाने की तो दुर्योधन मन, वचन एवं कर्म से कर्ण को सेनापति बनाना चाहता है, परंतु ऐसा करेगा नहीं, उसे भय है कि यदि ऐसा हुआ तो कर्ण के नायकत्व में मैं और आचार्य युद्ध से विलग हो सकते हैं अथवा अपना पक्ष पुनः चुन सकते हैं, ऐसा वह कभी नहीं चाहेगा, हालाँकि यदि ऐसा संभव होता तो मेरा पक्ष बहुत पहले बदल गया होता, परंतु इसमें दुर्योधन का भी किंचित् दोष नहीं है, दुर्जन व्यक्ति समस्त संसार को दुर्जन ही पाता है।"

"अभी स्मरण हुआ पितृव्य, भाभी कुंती ने भी पांडवों के लिए संदेश भिजवाया है कि जिस दिन के लिए क्षत्राणी पुत्र को जन्म देती है, वह दिन आ पहुँचा है।"

"यह संदेश कब दिया कुंती ने कृष्ण को?"

"कल संध्या के समय..."

"स्पष्ट है पुत्र, कुंती, कृष्ण या पांडव अब कोई भी सुलह नहीं चाहते हैं एवं उनको ज्ञात भी है, इस सन्नद्ध युद्ध के परिणाम भयानक होंगे, अतः वे बार-बार शांतिवार्त्ता कर युद्ध का संपूर्ण अपयश कौरवों पर डाल रहे हैं। कृष्ण को अच्छे से ज्ञात है कि दुर्योधन कभी भी भरी सभा में माफी माँगनेवाली शर्त को स्वीकार नहीं करेगा, तभी पाँच गाँवों के साथ-साथ यह शर्त भी लगाई। वस्तुतः यह भीषण युद्ध ऐतिहासिक होगा एवं युद्ध में किसी की भी जय-पराजय हो, आर्यावर्त की हार होगी। इस युद्ध से इतनी बड़ी संख्या में नर हत होंगे कि आर्यावर्त आगे आनेवाले हजारों वर्षों तक इसका मूल्य चुकाएगा। जाने कितनी गुप्त कलाएँ, गुप्त अस्त्र-शस्त्र, गुप्त उपचार इस युद्ध के बाद लुप्त हो जाएँगे... स्त्रियों में व्यभिचार फैलेगा, इस महाभयानक युद्ध के लिए इतिहास सदैव ही कौरवों, विशेषकर दुर्योधन को ही दोषी ठहराएगा...वासुदेव का प्रबंध इस

प्रकार का है कि भविष्य की कोई भी पीढ़ी यह न कह पाए कि युद्ध पांडवों की राज्यलिप्सा का भी परिणाम था।"

"परंतु पितामह, यह सत्य भी है। यदि दुर्योधन न्यायपूर्वक हस्तिनापुर पर शासन करता तो क्योंकर इस युद्ध की विकराल स्थिति उत्पन्न होती!"

"हाँ, सत्य है कि दुर्योधन पूर्णत: निरंकुश, अधर्मी एवं अन्यायी है, परंतु क्या पांडवों को पूर्णत: इस युद्ध की जिम्मेदारी से मुक्त किया जा सकता है! पांडव इंद्रप्रस्थ में सुखपूर्वक राज कर रहे थे, फिर भी द्यूत खेलने हेतु हस्तिनापुर के बुलावे पर अपनी समस्त संपदा को हार जाना और फिर युधिष्ठिर द्वारा अपने भाइयों को दाँव पर लगाना कहाँ तक उचित था! वह अपने पितृव्य की आज्ञानुसार द्यूत धर्म निभाते हुए अपनी समस्त संपदा के लोप होने तक खेले भी, परंतु स्त्री या भाई को इस हद तक संपदा का विषय माना जाए कि उनको जुए में दाँव पर लगाने का अधिकार पति या बड़े भाई को है, यह विमर्श का विषय है और कृष्ण की जो धर्म की व्याख्या है, उसके अनुसार नहीं है, फिर युधिष्ठिर क्यों अपने भाई कृष्ण द्वारा प्रतिपादित धर्मानुकूल आचरण नहीं करते? यदि द्यूत क्रीड़ावाले दिन धृतराष्ट्र 12 वर्ष वनवास एवं एक वर्ष अज्ञातवास के बदले पांडवों एवं द्रौपदी को दासत्व से मुक्ति न देते तो पांडव एवं द्रौपदी आज भी कौरवों के दास होते, परंतु दुर्योधन ने कृष्ण के रूप में शांतिदूत को बंदी बनाने का प्रयास करके उपरोक्त सभी मतों एवं विमर्शों का मार्ग अवरुद्ध कर दिया है, अब संपूर्ण युद्ध का भार दुर्योधन के स्कंधों पर है एवं दुर्योधन दु:पुरुष एवं आर्यावर्त को कमजोर करनेवाले के रूप में सदैव विख्यात रहेगा। इस प्रकार कूटनीतिक रूप से दुर्योधन की पहली और सबसे बड़ी हार हो चुकी है। अब दुर्योधन युद्ध जीतकर भी पांडवों का नैतिक स्तर कभी नहीं पा सकता। प्रतीत होता है कृष्ण को भान रहा होगा कि दुर्योधन इस प्रकार का कार्य कर सकता है।" मैंने कहा। इसी प्रकार से विदुर और मेरे मध्य रात्रि घिरने तक चर्चा होती रही। आश्चर्यजनक रूप से विदुर मुझसे कई बातों में सहमत था।

और अब आज दुर्योधन द्वारा सेनापति के रूप में मेरा मनोनयन...मेरा विचार आखिर सत्य ही सिद्ध हुआ। मैं विचारों की श्रृंखला से बाहर आया। माँ

को प्रणाम किया मैंने...जन्मदात्री माँ, जीवन का अर्थ सिखानेवाली माँ, पिता से प्राप्त इच्छामृत्यु के वरदान की पर्याय माँ, मेरे तप्त हृदय को सदैव शीतल करनेवाली माँ, परंतु मैंने क्या किया, सदैव धर्म को रूढ़ि के रूप में ग्रहण कर अग्निशिखा को स्वयं के लिए वर लिया।

सेनापति के रूप में मैंने प्रस्थान पूर्व अपने पक्ष के सभी योद्धाओं की एक बैठक बुलाई। बैठक में युवराज दुर्योधन बोले, "पितामह, आप अकेले ही संपूर्ण जग को जय कर सकते हैं। आपके सेनापतित्व में हमारी विजय तय है। पितामह, अपने पक्ष के योद्धाओं में उत्साह भरने के लिए मैं चाहता हूँ कि आप हमारे पक्ष के सभी योद्धाओं एवं उनकी क्षमताओं का वर्णन करें।"

"अवश्य युवराज, आपके पक्ष में ग्यारह अक्षौहिणी सेना के साथ-साथ अनेक रथी एवं महारथी सन्नद्ध हैं। हमारी सेना में गज दल का नेतृत्व दु:शासन करेगा, अश्व दल का नेतृत्व गांधार नरेश शकुनि करेंगे, पैदल दल का नेतृत्व युवराज दुर्योधन करेंगे। सारथी दल का नेतृत्व प्रतिकामन करेगा, इसमें मद्रनरेश शल्य प्रतिकामन को दिशानिर्देश देंगे। गज दल के नेतृत्व हेतु दु:शासन की सहायता अलंबुश, अलायुद्ध, अंगरक करेंगे। जयद्रथ, इंद्रवर्मा आदि दुर्योधन की सहायता करेंगे, ये दोनों सेना की दो टुकड़ियों के अलग होने पर, सैनिक गुल्मों के साथ, उनको जोड़ने का कार्य करेंगे। सभी दल ध्यान रखेंगे कि किसी भी व्यूह में वे एक-दूसरे के मध्य न आएँ एवं अपने निर्धारित स्थान की रक्षा करें। युवराज, आपकी सेना में आचार्य द्रोणाचार्य महारथी वर्ग के योद्धा हैं, मैं स्वयं के बारे में बस इतना ही कहूँगा कि इस युग में प्रतिज्ञा-पालक भीष्म एक ही रहेगा, मैं श्रीकृष्ण की अस्त्र न ग्रहण करने की प्रतिज्ञा तुड़वाकर रहूँगा, यदि धर्म की टेर लेकर युद्धरत रहूँ तो इंद्र समेत सारे देवता मिलकर भी मुझे पग भर नहीं डिगा सकते। इसके अलावा भगदत्त, भूरिश्रवा, कृतवर्मा तुम्हारे पक्ष में अतिरथी योद्धा हैं, इनके अलावा तुम्हारे पक्ष में एक ऐसा योद्धा है, जो चाहे तो समस्त संसार को अपने पराक्रम से जीत ले, परंतु उसको अपने प्राणों से अत्यधिक प्रेम है, ऐसा व्यक्ति युद्ध में अधिक काम का नहीं रह जाता, अत: मैं अश्वत्थामा को अतिरथी की ही श्रेणी में रखता हूँ। तत्पश्चात् रथी की श्रेणी में तुम स्वयं, मद्रराज शल्य, अलंबुश आते हो। दु:शासन समेत तुम्हारे अन्य

भाइयों, वृषसेन, कृपाचार्य, जयद्रथ, बिंदु, अनिबिंदु को मैं अर्धरथी की श्रेणी में रखता हूँ, अब तुम शत्रुपक्ष की भी सुनो—पांडवों की ओर से लड़नेवालों में अर्जुन को महारथी की श्रेणी में मैं रखता हूँ, तत्पश्चात् भीम, सात्यकि एवं अभिमन्यु अतिरथी की श्रेणी में आते हैं—धृष्टद्युम्न, द्रुपद, घटोत्कच, युधिष्ठिर, नकुल, सहदेव आदि रथी की श्रेणी में आते हैं। इस प्रकार तुम्हें सम्राट् बनाने की इच्छा से यहाँ गांधार, मद्र, सिंध, कांबोज, कलिंग, सिंहल, अवंति, निषाद, बाह्लीक, सौराष्ट्र, प्राग्ज्योतिषपुर, त्रिगर्त आदि देशों के नरेश एकत्रित हुए हैं। इसी प्रकार पांडवों की ओर से चेदि, पांचाल, काशी, केकय, सृजय, सोमक, कुंति, किरात, चोल, पांड्य आदि प्रमुख देशों के नृप अपनी सेना के साथ सज्ज हैं। युवराज, तुम्हारी सेना प्रत्येक कोण से पांडवों की सेना से उत्तम है। तुम्हारी सेना में एक से बढ़कर एक दिव्यास्त्रों के ज्ञाता, व्यूह ज्ञान के निपुण महारथी शामिल हैं।"

इतना कहकर मैं शांत हो गया, तभी आचार्य पुत्र अश्वत्थामा बोला, "पूज्य सेनापति, आपने अनेक महारथी योद्धाओं के नाम गिनाए, परंतु महाबली योद्धा कर्ण का नाम लेना आप शायद भूल गए।"

"नहीं, अश्वत्थामा, भूला नहीं हूँ, परंतु पहले ब्राह्मण एवं फिर गुरुदेव परशुराम के शाप के बाद एवं तथाकथित कवच-कुंडल गँवाने के पश्चात् कर्ण का स्थान एक अर्धरथी से निम्न ही है, हालाँकि मैं नहीं मानता कि कर्ण के पास अतिप्रचारित कुंडल एवं कवच थे भी अथवा मिथ्या प्रचार ही था। इसी हेतु से मैंने कर्ण का नाम नहीं लिया, वैसे भी सूतपुत्र कर्ण ने सदैव युद्ध के स्थान पर पलायन को ही प्राथमिकता दी है।" मेरा प्रयास था कि किसी भी तरह भाई के सम्मुख भाई को आने से रोका जाए। जब से मधुसूदन दूत बनकर आए थे एवं कर्ण को अपने रथ पर साथ आरूढ़ करके नगरद्वार के बाहर तक ले गए थे, मेरा संशय दृढ़ हुआ था। मैंने पाया था कि उस दिन के बाद से कर्ण पांडवों के प्रति पूर्व की भाँति कठोर नहीं रह गया था और न ही अर्जुन से उसकी पूर्वत: प्रतिद्वंद्विता शेष थी, वह अब भी दुर्योधन के सामने अर्जुन को धूल-धूसरित करने की प्रतिज्ञा तो करता था, परंतु उसकी प्रतिज्ञा में अब पूर्व की भाँति वह दृढ़ता नहीं थी। मूर्ख दुर्योधन नारायणी सेना लेकर ही खुश था, परंतु कृष्ण युद्ध से पहले

ही दुर्योधन के अजेय योद्धा को मानसिक रूप से कौरव सेना से विलग कर चुके थे। हा! दुर्योधन का भाग्य...हा! दुर्योधन पुत्र लक्ष्मण का भाग्य...। मेरा हृदय जानता था, कर्ण अर्जुन के समान योद्धा था, कौरव सेना का सर्वोत्कृष्ट योद्धा था, परंतु कैसे मैं उसे महारथी घोषित कर अर्जुन के सम्मुख युद्ध की अनुमति देता! अब कम-से-कम स्वयं सेनापति बनने तक कर्ण अर्जुन से द्विरथ युद्ध नहीं कर सकता था।

"देखा मित्र दुर्योधन, युद्ध आसन्न है और तुम्हारे सेनापति खंडता की वार्त्ता कर रहे हैं। ये दरअसल तुम्हारा भला चाहते ही नहीं हैं, तथैव मैं भी प्रण करता हूँ, भीष्म के जीवित युद्ध में उपस्थित रहते हुए मैं युद्ध में शामिल नहीं रहूँगा।" यह कहकर कर्ण बैठक से प्रस्थान कर गया। दुर्योधन के मुख से प्रतीत होता था कि वह बेचैन था, हालाँकि यह शर्त मैं पहले ही उसके सम्मुख रख चुका था।

युद्ध के प्रथम दिन कौरवों एवं पांडवों की सेनाएँ आमने-सामने थीं। कितने ही प्रयास, कितने ही उपाय और कितने ही गलत कृत्यों को मैंने सहा, परंतु नियति ने आज का दिन युगपटल पर आरंभ से ही लिख दिया था, सो टाला नहीं जा सकता था, मैं स्वयं क्या हूँ, नियति के हाथों का यंत्र! क्या जो घट रहा है, वह नियति पहले से ही निश्चित कर चुकी थी, क्या सत्य ही कर्म प्रभाव कुछ भी नहीं था! दृढ़निश्चयी भीष्म प्रतिज्ञ देवव्रत खिलौना मात्र था। निश्चय ही यह बड़ा प्रश्न था, कृष्ण ने मेरे मन की कई गुत्थियाँ सुलझाई थीं, मुझे विश्वास था कि यह गुत्थी भी कृष्ण सुलझा देंगे, परंतु अब कृष्ण से किस प्रकार मन की चर्चा हो सकेगी, यह भविष्य के गर्भ में था। कौरव पक्ष से सर्वप्रथम मैंने शंखनाद किया तत्पश्चात् दुर्योधन, शकुनि, शल्य, दुःशासन आदि अन्य योद्धाओं ने शंख बजाकर युद्ध के मद एवं उत्साह का परिचय दिया। युद्ध का उत्साह! हा, क्षात्रधर्म! दो पक्ष हैं, मैं स्वयं धर्म एवं अधर्म की व्याख्या पर नहीं जाता, दोनों में से एक पक्ष न्याय का है, धर्म का है एवं दूसरा पक्ष अन्याय एवं अधर्म का है, यह निश्चित है, फिर भी दोनों पक्षों में उत्साह क्यों! पांडव पक्ष से भी सर्वप्रथम कृष्ण, फिर अर्जुन, भीम, धृष्टद्युम्न ने अपने-अपने शंख बजाए, इससे पहले कि युद्ध आरंभ होता, हम सबने देखा कि कृष्ण अर्जुन के आग्रह पर रथ को युद्धक्षेत्र के मध्य में लेकर आए, फिर सभी के देखते-

देखते गांडीव अर्जुन के हाथ से छूटकर गिर गया, सूचना फैल गई कि मध्यम पांडव ने युद्ध करना अस्वीकार कर दिया, दुर्योधन त्वरित गति से अपने रथ को दौड़ाता हुआ मेरे रथ के समीप आया, "पितामह, प्रसन्न हों, हम बिना युद्ध के ही विजयी हुए।"

"वह कैसे पुत्र?"

"अर्जुन ने गांडीव का त्याग कर दिया है पितामह, कृष्ण युद्ध में किसी भी अस्त्र-शस्त्र को धारण नहीं करेंगे, इन दोनों के बिना पांडव सेना पहर भर भी आपके एवं आचार्य जैसे महायोद्धाओं के सम्मुख टिक पाएगी, मुझे संदेह है।"

"युवराज, अभी मध्यम पांडव ने गांडीव का त्याग किया है। कृष्ण अभी अर्जुन के साथ हैं। कृष्ण की वाणी, कृष्ण का धर्म, कृष्ण का मस्तिष्क, कृष्ण की न्याय के प्रति अटूट निष्ठा, कृष्ण की वास्तुस्थिति की ईश्वरतुल्य समझ, कृष्ण की निर्णय क्षमता, कृष्ण की वृहत्तता पांडवों की मार्गदर्शक है, उनके साथ है। तुमको अपने सीमित बुद्धि से प्रतीत हुआ होगा, बिना सुदर्शन कृष्ण किस काम के, परंतु देखो, कृष्ण ने अर्जुन को फिर से रणभूमि में खड़ा कर दिया है, इस कुरुक्षेत्र में यह कृष्ण की प्रथम युद्धाहुति है, मुझे पूर्ण विश्वास है कि इस युद्ध की विजय एवं पराजय में सिर्फ कृष्ण का अंतर रहेगा, इस यज्ञ के यज्ञपुरुष बिना अस्त्र-शस्त्र उठाए निर्विवाद रूप से कृष्ण ही होंगे और यह भी स्मरण रहे पुत्र, कृष्ण और भीष्म की धर्ममीमांसा में अत्यधिक अंतर है। कृष्ण की धर्म व्याख्या न्याय, सत्य के अंतिम रूप से उत्थान हेतु अनेक प्रतिज्ञाएँ तोड़ने को श्रेयस्कर मानेगी।"

दुर्योधन ने चमत्कृत होकर अर्जुन के कपिध्वज धारित रथ की ओर देखा, उसका चेहरा निराशा और क्रोध से विकृत हो गया। अर्जुन दोगुने उत्साह से रथ पर विराजमान था, उसकी एक भुजा में गांडीव शोभा पा रहा था तो दूसरी भुजा क्रोध एवं उत्साह से फड़क रही थी, कृष्ण के चेहरे पर चिर-परिचित मुसकान थी, सत्य है कि कृष्ण जिसके सारथी हों, वह काल को भी सहसा ही पराजित कर सकता है। प्रथम दिन का युद्ध अति भयंकर था, योद्धा अपनी तरंग में थे, हजारों वीरगति को प्राप्त हुए, स्वयं अपनी प्रशंसा करते हुए उचित नहीं प्रतीत

होता है, परंतु सत्य कहना भी आवश्यक है, मेरे रथ के पहियों की गति जिस दिशा में हो जाती, पल में वह दिशा मरघट के रूप में परिवर्तित हो जाती। मेरे बाणों की वर्षा के समक्ष पांडवों का कोई भी योद्धा सम्मुख नहीं आया, आज अर्जुन भी मेरे वेग को रोक नहीं पाया, विराट पुत्र स्वेत ने कुछ समय के लिए अवश्य वीरतापूर्वक मेरा सामना किया, परंतु शीघ्र ही वह भी मेरे हाथों वीरगति को प्राप्त हुआ। प्रथम दिन के युद्ध की समाप्ति पर मैं अपने शिविर की ओर वापस चला, मुझे सत्य प्रतीत हो रहा था कि मैं भावनारहित यंत्र के समान हूँ बस...

द्वितीय दिन पांडवों ने क्रोंच व्यूह का निर्माण किया। पांडव आज विशेष तैयारी के साथ आए थे। युद्ध आरंभ होते ही महाबली भीम साक्षात् काल रूप धारण करके कलिंगों पर टूट पड़ा, दूसरी तरफ अर्जुन के शरों के प्रहार से कौरव सेना में खलबली मच गई। मैंने अपना रथ भीम की तरफ मोड़ा, कुछ ही समय में मैंने सारथी, घोड़ों समेत भीम के रथ को नष्ट कर दिया, परंतु इससे भीम की गति पर कोई प्रभाव नहीं पड़ा, अब वह रथ के बिना ही सिर्फ गदा धारण कर भीषण रक्तपात में रत था, उधर सात्यकि ने कुछ समय के लिए मेरी गति अवरुद्ध की, परंतु शीघ्र ही मैंने सात्यकि को घायल कर पांडवों के व्यूह को लगभग नष्ट कर दिया, परंतु तभी मधुसूदन अर्जुन का रथ लेकर मेरे सम्मुख आ गए, अर्जुन और मेरा घमासान युद्ध आरंभ हुआ। मुझे प्रतीत हुआ सव्यसाची अपनी पूर्ण क्षमता से युद्ध नहीं कर रहा था, परंतु इसके बाद भी अर्जुन ने मुझे विगत दिन के समान संहारक रूप धारण नहीं करने दिया। दूसरी तरफ भीम ने कौरव सेना में हाहाकार मचा दिया, सूर्यास्त होते-होते कौरव सेना पीठ दिखाकर भागने लगी, जिस दिशा में भीम स्थित हो जाता, वह दिशा कौरवों से च्युत हो जाती। अर्जुन ने मुझे कोई अवसर नहीं दिया कि मैं अन्य योद्धाओं की सहायता हेतु जा सकूँ, आचार्य द्रोणाचार्य धृष्टद्युम्न से युद्ध में रत थे, अन्य योद्धाओं में से किसी का साहस नहीं हुआ कि मदिरापान के बाद अत्यधिक क्रोधित महाबली भीम के सामने पड़े।

आज के युद्ध के बाद दुर्योधन मेरे शिविर में आया और विलाप करते हुए बोला, "पितामह, यदि आपको इसी प्रकार का पक्षपातपूर्ण युद्ध करना था तो

आप पहले ही बता देते, मैं क्यों रार ठानता! आपके वर्तमान रहते कौरव सेना युद्ध से पलायन कर रही है।"

"दुर्योधन, तुमने दूसरों के बल का आश्रय लेकर युद्ध का निर्णय लिया है तो पराभव निश्चित है, युद्ध स्वयं के आत्मबल, विश्वास, युद्धज्ञान एवं शक्ति से लड़े एवं जीते जाते हैं, परंतु फिर भी कल युद्ध में तुम मेरा पराक्रम देखना, कल प्रतिज्ञानिष्ठ भीष्म स्वयं श्रीकृष्ण को अपनी प्रतिज्ञा तोड़ने को बाध्य कर देगा।" मैंने दुर्योधन को आश्वासन दिया।

तृतीय दिन, मैंने कौरव सेना को गरुण व्यूह के रूप में व्यवस्थित किया, पांडवों ने अपनी सेना को अर्धचंद्राकार व्यूह में स्थापित किया। घोर युद्ध आरंभ हुआ। भीम ने घटोत्कच के साथ मिलकर कुछ ही समय में कौरव सेना में बीभत्स रूप से हाहाकार मचा दिया, कौरव सेना की हालत देखकर एवं अपने वचनों को याद करके मैंने क्रोध में भरकर चारों दिशाओं में बाण संधान किया, मेरी धनुर्विद्या का प्रदर्शन देखकर समस्त सेना चमत्कृत-सी मूर्त रूप में अपने स्थान पर जड़ हो गई। आज अर्जुन के बाणों की धार भी मेरे प्रहारों के आगे कुंद हो गई। कुछ ही पलों में मैंने अर्जुन के धनुष की प्रत्यंचा काट दी एवं अर्जुन के मर्मस्थल पर चार बाण मारकर उसको मूर्च्छित कर दिया। पांडवों की सेना में भीषण कोलाहल मच गया, यह देखकर कृष्ण रथ से कूदकर पास ही पड़ा रथ का चक्र उठाकर मेरे संहार को दौड़ते हैं। अहा! क्या दृश्य है, संपूर्ण जगत् जिन्हें नारायण कहता है, वे स्वयं मेरे संहार को आते हैं। मैं अपने रथ पर ही प्रेम से समाधिस्थ हो गया, तभी अर्जुन की मूर्च्छा टूटी, वह दौड़ के कृष्ण के पैरों पर गिर गया, उन्हें बारंबार उनकी प्रतिज्ञा याद दिलाते हुए रथ के अग्र भाग में वापस ले गया। मेरे रथ के सामने जो भी योद्धा आया, यमपुरी को प्रस्थान कर गया। आज मैंने पांडव सेना का भीषण संहार किया।

चौथा दिन, महाबली भीम एवं भगदत्त के नाम रहा। भीम ने दुर्योधन की गज सेना को अत्यधिक नुकसान पहुँचाया तथा 14 कौरवों का भी वध कर दिया। दुर्योधन अपने भाइयों की बीभत्स मृत्यु से बुरी तरह शोकाकुल हो गया। भीम एवं घटोत्कच के वेग को भगदत्त ने सफलतापूर्वक रोका, परंतु तब तक कौरव सेना का अत्यधिक नुकसान हो चुका था।

पाँचवें दिन, मैंने कौरव सेना को मकरव्यूह के रूप में युद्ध करने का आदेश दिया। भयंकर युद्ध छिड़ गया। भूरिश्रवा ने आज युद्ध में अद्‌भुत पराक्रम का परिचय देते हुए सात्यकि के दसों पुत्रों का वध कर दिया एवं सात्यकि से घोर युद्ध करने लगा, मैं और अर्जुन दोनों एक-दूसरे के वेग को रोके हुए थे। सात्यकि एवं भूरिश्रवा का युद्ध अनिर्णीत रहा।

छठे दिन, मैंने अपना प्रतिद्वंद्वी पांचाल सेना को चुना। कुछ ही समय में मैं धृष्टद्युम्न को पराजित करके आगे बढ़ चुका था, पांचाल सेना का आज मैंने भीषण संहार किया, परंतु इसी बीच युद्धसूचकों से सूचना मिली कि युवराज दुर्योधन के प्राण संकट में हैं। मैंने समीप ही युद्धरत अश्वत्थामा को युवराज की प्राण-रक्षा हेतु भेजा एवं उसके पीछे किसी को न जाने देने हेतु मैं अपने स्थान पर स्थिर रहा। युधिष्ठिर इसी बीच मेरे सम्मुख आ गया, परंतु अधिक देर तक मेरा सामना नहीं कर सका, तब उसकी सहायता को नकुल एवं सहदेव आए, परंतु वे भी मेरे वेग को सँभाल नहीं सके। इसी बीच शिखंडी मेरे सम्मुख आ खड़ा हुआ। मैंने अपनी प्रतिज्ञा के अंतर्गत अपने शस्त्र त्याग दिए। इसी बीच सूर्य अस्ताचल की ओर बढ़ चला। युद्ध समाप्त हुआ।

युद्ध के सातवें दिन, अर्जुन ने कौरव सेना का भीषण संहार आरंभ किया, मैंने अर्जुन की ओर बढ़ना चाहा, परंतु बीच में शिखंडी पांचाल सेना के साथ उपस्थित था। उलूपी-अर्जुन पुत्र इरावान मेरे सम्मुख आया, उसका पराक्रम विकट था, परंतु अधिक देर तक मेरे सम्मुख नहीं टिक पाया। मैं एक ऐसे अभागे युद्ध में था, जहाँ अपना क्षात्र दायित्व भी पूर्ण करना था और अपने रक्त का संहार करते हृदय भी काँपता था। नियति ने मुझे ऐसे दोराहे पर लाकर खड़ा किया था कि कोई भी राह चुनना मेरे लिए असंभव था। इरावान का वध करना मेरे लिए क्षणों का विषय था, परंतु मैंने उसके सारथी को पर्याप्त समय दिया, इरावान का सारथी उसको मेरे सामने से हटा ले गया, अब मैंने पांचाल सेना का संहार आरंभ किया। युद्ध की दैनिक समाप्ति तक दोनों पक्षों का प्रचुर नुकसान हो चुका था।

युद्ध की समाप्ति पर दुर्योधन मेरे पास आया, "पितामह, विकट स्थिति है, मैं समझ नहीं पा रहा हूँ कि आप जैसे विकट योद्धा के वर्तमान रहते सात दिनों

का युद्ध हो गया, परंतु विजय का कोई निशान प्रतीत नहीं होता!"

मैं स्वयं पा रहा था कि दुर्योधन का कथन असत्य नहीं है। मैंने सत्य ही स्वयं को बाँधकर रखा था, अन्यथा अर्जुन न सही, पांडव न सही, अन्य प्रमुख योद्धा अभी तक मेरे बाणों के ग्रास बन चुके होते एवं युद्ध समाप्ति पर होता, परंतु मेरा कुछ भी दुर्योधन से छुपाव नहीं था। मैंने अपनी शर्तें युद्ध आरंभ होने से पहले ही दुर्योधन को स्पष्ट कर दी थीं।

"युवराज, पांडव मेरे लिए अवध्य हैं, यह मैंने तुमको युद्ध में महासेनापति का कार्यभार ग्रहण करने से पहले ही स्पष्ट कर दिया था। मैं अपनी सामर्थ्य भर पांडव सेना का संहार कर ही रहा हूँ, अब तुम अपने सेनापति से क्या आशा रखते हो?"

दुर्योधन का कथन अनुचित नहीं था, सत्य कहा जाए तो अभी तक मैंने रण का संधान ही कहाँ किया था। कहीं-न-कहीं मेरा अवचेतन मस्तिष्क अभी भी इस प्रयास में था कि युद्ध को रोक लिया जाए। क्या इसलिए मेरा रणकौशल पूर्ण सिद्ध नहीं हो सका था। आज दुर्योधन के प्रश्नों से मेरा अंतर्मन मेरे सम्मुख आकर खड़ा हो गया था और पूछ रहा था कि क्या जीवन के अंतिम पड़ाव में आकर कायर कहलाना पसंद करोगे भीष्म! क्या क्षात्रधर्म रणक्षेत्र में आकर शांति के प्रयास को स्वीकार करेगा! जग मुझे जितना भी समर्थ योद्धा माने, परंतु यह मेरा अंतर्मन ही जानता है कि मैं स्वयं से ही पराजित योद्धा हूँ। कठोर निर्णय न ले पाना मेरे जीवन की विडंबना थी, जिससे मैं जीवन भर जूझता रहा था। दुर्योधन मेरे कथन की प्रतीक्षा में था, मैंने कुछ न कहकर सिर्फ मुखमुद्रा से इंगित कर उसको विचार करने का आश्वासन दिया। मुझे विचारमग्न देखकर वह प्रस्थान कर गया, परंतु मेरा अंतर्मन अभी भी मेरे समक्ष पूर्ण दृढ़ता से खड़ा था। मेरा अपराध क्या था! कुरुवंश की उन्नति के लिए अति प्रयत्नरत रहना! अथवा प्रतिज्ञाबद्ध होना! मुझे प्रतीत होता कि चित्रांगद का गंधर्वराज द्वारा वध वाली घटना मेरे अवचेतन मन में सदैव स्थित रही। उस समय मैं चित्रांगद की कड़वी बातों के प्रहार से अपमानित राजव्यवस्था से पूर्ण रूप से विलग हो गया था, क्या मेरे राजव्यवस्था में सक्रिय रहते गंधर्वराज का साहस हो सकता था, हस्तिनापुर के सम्राट् की हत्या का! नहीं, कभी नहीं। उस घटना ने मुझे

हस्तिनापुर राजसिंहासन से माता को दिए वचन द्वारा सदैव के लिए बाँध तो दिया ही, साथ ही मुझे राज्य की सुरक्षा हेतु अतिसंवेदनशील भी बना दिया। इसलिए मैं राजसिंहासन की मूक अनुमति से होती किसी भी अप्रिय घटना का विरोध नहीं कर सका। मैं सदैव दोराहे पर ही खड़ा रहा, आज भी खड़ा हूँ। मुझे कोई तीसरी राह ढूँढ़नी ही होगी, समय उपस्थित है उद्विग्नता से मुक्ति का। मेरा विचार एवं आशा अब समाप्ति की ओर थी, अब कुरुवंश, हस्तिनापुर, आर्यावर्त अपने अवसान पर है, वीरों की मुक्ति का समय है।

आठवें दिन का युद्ध भी मेरी उद्विग्नता की भेंट चढ़ गया। मैं अभी भी पूर्ण निश्चय नहीं कर पाया था, परंतु फिर भी मैंने पूर्ण शक्ति से पांडव सेना का संहार किया। दिनोदिन कठोर होते जाते अर्जुन पुत्र इरावान का राक्षस अलंबुश ने वध कर दिया। भीम के क्रोध को आज सँभाला नहीं जा सका, भीम ने दुर्योधन के सत्रह भाइयों का वध कर दिया। भगदत्त ने भीम को पीछे धकेलकर दुर्योधन के बाकी भाइयों की रक्षा की।

मैं अपने शिविर में आकर विश्रामित हुआ ही था कि अपने 17 भाइयों के मरण से दुःखी दुर्योधन मेरे पास आया और विलाप करते हुए बोला, "पितामह, आप जैसे अजेय योद्धा के रहते, यह कैसी स्थिति है! हम अभी तक पांडवों का कोई भी विकट योद्धा नहीं मार पाए हैं और पांडव निरंतर हमारी सेना का संहार कर रहे हैं।"

"युवराज, युद्ध के समय सेनापति ही सर्वोपरि होता है एवं उसका ही आदेश सर्वमान्य होता है, युद्ध के समय अपने सेनापति पर ऐसा आरोप, तुमने युद्ध से पहले क्या विचारा था! यदि तुम्हारा विचार था कि तुम्हारे पक्ष का एक भी योद्धा नहीं मरेगा तो तुम्हारा क्षात्र अनुभव अधूरा है। यदि तुम्हारे पक्ष के योद्धाओं ने रणभूमि में प्राण त्यागे हैं तो पांडव पक्ष से भी विराट पुत्र उत्तर, श्वेत, शंख, अर्जुन पुत्र इरावान आदि प्रमुख योद्धा वीरगति को प्राप्त हुए हैं। युद्ध में वीरगति को प्राप्त होनेवाले योद्धाओं की गिनती नहीं की जाती है, अपितु जय-पराजय को देखा जाता है। मेरे जीवित रहते तुम्हारा पक्ष अजेय है पुत्र!"

"पितामह, मुझे अब इन झूठे दिलासों से किंचित् संदेह होने लगा है। आपके सदृश योद्धा के वर्तमान रहते भी अभी तक जय मुझे प्रतीत नहीं होती।

पितामह, आप और आचार्य पूर्ण शक्ति से युद्ध कर रहे हैं, हृदय विदीर्ण है, इसलिए कह रहा हूँ, मुझे विश्वास नहीं। हा, समय! यदि मुझे पहले ज्ञात होता कि ऐसी परिस्थिति आनेवाली है तो मैं कर्ण को ही सेनापतित्व का भार सौंपता।"

दुर्योधन अतिवक्ता है मुझे ज्ञात था, परंतु वह अपनी सभी सीमाएँ लाँघकर वर्तमान स्थिति तक आ जाएगा, ऐसा मुझे ज्ञान नहीं था। मूर्ख दुर्योधन अभी तक किसी भी बड़े युद्ध अभियान का हिस्सा नहीं बना था, सो युद्धभूमि के आधारभूत नियम 'धैर्य' से परिचित नहीं था। धैर्य धारण करना व उचित समय देखकर प्रहार करना ही सर्वसिद्ध नियम था। न जाने किस भ्रम में था दुर्योधन, क्या पांडवों जैसे योद्धाओं को इतनी सरलता से संहारा जा सकता था! मन में आया कि दुर्योधन से कहूँ कि मुझे सर्व सामर्थ्य ज्ञात है, मेरे बाद का युद्ध स्वयं ही इसका निर्णय करेगा। जिस भी पक्ष के योद्धाओं में धैर्य नहीं, वे जय से दूर हैं, कितना भी प्रभावी शस्त्र उनको विजय नहीं दिला सकता। दुर्योधन को कई बुराइयों का समग्र रूप कहा जा सकता है, परंतु दुर्योधन ने अपनी बुराइयों को कभी किसी आवरण से ढकने का प्रयास नहीं किया, इसका श्रेय उसको अवश्य मैं दूँगा। आज भी दुर्योधन अपने अति निर्मम रूप में मेरे समक्ष था। क्या दुर्योधन की कोई हस्ती मेरे समक्ष थी! क्या यदि आज, अभी, इसी समय मैं हस्तिनापुर का राज्य हस्तगत करना चाहूँ तो मुझे कोई रोक सकता था! क्या खुद राज्य को हस्तगत कर हस्तिनापुर का युवराज दुर्योधन को एवं इंद्रप्रस्थ का युवराज युधिष्ठिर को नियुक्त कर मैं स्वयं इस युद्ध को इसी स्थिति में समाप्त नहीं कर सकता! पर नहीं, हा, प्रतिज्ञा! हा, भीष्म प्रतिज्ञ देवव्रत! पुराप्रश्न फिर से मस्तिष्क में प्रवेश करता है, क्या सबकुछ पूर्व निश्चित! क्या सबकुछ पूर्व निर्धारित! भीष्म प्रतिज्ञा भी और कुरुवंश का भीष्म पराभव भी!

"पुत्र, हालाँकि मैंने अब तक का युद्ध भी पूर्ण सामर्थ्य एवं समर्पण से किया है, फिर भी मैं तुमको कल के युद्ध के विषय में निश्चिंत करता हूँ, कल तुम रणभूमि में जिधर देखोगे, पांडव सेना के शव पाओगे। कल का युद्ध ऐसा होगा कि पांडव आगे युद्ध करें अथवा न करें! विचार करने लग जाएँगे।" दुर्योधन बिना किसी औपचारिकता के ही शिविर से बाहर चला गया।

नवें दिन का युद्ध महाभयंकर था। आज मैं निश्चय करके आया था कि अपनी विद्या का सर्वश्रेष्ठ प्रदर्शन करूँगा, युद्ध आरंभ हुआ। दुर्योधन की आज्ञा से शकुनि, शल्य, दु:शासन जैसे योद्धा मेरे रथ के दोनों तरफ थे, इनका मुख्य उद्देश्य मेरे रथ के पार्श्व एवं वाम तथा दाएँ भाग की रक्षा करना था। मैंने पांडव सेना का भीषण संहार प्रारंभ कर दिया। कुछ ही समय में पांडवों की सेना में हाहाकार मच गया। "आज तो भीष्म ने प्रलय रूप धारण किया है," चिल्लाते हुए पांडव पक्ष के योद्धा रण छोड़ के भागने लगे। विराट्, द्रुपद, धृष्टद्युम्न, युधिष्ठिर आदि जो भी पांडव योद्धा मेरे सम्मुख आए, मैंने उनको घायल करके वापस शिविर की ओर प्रस्थान को विवश कर दिया। ऐसा प्रतीत हो रहा था कि युद्ध आज ही समाप्त हो जाएगा। आज मेरे सम्मुख पांडवों की जितनी भी सेना आई, समस्त वीरगति को प्राप्त हुई। दुर्योधन आज अत्यंत प्रसन्न मुद्रा में था। मैं शिविर में पहुँचा ही था कि वह आ पहुँचा, "पितामह, मुझे मेरी कल की धृष्टता हेतु क्षमा करें। आज आपने जिस प्रकार का युद्ध किया है, वह निश्चय ही वीरों का उत्साह बढ़ानेवाला एवं शत्रु पक्ष को भय से भर देनेवाला है। पितामह, सत्य है कि आपसे बड़ा योद्धा संपूर्ण धरा पर नहीं है। आपके नेतृत्व में कौरव पक्ष की विजय निश्चित है। पितामह, मैं चाहता हूँ कि आपकी प्रतिज्ञा की भी रक्षा हो और पांडवों का वध भी हो जाए, पितामह, ऐसे व्यूह की रचना करें, जिससे कि पांडव शीघ्र ही वीरगति को प्राप्त करें अथवा हम युधिष्ठिर को बंदी बना लें। युधिष्ठिर के बंदी बनते ही पांडव स्वयं ही पराजय का वरण करने को विवश हो जाएँगे।"

"उत्तम है।" मैंने बस इतना ही कहकर विराम दिया। दुर्योधन के जाने के पश्चात् मैं आज के युद्ध और उसके विभिन्न पहलुओं के विषय में विचार करता रहा। आज के युद्ध के बाद पांडवों में निश्चय ही घोर निराशा एवं हताशा घर कर गई होगी, परंतु उनके पक्ष में कृष्ण हैं, वे कभी भी पांडवों को हतोत्साहित नहीं होने देंगे। कृष्ण स्वयं समस्त संसार का प्रकाश, समस्त संसार की आशा के प्रतिपादक हैं, उनके रहते पांडव कभी भी धर्मयुद्ध से विरत नहीं हो सकते। आज कृष्ण ने अपनी प्रतिज्ञा तोड़कर स्वयं मेरे बल एवं सम्मान की रक्षा की थी। कृष्ण को नवयुग का प्रतिपादक भी कहा जाता है,

परंतु यह नया युग कैसा होगा, इस विषय में मेरे पास कई प्रश्न हैं, वर्तमान युद्ध के बाद आर्यावर्त के लगभग समस्त योद्धागण वीरगति को प्राप्त कर धरा से प्रस्थान कर जाएँगे, तत्पश्चात् नवयुग में धर्म की रक्षा हेतु वीर कहाँ से आएँगे, इस युद्ध के बाद पुरुषों के बृहद् रूप से मरण के बाद सामाजिक ढाँचा किस प्रकार का होगा, क्या स्त्रियों के शील की रक्षा हो पाएगी! क्या वर्णसंकर उत्पन्न नहीं होंगे! क्या नवयुग में अधर्म एवं अन्याय का ही बोलबाला नहीं होगा, जिनके निवारणार्थ इस युद्ध की योजना हुई है, प्रश्न कई थे, उत्तर मेरे पास नहीं थे...

संध्या एवं कल के युद्ध की मानसिक योजना निश्चित करने के पश्चात् मैं विश्राम हेतु शय्या पर प्रस्थान करने ही वाला था कि दूत सूचना लाया कि कृष्ण के साथ पाँचों पांडव एवं द्रौपदी मेरे दर्शनार्थ पधारे हैं, आश्चर्य...इस समय शत्रु पक्ष से मिलना क्या उचित कहा जाएगा, तभी दूत ने कहा, "अन्नदाता, अतिथियों का संदेश है कि पितामह से मिलने उनके पुत्र आए हैं।" मैं दूत के साथ शिविर के बाहर जाकर कृष्ण व पाँचों पांडवों के साथ द्रौपदी को अपने भव्य शिविर में ले आया। सभी ने मेरा समुचित अभिवादन किया, मैंने आशीर्वाद दिया—'विजयी भव', मेरे यह कहते ही युधिष्ठिर बोला, "पितामह, विजय का आशीर्वाद, यदि आप इसी प्रकार युद्ध करते रहे तो हमें पूर्ण विश्वास है कि दो दिन के युद्ध में ही संपूर्ण पांडव सेना अपने सेनापतियों एवं महारथियों सहित वीरगति को प्राप्त कर जाएगी।"

"पुत्र, निराशा वीरों को शोभा नहीं देती, फिर तुम्हारे साथ कृष्ण जैसे महापुरुष हैं, जो स्वयं ज्ञान, उत्साह, धर्म, न्याय, सत्य एवं विजय का साक्षात् स्वरूप हैं। व्यक्ति को पराक्रम एवं साहस का साथ कभी नहीं छोड़ना चाहिए। लगातार मिलनेवाली असफलता इस बात की द्योतक नहीं होती कि सफलता मिलेगी ही नहीं, बल्कि इस बात की पुकार होती है कि पुन: प्रयास किया जाए। मनुष्य की जिजीविषा एवं संकल्प क्षमता ही उसको अन्य मनुष्यों से पृथक् करती है। सो यदि जग में अपना अलग स्थान व्यक्ति बनाना चाहे तो संकल्प से कभी न टरे, जिजीविषा को कभी न छोड़े।"

"परंतु पितामह, जब आप सदृश योद्धा सम्मुख हो तो किस प्रकार हम

अपना उत्साह एवं आत्मशक्ति बचाए रख पाएँ। आपको जीत पाना तो देव, दानव, गंधर्व सबके लिए असंभव है।"

"पुत्र, जग में असंभव कुछ भी नहीं। कुछ कार्य युक्ति से होते हैं और कुछ शक्ति से।"

"मैं समझा नहीं पितामह!"

"पुत्र, मैं तुम्हारा पितामह हूँ, परंतु इस समय शत्रु पक्ष का सेनापति हूँ, ऐसे में शत्रु पक्ष को अपना भेद देना अधर्म है, परंतु मैंने जीवन में वस्तुतः एक कर्म ऐसा किया है, जिसके लिए मैं ग्लानिवत हूँ एवं जिसका प्रायश्चित्त मैं इस युद्ध में अपनी मृत्यु से ही कर सकता हूँ, मैं द्यूत सभा में कोई भी निर्णय न लेने के अपने कर्म के बारे में अभी तक स्पष्ट निर्णय नहीं कर पाया हूँ कि वह धर्म था अथवा अधर्म, परंतु समय के साथ-साथ वह घटना ऐसा नैतिक बोझ बन गई है कि मैं अब आत्मोत्सर्ग में ही मन:शांति देखता हूँ, अतः मैं स्पष्ट रूप से अपनी मृत्यु का रहस्य प्रकट करता हूँ। सम्मुख युद्ध में मुझे परास्त करना किसी जीवित प्राणी के वश की बात नहीं, जब तक मेरे हाथ में धनुष है, तरकश में बाण हैं, देवता भी मुझे तिल भर नहीं डिगा सकते, परंतु मेरी प्रतिज्ञा है कि रण छोड़कर भागनेवालों, शरण में आए हुए व्यक्तियों एवं स्त्रियों पर मैं प्रहार नहीं करता। तुम्हारी सेना में द्रौपदी का भाई द्रुपद पुत्र शिखंडी नामक योद्धा है पुत्र, वह जन्म के समय स्त्री था, परंतु उसका लालन-पालन पुरुष की भाँति हुआ एवं बाद में उसका विवाह राजा हिरण्यवर्मा की पुत्री से हुआ, अपना भेद खुलने पर शिखंडी पांचाल नगर से भागकर वन में पहुँचा, जहाँ एक यक्ष ने कृपा करके विभिन्न औषधियों एवं शल्य क्रिया द्वारा उसे पुरुष रूप दिया, इस प्रकार उसने राजा हिरण्यवर्मा के समक्ष अपना पौरुष प्रमाणित किया एवं अपमान से बचा। शिखंडी यक्ष द्वारा लिंग परिवर्तन से पुरुष रूप पा तो गया, परंतु मेरे विचार से वह अभी भी स्त्री है एवं मैं स्त्रियों से युद्ध नहीं करता। मुझे परास्त करने का एक ही उपाय है, अर्जुन शिखंडी के पीछे छुपकर मुझ पर प्रहार करे।"

"आप महान् हैं पितामह, अपनी मृत्यु का रहस्य धर्महित हेतु स्वतः प्रकट करे, ऐसा योद्धा इस धरा पर कभी नहीं हुआ। हम सब आपके आभारी हैं। आपने

स्वयं धर्म का मार्ग खोला है। आपने सत्य एवं न्याय का मार्ग प्रशस्त किया है।" कृष्ण ने कहा।

"परंतु पितामह, यह तो अधर्म होगा, नियमों से च्युत होना होगा!" युधिष्ठिर ने कहा।

"मुझे जो कहना था, वह मैंने कह दिया पुत्र, अब तुम अपनी शंकाओं का समाधान कृष्ण से कर सकते हो। मुझे भी अपने कई प्रश्न कृष्ण से पूछने थे, परंतु अब संभव नहीं प्रतीत होता।"

"पितामह, असंभव भी संभव होगा। आप अपनी सभी शंकाओं का समाधान लेकर ही इस धरा से प्रस्थान करेंगे, ऐसा मेरा वचन है और भ्राता युधिष्ठिर, धर्मयुद्ध में धर्म की जय श्रेयस्कर है, मार्ग की शुचिता महत्त्वपूर्ण है, परंतु अवश्यंभावी नहीं। पितामह को समस्त देवगण एकत्रित होकर भी पराजित नहीं कर सकते, या तो अपना धर्मपूर्वक सृजित राज्य भूलकर वन को प्रस्थान करो अथवा पितामह की आज्ञा से पितामह द्वारा बताए गए मार्ग का वरण करो।"

सभी अतिथि प्रस्थान कर गए, निशा अपनी राह लगी हुई थी, मेरा संपूर्ण जीवन मेरी आँखों के आगे से गुजर रहा था, मैया का बालपन का प्रेम, गुरुदेव के आश्रम में विद्याग्रहण, माता का मुझे पिता के पास छोड़ जाना, पिता का माता सत्यवती से प्रेम, मेरी भीष्म प्रतिज्ञा, पिता की मृत्यु, चित्रांगद, विचित्रवीर्य, काशी कन्याओं का हरण, गुरुदेव से युद्ध, धृतराष्ट्र, पांडु, विदुर, कौरव, पांडव और आज का कुरुक्षेत्र। आह, मैंने अपने जीवन में सुख पाया तो बस उन्हीं दिनों, जब मैं मैया के साथ पला, उसके बाद का मेरा जीवन बस प्रतिज्ञा निभाते हुए अग्निपथ पर चलते हुए बीता, कितना तो अच्छा होता यदि माता-पिता का बिछोह न होता, क्या तब मैंने भी एक सामान्य राजकुमार और राजा का जीवन जिया होता, पत्नी-पुत्रों का सुख पाया होता, माता का पिता से बिछोह ही वह घटना थी, जिससे मेरा जीवन आज की इस राह पर पहुँचा था। मुझे अपनी माता से अतिशय प्रेम था एवं माता के छोड़ जाने के बाद वही प्रेम अवश्य ही विपरीत रूप लेकर मेरी प्रतिज्ञा के रूप में प्रकट हुआ था, हा, नियति!

सूर्योदय हुआ, यहाँ मैया का सान्निध्य तो नहीं था, परंतु भानु देवता अवश्य अपना आशीर्वाद दे रहे थे। संभवतः आज अंतिम दिवस मैंने पूर्ण विधि-विधान से सूर्य देवता की आराधना की, दैनिक वंदन का कार्य आरंभ किया, फिर सभी मुख्य सेनापतियों से आज के युद्ध की योजना निर्मित की। रथ, सारथी, चारण, चक्ररक्षक, पार्श्वरक्षक, साथी योद्धा, महारथी, रथी, गजयोद्धा, अश्वयोद्धा, पैदल सैनिक, सभी युद्ध के लिए तैयार थे। आज के मेरे द्वारा निर्मित व्यूह में सबसे आगे मैं था, मेरे दाईं ओर द्रोणाचार्य, बाईं ओर कृपाचार्य अपनी सेना के साथ उपस्थित थे। मेरे पीछे दुर्योधन, दु:शासन एवं भगदत्त उपस्थित थे, परंतु मेरे मस्तिष्क में वर्तमान में अभूतपूर्व शांति थी। द्यूत सभा में द्रौपदी के अपमान के पश्चात् प्रथम अवसर था कि मेरा अंतर्मन शांत था, मैं स्वयं को समाधिस्थ अवस्था में अनुभव कर रहा था, मेरे मन की अग्नि आज शांत थी, मुझे ऐसा आनंद द्यूतसभा से पहले सिर्फ माँ जाह्नवी के सान्निध्य में आता था। आज मानो मैं समस्त प्रकार के बंधनों से मुक्त हो गया था, कुरुवंश की रक्षा एवं वर्धन की समस्त चिंताओं से मानो आज मैं मुक्त था। मेरी तंद्रा कृष्ण एवं अर्जुन के शंखनाद से टूटी, दोनों सेनाएँ प्रलय वेग से आगे बढ़ीं, आज पांडवों की सेना में अग्रयोद्धा शिखंडी था, उसके साथ पांचाल सेना थी। दुर्योधन ने आज सुबह युद्ध से पहले की वार्त्ता में अनुमान व्यक्त किया था कि कल के मेरे भीषण प्रहार के कारण आज पांडव सेना हतोत्साहित होगी, परंतु उसे रात्रि के वार्त्तालाप एवं घटनाओं की जानकारी नहीं थी। मुझे नहीं पता मैंने उचित किया अथवा नहीं! एक प्रकार से देखा जाए तो यह अपने राजा से धोखा था, परंतु मैं तो बस द्रौपदी से उऋण हुआ था। पांडवों का उत्साह आज देखते ही बनता था, बात-की-बात में कौरव सेना हाहाकार करती हुई पलायन करने लगी। अर्जुन, भीम, सात्यिक, धृष्टद्युम्न आदि योद्धाओं के समक्ष आज किसी भी योद्धा का वश नहीं चल रहा था, कुछ ही समय में कौरव सेना त्राहि-त्राहि पुकार उठी, मुझसे यह नहीं देखा गया। मैंने साक्षात् क्रोध रूप धारण किया एवं पांडव सेना का भीषण वध प्रारंभ किया, जल्द ही स्थिति उलट गई। पांडव सेना में कोहराम मच गया। "आज भीष्म पांडव सेना का समूल नाश करेंगे," जैसे स्वर संपूर्ण रणभूमि में गूँजने

लगे। तभी शिखंडी मेरे समक्ष आ गया, मेरे जीवन के सभी विरोधाभासों से मुझे मुक्ति दिलाने। शिखंडी ने मुझ पर प्रहार किया, परंतु मैं अपने धनुष-बाण एवं कटि में बँधी तलवार को त्यागकर निहत्था रथ पर बैठ गया। सभी कौरव वीर मुझ तक पहुँचने का प्रयास कर रहे थे, परंतु उनको कौरव महारथियों ने घेरा हुआ था, पांडवों को ज्ञात था कि आज यदि उनसे कोई चूक हुई, तब समस्त धरा का राज्य, ऐश्वर्य, मान उनके पास से गया। शिखंडी के पाँच बाण मेरी देह में विभिन्न स्थानों पर लगे आकर, परंतु उनका मेरे ऊपर उतना ही प्रभाव हुआ, जितना मेरु पर राई का, सभी हतप्रभ थे, शिखंडी के सिवा अन्य कोई भी योद्धा मेरे समीप आने का साहस नहीं कर पा रहा था, शिखंडी के बाणों में वह शक्ति नहीं थी कि मेरा वध कर पाता, कौरव योद्धा लगातार मेरे समीप आते जा रहे थे, बस कुछ ही समय में आचार्य को आकर शिखंडी से युद्ध करना था और मुझे पुनः शस्त्र धारण कर पांडवों हेतु महाकाल का रूप धारण करना था। मैंने देखा, कृष्ण ने शिखंडी के पीछे पहुँच चुके अर्जुन से कुछ कहा। अर्जुन ने प्रतिवाद किया, अर्जुन को प्रतिवाद करता देख हृदय को शीतलता मिली, परंतु कृष्ण के सम्मुख भला कौन प्रखर हो पाया है, मुझे बस इतना दृश्यगत हुआ कि अर्जुन ने गांडीव की प्रत्यंचा चढ़ाई, अगले क्षण मैं रथ से नीचे बाणों की शय्या पर था, मुझे गिरता देखकर समस्त कुरुक्षेत्र में मानो मतिभ्रम-सा हो गया, किसी को कुछ भी ज्ञात नहीं रहा, अंततः असंभव जो संभव हुआ था, कुछ ही समय में सभी क्षणिक आवेग से बाहर आए तो देखा अर्जुन एवं सभी पांडव मेरे चरणों पर गिरकर रो रहे हैं, दुर्योधन एवं अन्य कौरव योद्धा कुछ दूर किंकर्तव्यविमूढ़-से खड़े हैं, आचार्य एवं कृष्ण कुछ ही दूरी पर मस्तिष्क के पास उपस्थित थे। आचार्य की आँखों में अश्रु थे, कर्ण भी कौरव योद्धाओं के साथ आकर खड़ा हो गया था, उदास एवं बेचैन, मैं उसके मनोभावों को समझ सकता था, आज वह भी दोराहे पर खड़ा था। एक दिशा में पितामह, दूसरी दिशा में एक ऐसा व्यक्ति, जो उसे अर्धरथी बताकर युद्ध से बाहर कर दे, कुछ ही देर में वह युद्धभूमि से प्रस्थान कर गया।

पिता से इच्छामृत्यु का वरदान प्राप्त था मुझे, सो मृत्यु ने मेरा वरण नहीं

किया। मैं सूर्य के उत्तरायण होने पर ही प्राण त्याग करना चाहता था, अब मैं सभी प्रकार के कष्टों से मुक्त था, मैं स्वीकार करता हूँ कि अपने अनथक प्रयास के बाद भी मैं कुरुवंश की उन्नति की इच्छा से मुक्त नहीं हो सका था। मेरा जीवनपर्यंत यही प्रयास रहा कि कुरुवंश की पताका सदैव गगनचुंबी हो, हृदय के किसी भाग से वाणी प्रकट होती है, हे देवव्रत, स्त्री संसर्ग से मुक्ति और कुरुवंश की रक्षा दोनों ही तेरी ऐसी इच्छाएँ थीं, जिनको तूने प्रतिज्ञा की ओट प्रदान की।

मेरे पराभव के आठवें दिन के बाद पांडव विजयी हुए। मैंने युधिष्ठिर को अपना सँजोया हुआ समस्त कूटनीति, राजनीति, अर्थनीति एवं धर्मनीति संबंधी ज्ञान प्रदान किया एवं शुचितापूर्वक राज्य-पालन का निर्देश एवं आशीर्वाद दिया। मेरे पराभव के अट्ठानवें दिवस सर्वप्रथम कृष्ण मेरे पास आए।

"पितामह, प्रणाम!"

"स्वयं मधुसूदन, मेरे समक्ष, कहा जाता है कि मैं पूर्वजन्म में वसु था और वसिष्ठ मुनि के शाप के कारण मृत्युलोक में मानव रूप में जनमा था, परंतु वसिष्ठ मुनि का क्रोध तो आज मेरे लिए वरदान के रूप में फलित हुआ है। आज सूर्यदेव ने उत्तरायण में प्रवेश किया है, आप सम्मुख हैं, कोई इच्छा शेष नहीं। कृष्ण, लोग तुमको ईश्वर कहते हैं, नारायण का अवतार मानते हैं, मैं नहीं जानता यह सत्य है अथवा नहीं, परंतु तुम्हारे पास कोई तो ऐसी मनमोहिनी विद्या है, जो सर्वसिद्ध है, सर्वजय है।"

"पितामह, ईश्वर क्या है, हमारी आशा का अंतिम स्वरूप, हमारे विश्वास का मूल आधार, अप्रकट रूप से प्रकट एवं नष्ट होकर भी अनश्वर, मेरे अनुसार कर्म ईश्वर और मनुष्य के बीच की महत्त्वपूर्ण कड़ी हैं। मेरे पास बस बिना हार माने कर्म करने की विद्या है और यह विद्या सर्वसिद्ध है, सर्वजय है। आपका आदेश था कि कुछ प्रश्नों के उत्तर आप मेरे मुख से श्रवण करना चाहते हैं, सो मुझे पितामह की आज्ञा का पालन तो प्रत्येक स्थिति में करना ही था।"

"इस जगत् को धारण किसने किया है मधुसूदन?"

"निश्चय ही आप जैसी धर्मात्माओं के प्रताप ने, विश्वास मानें पितामह,

ईश्वर अपने अव्यक्त रूप में आप जैसी पुण्यात्माओं के पुण्यकर्मों से ही शक्ति पाता होगा।"

"द्वारकाधीश, मेरे मन में शंका थी कि यदि सबकुछ नियति ने पूर्वनिश्चित किया हुआ है, तब मानव के कर्म का क्या महत्त्व बचा? क्या फिर कर्म भी नियति बंधन नहीं हुआ, फिर क्योंकर देवव्रत भीष्म हुआ?"

"पितामह, नियति मार्ग प्रदर्शित तो कर सकती है, परंतु मार्गगमन वस्तुतः कर्म के माध्यम से ही हो सकता है। नियति स्थितियाँ निर्मित करती है, नियति मस्तिष्क में भावप्रेषण करती है, परंतु उन भावों को मूर्त रूप कर्मों से ही दिया जा सकता है। नियति आपके मस्तिष्क में प्रतिज्ञ होने का भाव तो जगा सकती है, परंतु उस प्रतिज्ञा को जीवनपर्यंत निर्वहन करने की शक्ति कर्मों के माध्यम से ही अर्जित की जाती है, अतः यश का भागी व्यक्ति है, न कि कर्म। नियति अर्जुन को भी उसी गुरु के पास ले गई, जहाँ अन्य पांडवों एवं कौरवों को, परंतु सर्वश्रेष्ठ योद्धा अर्जुन कर्म के माध्यम से ही हुआ। नियति व्यक्ति को गुरु से मिलवा सकती है, परंतु पारंगतता तो अभ्यासरूपी कर्म से ही आती है।"

"साधु कृष्ण, साधु नियति एवं कर्म की इस प्रकार की व्याख्या सिर्फ तुम्हारे द्वारा ही संभव थी। एक और शंका है मेरे मन में, समस्त जन तुम्हें नवयुग का प्रतिपादक कहते हैं, परंतु यह नवयुग कैसा है, कृष्ण! वीरों से धरा शून्य है या मैं कहूँ, समस्त आर्यावर्त में पुरुषों की संख्या ही कम हो चुकी है, ऐसी विपदा और समय में कैसे नवांकुर पड़ेंगे?"

"पितामह, प्रत्येक युग का काल निर्धारित है। धर्म, सत्य, न्याय ऐसे मूल्य हैं, जो समस्त युगों पर भारी हैं, कई युग बीतेंगे, कई कृष्ण होंगे, कई भीष्म, अर्जुन होंगे, परंतु ये मूल्य सदैव शाश्वत रहेंगे, यदि इनका क्षरण होता है तो सृष्टि के निर्माण का उद्देश्य एवं क्रिया ही नष्ट हो जाएगी, सो संपूर्ण पृथ्वी के मनुष्यों की कीमत पर भी इन मूल्यों की रक्षा होनी चाहिए, किसी भी परिस्थिति में होनी चाहिए, किसी नए युग का सूत्रपात मेरा उद्देश्य नहीं है पितामह, मैंने बस धर्म के व्यावहारिक रूप को जन के सामने रखा है, मैंने बस धर्म की जय हेतु प्रयत्न किया है।"

"मधुसूदन, आपने मुझे आज पूर्ण रिक्त किया है, अब सब तरफ शांति है, अब प्रस्थान है।"

कुछ ही देर में समस्त पांडव एवं अन्य कुरुवंशी कुरुक्षेत्र में मेरे पराभवस्थल पर आ गए, परंतु अब मैं समस्त इच्छाओं, समस्त संबंधों से मुक्त हो चुका था। मैंने सभी को आशीर्वाद रूप में अपने हाथ ऊपर उठाए, कृष्ण सम्मुख ही स्थित थे, उनकी भुवनमोहिनी छवि को हृदय में धारण किया एवं प्राणवायु को ब्रह्मरंध्र में स्थापित कर अनंत यात्रा को निकल पड़ा।

□□□